지역정당

거대 양당에서 벗어나 지역에서 세상을 바꾸는 정치

지역정당

윤현식 지음

LOCAL
PARTY

산지니

고 장천익 동지와
수많은 장천익 동지들을 기억하며

거대 양당의 폐단에 강력한 제동을

"전국에 비가 내리겠다는 일기예보가 나오는 나라에서 무슨 지역정당?"

2017년 초여름, 본격적인 지역정당 운동을 시작해 보겠노라, 기염을 토하던 내게 짝꿍은 이렇게 반문했다. 순간 머리가 멍해지면서 무슨 답을 해야 좋을지 난감했다. 그렇다. 전국이 맑겠다, 전국이 덥겠다, 전국에 비가 내리겠다는 일기예보가 전혀 어색하지 않은 나라에서 지역정당은 어떤 의미가 있을까?

답이야 할 수 있다. 자치분권의 최첨단으로 손꼽히는 스위스를 보자. 인구는 한국의 5분의 1도 되지 않으며, 국토 면적 역시 절반에 미치지 못한다. 높은 산이 많은 지형을 가지고 있어서 전국이 동시에 맑거나 동시에 비가 내리는 경우가 있는지는 모르겠다. 어쨌거나 한국보다 작은 나라 스위스는 지방자치, 분권자치를 성공적으로 이룬 나라로 손꼽히고 있다.

일기예보와는 관계없이, 한국의 정치상황에서 과연 지역정당이 꼭 필요할까? 이 질문에 대해서는 단호하게 답할 수 있다. 그렇다.

지역정당은 한국의 정치상황에서 시급하게 보장되어야 할 중요한 정치결사이다.

지역정당이 왜 필요할까? 무엇보다도 지역정당은 한국의 기형적인 지역 기반 정치구도를 근본부터 흔들 수 있는 저력을 가지고 있다. 지금은 더불어민주당과 국민의힘이라는 거대 양당이 지역을 기반으로 하여 정치적 자원을 양분하고 있다. 지역정당이 활성화된다면 중앙정치를 위해 지역을 동원하는 거대 양당의 폐단에 강력한 제동을 걸 수 있다. 거대 양당의 정치적 독점구조에 균열을 낼 수 있는 가장 효과적인 장치가 지역정당이다.

다음으로, 지역정당은 지역의 문제를 주민이 직접 해결함으로써 더욱 급진적으로 민주주의의 효용을 체감할 수 있게 해준다. 지역정당은 풀뿌리 민주주의의 심화와 확산에 결정적인 기여를 할 것이다. 지방자치라는 민주주의의 교과과정을 더욱 풍성하게 하는 실천학습의 교재로서 지역정당이 활약할 수 있다. 민주주의의 효능을 체감하는 경험의 축적은 정치혐오를 극복하여 정치적 과정에 대한 신뢰를 회복하게 해주고, 이를 통해 정당정치와 의회정치의 복원을 가능하게 만들 수 있다.

이렇게 훌륭한 역할을 할 수 있는 지역정당이건만, 한국에서 지역정당은 뜬금없는 소리다. 법이 지역정당을 막고 있기 때문이다. 그래서 지역정당의 창당과 활동이 가능한 정당 관련 제도의 개선이 필요하다는 이야길 들고 돌아다니기 시작했다. 그렇게 시작한 이야기를 10년이 훌쩍 넘는 지금까지 떠들고 있다.

이 주제를 마음에 심게 된 계기는 민주노동당과 진보신당의 정책담당 당직을 거치면서였다. 군소 규모의 진보정당에 몸담은 사람으로서 실감한 거대 양당의 벽은 덤빌 엄두가 나지 않는 강고한 것이었다. 진보정치의 비전을 실현하고자 했던 노력은 번번이 이 거대한 벽 앞에 멈춰 설 수밖에 없었다.

어떻게 이 철옹성 같은 양당구조를 파훼할 수 있을 것인가? 어떻게 하면 저들을 넘어설 수 있는 실질적인 정치세력을 형성할 수 있을 것인가?

고민 끝에 얻은 결론은 어찌 보면 원론적인 것이었다. 진보나 보수냐를 떠나 누구든 자신의 정견과 대안을 공정하게 꺼내놓고 경쟁할 수 있는 장을 만드는 게 급선무임을 깨달았다. 그리고 그러한 장은 거대 양당만이 기득권을 누릴 수 있도록 보장하고 있는 지금의 정당법 체계를 해체해야만 만들어질 수 있음을 확신하게 되었다.

그런데 이러한 결론은 내가 속해 있는 정당 안에서조차 그다지 달갑게 받아들여지지 않았다. 지금도 그렇지만, 진보정당들은 정당법 개정보다는 주로 공직선거법 개정에 거의 모든 정치적 자원을 쏟아붓고 있었다. 그 덕분에 정당명부 비례대표제가 도입되는 등 일정한 성과도 있었다. 하지만 그것만으로는 거대 양당의 독점구조에 영향을 미칠 수 없었다. 그럼에도 진보정당들은 정당법 개정에 난색을 표하기 일쑤였다. 아무리 작아도, 진보정당 역시 명색이 전국정당이었기 때문이다.

지역정당은 전국정당의 지역조직과 경쟁하는 정치결사이다. 지역정당이 만들어지면 전국정당의 지역조직은 다른 전국정당의 지역조직과 경쟁하는 것도 힘든 상황에서 지역정당과의 경쟁까지 감수해야 한다. 이런 상황이 도래하는 것을 주변의 전국정당 활동가들이 환영하긴 어려운 노릇이었다. 이처럼 당장 받아들이기 곤란한 정책을 자기 당의 정책담당자가 도입하자고 주장했으니 얼마나 뜬금없는 일이었겠는가.

한편으로는 지역정당의 합법화가 과연 진보적 의제냐는 힐난도 있었다. 제도적으로 볼 때 이러한 방향의 정당법 개정 혹은 새로운 법제의 입법은 가치중립적인 것이었다. 이런 식으로 제도가 만들어진다고 해서 진보적 정치운동이 더욱 활성화되는 것도 아니고, 보수적 정치운동의 세력이 약화되는 것도 아니다. 그렇다면 굳이 진보정당이 나서서 이러한 의제를 감당할 필요가 있느냐는 것이 의문의 요지였다.

첫 번째 문제에 대한 나의 답은, 공직선거법에 쏟을 힘의 100분의 1만 투여해도 정당법 체계는 반드시 바뀐다는 것이다. 세계적인 추세를 보더라도 2차 세계대전 이후 비례대표제 도입을 내용으로 공직선거법을 바꾼 사례는 뉴질랜드와 칠레 등 극히 일부 국가에 국한되어 있다. 공직선거법은 현재 의석의 다수를 점유하고 있는 정당에게 유리한 선거방식을 보장하기에 기득권을 가진 다수의석의 정당이 이를 쉽게 바꿔줄 이유가 없기 때문이다.

정당법 역시 마찬가지의 성격을 가지고 있다. 현재의 정당법은 신진 정치세력이 정당을 만들기 어렵게 설계되어 있다. 이러한 구조는 기득권에 도전할 수 있는 정당의 등장을 원천 봉쇄하는 효과를 발생시킴으로써 현재 권력을 장악하고 있는 기성 정당들의 안

녕을 보장한다. 그러므로 당연히 현행 정당법을 바꾸고자 하는 의욕을 기존의 전국정당들이 가질 이유는 별로 없어 보인다.

하지만 정당법은 일부 개별 조문에 문제가 있는 공직선거법과는 달리 그 구조 자체가 위헌적인 형태로 되어 있다. 그렇기에 정당법의 규정 대부분은 위헌 시비에 휘말리고 있으며, 법·정책적으로 획기적인 변화의 요구를 계속해서 받고 있는 상황이다. 따라서 거대 양당을 비롯한 기득권 정당에 대한 비판과 함께 정당법의 문제를 체계적으로 지적하고 대안을 제시한다면 공직선거법보다는 훨씬 쉽게 규제의 구성을 바꿀 수 있다. 정당법 체계가 변화하면 거대 양당의 독점구조 역시 변화할 것이라고 자신한다.

그다음 문제로, 전국정당의 지역조직이 지역정당과의 경쟁으로 힘을 뺀다는 건 하기 나름이다. 지역정당은 전국적인 의제를 중심으로 정치활동을 하는 조직이 아니다. 따라서 전국단위의 선거에 단독으로 참여할 수 없기에 전국정당의 지역조직과 경쟁할 사안은 제한적이다.

또한 지역의제에 있어서도 전국정당의 지역조직과 지역정당은 활동 양식 자체가 다르기에 경쟁만 하는 관계가 될 수 없다. 전국정당의 지역조직은 중앙당의 정치적 방침으로부터 자유롭기 어렵다. 그러나 지역정당은 지역의제에 집중적이고 지속적으로 개입할 수 있다. 이 활동 양식의 차이로 인해 같은 의제를 두고 경쟁구도가 형성되기보다는 분업 및 협업체계를 통해 상호 발전을 도모하게 될 가능성이 더 높다.

마지막 문제, 즉 진보적인 의제도 아닌데 굳이 우리가 해야 하는

가에 대한 답은 매우 원론적인 것이다. 지역정당의 설립을 보장하는 정당법의 개정은 가치중립적인 데다가 특히 기존 전국정당으로서는 이를 통해 얻는 실익이 거의 없다. 따라서 거대 양당을 비롯한 기성 정당이 정당법 개정에 구태여 나설 필요가 없는 것은 사실이다. 그러나 바로 그렇기에 진보정당이 이 문제를 적극적으로 거론해야 할 필요성이 있다. 정치적 원칙, 민주주의의 원리를 강조하는 진보정당은 법률의 유불리를 떠나 해야 할 말을 하는 것이 본연의 의무이기 때문이다.

이러한 생각으로 2008년경부터 지금까지 지역정당과 관련된 각종 선행연구와 언론보도, 해외사례를 들여다보며 이론화 작업을 했다. 이후 당의 정책자료에 그 내용을 삽입하거나 각종 토론회나 강연 등의 기회가 있을 때마다 본격적으로 지역정당의 필요성과 정당법 개정을 설득하고 다녔다. 그러나 여전히 군소정당의 정책은 사회적 반향을 불러일으키지 못했다. 그사이 지역정당을 목표로 만들어졌던 지역의 정치결사들은 소기의 목적을 달성하지 못한 채 명멸해갔다.

현실에서 경험하지 못한 것을 만든다는 건 누구에게나 모험일 수밖에 없다. 더구나 지역정당은 만드는 순간 위법이고, 위법을 감수하면서 선거에 참여한다는 건 후보로 나선 사람의 희생을 강요하는 것이다. 그러다 보니 조직을 만들더라도 그 이름에 당이라는 말을 넣기가 주저되고, 후보로 출마하고자 할 때는 결국 무소속으로 출마를 할 수밖에 없는 상황이 반복된다.

이 지리한 답보상태가 깨진 건 지역정당을 이야기하고 다닌 지

10여 년이 훌쩍 지난 후였다. 2017년에 '노동·정치·사람'이라는 정치조직을 만들고, 조직의 장기중점사업으로 지역정당 운동을 제안하였다. '노동·정치·사람'은 지역정당 운동을 조직의 사업으로 승인하고 2018년부터 본격적인 지역정당 운동에 돌입했다. 비록 2018년의 제7회 전국동시지방선거에 실효성 있는 대응을 하지 못했지만, 계속된 지역정당 운동은 2021년 연말 직접행동영등포당의 창당으로 이어졌다. 그리고 2022년 1월, 나는 지역정당인 은평민들레당의 당원이 되었다.

이 책은 지역정당이 본격적으로 출현하기까지의 시간 동안 꺼내 들었던 지역정당 관련 논의들을 정리한 것이다. 지역정당에 대한 사회적 관심을 제고하고 좀 더 편안하게 지역정당에 대해 생각해볼 여지를 제공하고 싶었다. 그러나 주로 법률의 분석과 관련 법의 제정 또는 개정을 대안으로 하는 논의를 전개하다 보니 어떤 면에서는 전문적인 내용이 많아지게 되었다.

제1장에서 그동안 전개되어 왔던 지역정당 운동의 역사와 현황을 훑어보면서, 아직은 낯설지만 지역정당이 무엇인지 그 의의와 형태에 대해 이해하는 시간을 갖기로 한다. 더불어 외국의 사례를 간략히 살펴본다. 제2장에서는 풀뿌리 민주주의의 의의와 대의민주주의, 직접민주주의의 비교, 자치분권과 지역정치 등에 대한 이론적 검토를 간략하게 수행한다. 제3장에서는 제8회 지방선거에서 벌어진 무투표 당선을 주제로 현재의 거대 양당 구조가 유발하고 있는 지역정치 왜곡의 단면을 확인한다.

이런 과정을 거친 후 제4장에서는 오늘날 우리 사회의 지역정치를 질곡의 늪에 빠트린 '1962년 체제'의 배경과 이 체제의 핵심에 자리하고 있는 정당법의 구조가 어떻게 형성되었는지를 살펴본다. 제5장에서는 1962년 체제를 그대로 유지하고 있는 현행 정당법의 위헌성에 대해 검토하고 제6장에서는 정당을 규율하는 법제도의 개혁방향에 대한 견해를 제시한다. 마지막 제7장에서는 지역정당에 대해 제기되는 몇 가지 우려에 대하여 답변하고 전체적인 이 책의 주장을 요약한다.

추상적이고 이론적인 이야기는 최소화하고자 했으나 민주주의에 관한 이론이 주를 이루는 부분은 어려울 수도 있고 따분할 수도 있다. 그러나 지역정당 운동이 처한 제도적 한계와 대안을 이해하기 위해서는 인내를 가지고 살펴봐 주기를 바란다.

이 책의 내용은 한국의 정치와 정당법을 비롯한 법제도에 관한 수많은 선행연구를 바탕으로 하고 있다. 지역정당에 대한 나름의 공부를 수행하고, 끝내 지역정당 운동을 결심하여 지금까지 활동할 수 있도록 만든 힘은 모두 이 선행연구들로부터 나온 것이다. 일천한 경험과 지식으로 말미암아 충분한 이해를 통한 적절한 이론구성이 이루어지지 못한 부분이 있을지 모르겠다. 혹시라도 내용 중 잘못되었거나 오류가 있다면 전적으로 나에게 책임이 있다는 것 또한 분명히 밝힌다.

차례

제1장

지역정당?
그게 뭐야?

우리 동네 구청장이
누구인가?

정치적 냉소가 만연한 시대라고들 말한다. 하지만 오히려 온갖 정치적 이슈들이 사람들의 구설에 뜨겁게 오르내린다. 그런데 장삼이사들의 정치 논쟁은 주로 중앙언론에서 다루는 인물들에 집중되어 있다. 언론에 자주 등장하는 주요 정치인들의 일거수일투족이 관심사다. 대통령이나 그 주변 인물들, 국회의원 아무개에 관한 이야기가 넘쳐흐른다. 국회의원의 계보며 최근의 동향 등에 대해 끊임없이 이야기하는 사람들도 있다. 그 이야기 중 상당수는 온갖 스캔들로 변주된다. 도대체 어디서 그런 정보를 얻는 것이며 그 정보의 신빙성이 어느 정도나 되는지를 따지지도 않는다. 경마장 중계방송하듯 이루어지는 정치 이야기들을 듣다 보면 냉소는커녕 과잉이라고 해야 할 지경이다.

그런데 정작 이들에게 이런 질문을 하면 대부분 답을 하지 못한다.

"사는 곳의 구청장은 누구인가?"

"구의회 의원 중 누가 어떤 일을 하는지 알고 있는가?"

"우리 동네의 가장 긴급한 사안은 무엇인가?"

일상 그 자체가 정치라는 고전적인 경구에 비추어 보면, 정작 우리의 주변에 횡행한 정치의 과잉은 정치 그 본연의 의미와는 거리가 있는 것처럼 보인다. 실제 정치적 사안이라는 건 결국 내 삶이 어떻게 유지될 것인가, 혹은 어떻게 바뀔 것인가와 직결되어 있다. 그리고 이러한 사정이 가장 적나라하게 폭발하고 충돌하는 곳은 바로 내가 발 딛고 있는 지역과 현장이다. 그렇다면 대통령이 폭탄주를 마시느냐보다 내게 더 중요한 정치적 사안은 우리 동네에 쓰레기소각장이 들어서는 것 아니겠는가?

사실 지역정치는 늘 존재해 왔고 언제나 치열했다. 지역의 사안이 있을 때마다 이해당사자 간의 분란이 있었고, 문제를 해결하라는 요구가 이어졌으며, 빈번하게 집단적인 실력행사가 벌어지기도 했다. 그런데 이런 행위들을 기성 정계와 언론은 '정치'라고 이름 붙이지 않았다. 그들은 곧잘 이러한 행동들을 이권 다툼이라든가 '님비(NIMBY: Not In My Backyard)'로 치부했다. 왜 어떤 갈등은 공적인 갈등임에도 정치적 쟁점이 아니라 개인적 이기심의 표출로 평가되어야 하는가? 지역적 사안일 경우엔 왜 그것이 정치가 아니라 님비가 되어야 하는가?

이 전도된 관념의 힘이 얼마나 위력적인지는 문제를 제기하는 지역민들의 태도에서 알 수 있다. 아주 많은 경우, 지역의 사안을 이야기하는 당사자들은 자신들의 행위를 "순수한 마음에서 나온 비정치적 행동"이라고 주장한다. 주민들 스스로 자신들의 이슈와 이팅을 비정치적이라고 선언하는 것이다. 무엇이 순수한 건지, 그래서 어떤 것이 '순수한 비정치적 행동'의 기준이 되는지는 아무도 모른다. 그냥 그렇게 주장할 뿐이다. 왜 그래야 하는가? 왜 우리는 우리의 삶과 직결된 문제들, 즉 정치적 사안들을 대하면서도 번번이 비정치적이라고 강조하지 않으면 안 되는가?

정치적이지 않은 행동이라는 말은 중립을 강조하기 위한 고육책이기도 하다. 특정한 어떤 정치세력, 더 정확히 말하면 어떤 정당과도 관계가 없으므로 색안경을 쓰고 보지 말아 달라는 요청이다. 하지만 이 말을 뒤집어 보면 우리의 입장을 어떤 정치세력도, 어떤 정당도 입맛대로 가져다 쓰거나 함부로 배척하지 말라는 경고이기도 하다. 기실 이것이야말로 가장 정치적인 표현이다. 이 역설이 지역에선 늘상 벌어진다.

지금까지 이 역설이 통용된 배경에는 지역정치를 백안시하는 가치관의 전도가 있다. 언제부터인가, 우리에게는 중앙정치만이 정치의 ABC였다. 지역정치는 중앙정치를 거들 뿐, 주체적이고 자율적인 분권은 용납되지 않았다. 지역정치가 도외시되거나 혹은 중앙정치에 예속되면서 지역정치가 담당해야 할 분야와 역할이 소실되고, 급기야 지역정치의 인적 및 물적 역량까지 소거되어 왔다. 이 악순환의 고리 속에서 지역정치에 대한 불신은 점점 더 깊어져 간다.

지역정치에 대한 불신이 수습하기 어려운 지경이라는 건 기초지방의회 정당공천제 폐지 주장이 득세하는 것에서 확인할 수 있다. 기초지방의회 의원직에 출마하는 후보들은 정당공천에서 제외하자는 것이다. 메이저 시민단체 중 하나인 경제정의실천시민연합을 비롯해 기초지방자치단체장협의회 등 주요 관련 조직들이 꽤 오래전부터 기초의원 정당공천 폐지를 주장해왔다. 문재인 정부 당시에는 진영 전 행정안전부 장관조차 이와 같은 주장을 강하게 제기했다.

정당공천제 폐지는 둘째치고, 아예 기초의회 무용론까지 심심찮게 제기되고 있다. 이러한 주장을 뒷받침하는 실증적 근거는 일부 기초의회 의원들의 자질이 형용하기 어려울 정도로 저열하다는 것이다. 일부 지방의회 의원들이 해외 연수를 빙자한 외유를 하면서 폭력행위 등 물의를 일으킨 일이나, 이해관계인을 지방자치단체에 채용하도록 압력을 가하거나, 기타 의원으로서의 품위를 현저히 저해하는 행위들을 무시로 저지르는 사례가 공공연하게 언론에 등장하기도 한다. 여기에 더해 기초지방자치단체장과 기초의회 간 대립이 분쟁으로 비화하면서 기초의회가 지방행정의 발목을 잡거나, 정반대로 지방의회가 자치단체장의 의사 관철을 위한 거수기 집합소로 전락하거나, 혹은 지역 토호들과 결탁하여 각종 부패행위 등과 같은 물의를 일으키는 통에 기초의회에 대한 부정적 인식이 팽창하고 있다.

지역정치에 대한 불신을 더욱 심화시키는 중요한 요인 중 하나는, 여전히 횡행하는 지역구 국회의원이 기초의원 공천을 좌지우지하는 행태다. 지역구 국회의원은 자신의 재선에 도움이 되는 사람을 지역의 책임자로 앉히려는 욕심이 생길 수밖에 없다. 그러니 자신의 말을 잘 듣고 자신의 얼굴을 잘 알리는 사람을 지역 담당으로 활용한다. 그 대신 그들에게 자리를 만들어주고, 그 방법 중 가장 손쉬운 방법이 지방선거에 후보로 공천해주는 것이다. 결국 지자체장이나 지방의회 의원 등 선출직에 도전하려는 사람이라면, 지역구 국회의원이나 중앙당의 주요 인사에게 낙점을 받는 것이 중요하다. 지역의 사안을 꼼꼼히 챙기면서 중요시기에 중앙정치와 대립하여 괜히 밉보일 필요가 없다.

이런 사람들로 구성된 지방의 의회가 지자체를 견제하는 건 난망한 일이다. 마찬가지로 이렇게 지자체장이 된들 지역정치에 민감할 이유가 없다. 특히 지자체장과 지방의회의원 다수의 소속 정당이 같을 경우 문제는 더 심각해진다. 지방의회는 견제기능을 상실하는 반면 지자체와의 결속은 강화되면서 결국 거수기로 전락하게 된다. 이 과정에서 중앙정치로부터 독립된 주민에 의한 생활자치는 실종된다.

그렇다면 기초의회 정당공천 폐지가 이 악순환의 고리를 끊어낼 수 있는 유력한 방안이 될 수 있는가? 전혀 그렇지 않다. 정당공천이 사라진 기초의회에는 누가 영향을 미칠 수 있을까? 지역을 연고로 활동하고 있는 유력한 개인 또는 단체다. 전국정당의 입장이 당론이라는 이유로 전제되면 지역의 개인이나 단체들의 이해관계와 충돌하는 경우가 많이 생긴다. 정당공천제도가 없다면 이러한 충돌이 상당 부분 해소될 가능성이 있다. 그 뒤에 남는 건 지역 토호들의 이해관계뿐이다.

그나마 지금까지 지역 토호들의 이해관계에 종속될 수 있는 지방자치에 일정하게 제동을 걸어준 것이 정당공천제이다. 정당 간 경쟁과 견제가 이루어짐으로써 부족하나마 어느 정도 자정의 노력이 가능했기 때문이다. 이러한 장점에 대해서는 함묵한 채, 정당공천의 부정적 면모를 과대포장하면서 이를 폐지하자는 건 문제의 원인을 호도하는 것이다.

문제의 핵심은 지역에서 민주적인 정치구조가 보장되고 있느냐이다. 다양한 주체가 다양한 입장을 가지고 다양한 경로에서 출발하여 서로의 비전과 실천경로를 두고 주민들의 지지를 얻기 위해 경쟁할 수 있도록 보장되어 있는지가 중요하다. 그 경쟁의 끝에 보장되어야 하는 건 유권자인 주민들의 선택권이다. 지금 필요한 건 유권자인 주민들에게 더 다양한 선택의 기회를 제공하는 것이지 선택지를 줄여버리는 것이 아니다.

다양한 선택의 기회가 제공되지 않다 보니, 지역의 주민들에게 중요한 판단기준은 출마한 후보가 국회의원 아무개하고 같은 당이냐 아니냐, 그 당의 공천을 받았느냐 정도일 뿐이다. 그리고 선거가 끝나면 정작 구청장이나 기초의원의 이름은 잊힌다. 주민들이 동네 구청장 이름도 잘 모르는 상황에서 분권형 지방자치라는 건 허울 좋은 명분일 뿐이다. 지방분권으로 지방자치를 강화하자는 취지의 이야기에 대한 반응이 의외로 떨떠름한 이유가 여기 있다.

이렇듯 황폐해진 지역정치를 다시 기름지게 할 수 있는 유력한 방안이 있을까? 물론 있다. 바로 지역정당(local party)이다. 지역정당은 오랜 역사를 거치면서 형성된 중앙정치와 지역정치의 악순환 구조에 균열을 낼 수 있는 가장 강력한 정치적 도구다. 정당공천제 폐지가 유권자의 선택지를 줄이는 방안이라면, 지역정당을 만들어 지역정치를 활성화하는 건 유권자의 선택지를 늘려주는 방안이다. 실제로 지금까지 유권자의 선택은 지역의 패권정당을 시기마다 재추인하는 것에 불과했다. 지역정당의 등장은 유권자에게 진정한 의미의 선택 기회를 제공하는 계기이다.

하지만 한국에서 지역정당은 여전히 낯선 존재다. 지역정당을 경험해본 적이 없기 때문이다. 한국에서 정당은 무조건 중앙당이 서울에 있어야 하고, 전국적으로 포진한 조직을 가지고 있어야 하며, 수많은 당원으로 가득 찬 존재여야 한다. 그게 우리의『정당법』이 요구하는 정당이다.『정당법』에 규정되어 있는 규격화된 정당 외의 정당은 존재할 수 없었고, 생각조차도 할 수 없었다. 그러다 보니 우리는 지역정당이 어떻게 생긴 것인지 알 도리가 없었다.

우리에게도
지역정당이 있었다고?

　　1962년에 구축된 정치체제*가 장장 60년 동안 한국의 정치구조를 정형화시켜왔다는 사실은 이미 잘 알려져 있다. 정치의 굴곡을 제도적으로 조장하고 있는 이 1962년 체제에 대한 비판은 매우 많이 제기되어 왔다. 그 대안으로서 정당법을 개정하거나 새로운 정당 규율 제도를 만들자는 주장도 제기되어 왔다. 더나가 정치관계법의 원칙을 정립하고 있는 현행 헌법 규정을 개정하자는 대안들도 줄기차게 나왔다.

　　이처럼 문제의 심각성이 다각도로 확인되고 있음에도, 정작 법을 정비해야 할 책무를 가진 국회는 이 체제를 손보는 데 그리 적극적이지 않다. 이 체제가 자신들의 기득권을 너무나 강력하게 보

---

*　'1962년 체제'는 현재의 정당 관련 제도가 정립된 1962년을 기점으로 지금까지 이어지고 있는 정치체제를 의미한다. 1961년 쿠데타를 일으켜 민주 정부를 전복한 박정희 군부는 1962년 『정치활동정화법』 제정, 헌법 개정, 『정당법』 제정 등 일련의 제도 정비를 통해 정당제도의 구조를 확립했다. 군부의 집권을 용이하게 하고 영속시키려는 목적에서 기획된 이 정치체제는 오늘날까지 그 틀이 유지되면서 거대 양당 중심의 패권적인 정치 파행의 원천이 되고 있다. 이 책 제4장에서 1962년 체제의 기원과 구성, 전개에 대해 상세하게 기술한다.

장하고 있기 때문이다. 그 결과 아직도 정치관계법의 제도적 정비는 이루어지지 않고 있으며, 1962년 체제는 갈수록 그 폐해를 누적해가고 있다.

이처럼 공고한 기득권에 막혀 있는 상황임에도 불구하고, 그동안 지역정당을 설립하려는 움직임은 지속되었다. 정당법 개정을 둘러싼 이론적인 측면에서만 지역정당 논의가 한정되었던 것은 아니다. 여러 지역에서 수차례에 걸쳐 지역정당을 만들고자 하는 분투를 계속해왔다. 비록 맹아 단계에서 풀뿌리의 생장이 멈춰버리기도 했지만, 지역정당을 통해 지역정치를 활성화하려는 노력이 곳곳에서 진행되었다. 그리고 그 한계와 성과를 바탕으로 새로운 지역정당 창당 운동은 끊임없이 이어지고 있다. 대표적인 사례들을 살펴보자.

지역정당 운동의 맹아기

풀뿌리옥천당

조선일보 불매운동(안티조선 운동)은 1998년 시작되어 2000년대 초까지 사회적 반향을 일으켰던 특별한 사회운동이었다. 그런데 이 운동을 이야기할 때 반드시 거론되는 지역이 있다. 충청북도 옥천군이다. 이곳은 인구 약 5만 명의 소도시이지만, 안티조선운동의 대표적인 지역 거점이었다. 그리고 바로 이곳에서 지역정당 운동사에서 빠뜨려서는 안 될 역사가 전개되었다.

옥천당(출처: 〈옥천신문〉)

조선일보는 김대중 정부 시기인 1998년, 대통령자문정책기획위원장이던 최장집 교수에 대한 사상검증을 시도했다. 그러자 언론학자인 강준만 교수가 조선일보의 행위가 반지성적 행태라며 비판했고 이를 이유로 조선일보가 강준만 교수를 고소하여 결국 강준만 교수는 벌금형을 받게 되었다.*

조선일보의 행태에 반발한 시민들은 '안티조선 우리모두' 사이트(www.urimodu.com)를 개설하고 성금 모금과 조선일보 불매운동을 전개했다. 2000년 8월엔 저명한 사회 인사들이 조선일보에 기고도 하지 않고 조선일보와는 인터뷰도 하지 않겠다고 선언했다. 유력 인사들의 기고 및 인터뷰 거부선언은 이후에도 이어졌다. 이러한 경로를 거치면서 '조선일보 반대 시민연대'가 결성되었다. 이 흐름은 장차 '안티조선 운동'으로 일컬어지게 될 것이었다. 안티조선 운동은 단순히 한 언론사에 대한 소비자(독자) 운동에 그친 것이 아니라 언론과 사회의 관계, 언론의 자유에 대한 본질적 질문을 사회에 던진 운동이라는 점에서 그 의미가 남다른

---

* 당시 〈조선일보〉 이한우 기자는 자신의 명예를 훼손했다면서 강준만 전북대 교수와 함께 월간 〈말〉 및 〈말〉의 정지환 기자, 〈인물과 사상〉 강준우 발행인 등 4인을 대상으로 서울지방법원에 2억 원의 손해배상소송을 청구했다. 〈한겨레〉, "조선일보 기자 / '말'·인물과 사상'에 손배소", 1998.12.2.

것이었다.

안티조선 운동의 특징 중 하나는 지역별로 운동 거점이 만들어
졌다는 것이었다. 중앙이 아닌 지방에서부터 운동의 근거지를 만
들고 주변으로 확산된 이 운동은 풀뿌리 운동의 중요한 모범이 되
었다. 그 출발점이 바로 옥천이었다. 1989년에 지역의 독립언론(옥
천신문)이 창간된 이래 탄탄하게 구축된 주민운동의 전통이 안티
조선 운동을 선도하는 힘의 원천이 되었다.

안티조선 운동의 초창기였던 2000년 8월 15일 결성된 '조선일
보 바로보기 옥천시민모임'은 기미독립선언서를 패러디한 '조선일
보로부터의 옥천독립선언서'를 배포했다. 그 직후 불과 4개월 만
에 옥천지역 조선일보 판매부수는 10% 감소했으며, 충청북도 내
에서 조선일보 보급률이 가장 떨어지는 지역이 되었다. 옥천의 풀
뿌리가 가진 저력을 과시하는 사건이었다.

이처럼 강력한 풀뿌리 운동의 성과를 만들어낸 옥천에서 2006
년 제4회 동시지방선거를 앞두고 지역정당 창당작업이 시작됐다.
2005년 10월 초에 풀뿌리옥천당은 창당 발기인 모임을 가졌고,
곧이어 창당 발기인대회와 창당행사를 거친 후 본격적으로 지방
선거 준비에 돌입했다. 주민이 주인이 되는 지역정치를 만들어 나
가는 데 기성 정당들이 제 역할을 하지 못하고 특히 그 직전 선거
인 제3회 전국동시지방선거부터 개정된 공직선거법이 적용되어
중앙정치에 함몰된 전국정당이 기초지방의회 선거에 공천권을 행
사하게 됨으로써 지방자치가 역행하게 되었다는 문제의식이 풀뿌

리옥천당의 창당과 선거 참여를 결정하게 된 계기였다.*

풀뿌리옥천당의 주체들은 창당을 준비하던 때부터 이미 정당법 및 공직선거법에 의해 '옥천당'이라는 명칭을 사용할 수 없다는 점을 인식하고 있었다. 등록되지 않은 당명을 사용하여 선거에 참여하는 것은 불가능할 뿐만 아니라 만일 당의 이름을 걸고 선거운동 등의 행위를 하면 위법행위로 처벌될 수 있다는 것도 알고 있었다. 당명을 사용하고 당의 이름으로 후보를 낼 것인지를 결정해야만 했고, 이에 대한 심도 있는 논의가 진행되었다. 논의 결과는 '당'이라는 이름을 사용해야 한다는 것이었다. 정치개혁운동의 의의를 명확히 하기 위해서였다.** 이 결정에 따라 풀뿌리옥천당은 제4회 전국동시지방선거에 당의 후보를 내고 선거에 참여했다.

당시 각 지역에서 활동하던 풀뿌리 단체들은 '풀뿌리 초록정치 네트워크 5·31 공동행동'을 결성하고 공동으로 풀뿌리 후보를 발굴하고 지원하여 지방선거에 나서기로 하였다. 풀뿌리옥천당이 참여한 이 공동행동에는 경기도 군포, 서울 은평, 초록정치연대 등 지역단체와 시민단체가 함께했다. 풀뿌리옥천당은 군의원 선거에 1명의 후보를 냈고, 공동행동의 연대단위는 각 지역에서 후보를 냈다.*** 아쉽게도 당선된 사람은 아무도 없었다.

그런데 풀뿌리옥천당은 선거를 경유하면서 결국 정당법 위반

---

* 〈옥천신문〉, "[위기의 지방정치] 3. 옥천의 새로운 실험", 2006.6.5.

** 〈한겨레〉, "'우린 진짜 지역당' '풀뿌리옥천당' 뜬다", 2005.10.11.

*** 〈뉴스와이어〉, "풀뿌리·초록정치 네트워크-531공동행동, 21명의 공식후보 최종 선정 및 5대 비전 10대 중점공약 발표", 2006.05.12.

혐의로 대표를 비롯해 주요 구성원이 기소되는 아픔을 겪었다. 모임 이름에 '당'이라는 명칭을 넣었다는 것이 이유였다. 기소된 풀뿌리옥천당의 관계자들은 법원에 위헌법률심판제청신청을 제기했다. 등록된 정당이 아니면 정당임을 표시하는 문자를 사용하지 못하도록 규정한 정당법 규정의 위헌 여부를 헌법재판소가 심판할 수 있도록 제청해달라는 신청이었다. 법정에서의 항변은 받아들여지지 않았고, 정당법 위반에 따른 처벌이 선고되면서 풀뿌리옥천당의 실험은 중단되었다.

비록 현행법의 벽을 넘지는 못했지만, 풀뿌리옥천당의 도전은 이후 지역정당 운동에 많은 영감을 불어넣어 주었다. 무엇보다도 지역정치가 활성화되면 주민의 삶의 방식이 바뀐다는 것을 실증해주었다. 언론운동을 통한 지역매체(옥천신문)의 건강한 성장, 주민운동에 의한 옥천군의 행정 개선, 지역 정가의 구도 변화 등은 풀뿌리옥천당을 기획했던 풀뿌리 운동의 힘이 있었기에 가능했다.

더구나 법을 어겼다는 빌미로 처벌될 것을 알면서도 과감하게 현행법을 넘어서는 정치적 기획을 했다는 점에서 이후 지역정당 운동이 가야 할 방향을 설정해주었다. 무소속으로 출마하면 당장은 부당한 법을 우회함으로써 선거운동의 곤란함을 회피할 수 있지만, 종국에 가서는 애초 정치개혁 운동을 추진하게 된 취지와 사뭇 달라진 결과를 감당해야 한다. 풀뿌리옥천당은 이 갈림길에서 정공법을 택했고 그 결과 앞장섰던 사람들의 희생이 따랐다. 하지만 그러한 선도를 바탕으로 이후 지역정당 운동의 방향은 더욱 간명해질 수 있었다.

마포파티

제6회 전국동시지방선거를 3개월 정도 앞둔 2014년 3월 중순, 마포구 동교동 가톨릭청년회관에는 지역의 주민들이 참여하는 '제안자 파티'가 열렸다. 제안자 파티의 참여자들은 지역의 다양한 주민들이 참여하는 정치모임을 만들기로 뜻을 맞췄다. 중앙정치, 여의도 정치로 대변되는 그들만의 리그를 극복하고 지역의 문제에 주민의 목소리를 직접 반영하자는 취지에 이의가 없었다. 그 후 5월 10일, 뜻을 함께하는 주민들이 마포의 성미산마을극장에서 창립총회를 열고 '마포파티'를 출범시켰다. "주민이 만드는 생활정치, 파티처럼 즐거운 참여정치, 미래의 대안정치"가 이들이 내건 기치였다.

마포파티가 결성될 수 있었던 배경에는 마포를 근거로 하는 건실한 주민운동의 역사와 주체들이 있었다. 대표적으로는 성미산마을공동체와 이들이 진행했던 성미산 지키기 운동이 있다. 성미산은 성산이라고도 하는데, 해발 66미터의 높이로 산이라기보다는 얕은 언덕에 불과한 지형이다. 하지만 이 동산은 성산동 일대의 주민들에게는 '산'이었으며, 삶의 터전이자 생활의 일부였다. 성미산을 중심으로 하는 인근의 주민들은 공동육아조합을 시작으로 생활협동조합, 동네라디오 등 다양한 주민조직을 만들고 확산시켜갔다.

그러던 중 1997년 말에 서울시 상수도 사업본부가 성미산에 배

마포파티(출처: 마포파티 페이스북)

수지를 만들겠다는 계획을 발표했다. 그런데 배수지 사업지로 선정된 지역 인근에 토지를 소유하고 있던 학교법인 한양재단이 이틈에 아파트를 건설하겠다는 계획을 내놓았다. 성미산의 생태계 파괴는 물론 주민공동체의 실질적 근간을 잃게 되는 주민들은 반발하지 않을 수 없었다.

2001년 7월, 지역의 공동육아단체, 각종 동호회 등 21개 주민모임이 '성미산을 지키는 주민연대'를 조직했다. 이로부터 서울시의 계획에 조직적이고 적극적인 반대 운동이 전개되었다. 그러자 서울시는 생태공원화 등의 약속을 제시했다. 하지만 애초부터 이 얄은 언덕에 인공구조물을 설치해 배수지를 만들 이유가 없는 데다가, 공원을 만든다고 한들 현재의 생태계로 원상회복할 방법도 없어 주민들의 반대를 무마할 수는 없었다.

주민들의 반대에 부딪힌 서울시 상수도 사업본부는 2003년 초에 성미산 일대에서 기습적인 벌목을 자행했다. 2천여 그루가 넘는 나무가 하루아침에 잘려 나갔다. 주민들은 성미산에 텐트를 치고 나무를 끌어안으며 농성했다. 이토록 격렬한 반대 운동 끝에 결국 그해 10월, 배수지 건설계획은 유보되었고, 아파트 건설계획은 철회되었다. 이를 기점으로 마을 운동의 성격은 성미산 지키기에서 성미산 살리기로 전환되었다.

그러나 몇 년이 지나지 않아 다시 성미산 지키기 운동을 전개할 수밖에 없는 일이 벌어진다. 성미산에 인접해 있는 토지를 소유한 학교법인 홍익재단이 부설 초중고등학교를 이전 설립한다는 계획을 발표했다. 주민들은 다시 나서 '성미산 생태보존을 위한 대책위'를 구성하고 서울시에 의견서를 제출하는 등 활동을 진행했다. 하지만 마포구가 계획을 밀어붙이고 서울시가 이를 승인하면서 결국 학교는 들어서게 되었다.* 비록 학교건설과 성미산 일대의 개발을 막는 데는 실패했지만, 이 운동 경험은 주민조직의 견고한 구성과 성장으로 이어졌다.

마포는 이뿐만 아니라 마포시장 상인들과 주민들이 함께했던 홈플러스 입점 저지 운동, 지역의 단체와 활동가들이 정보를 공유

---

* 이상은 성미산 마을 홈페이지. www.sungmisan.org

하고 안정적인 활동을 진행할 수 있도록 하기 위해 마련한 '민중의 집' 사업 등을 거치면서 주민단체, 진보정당의 지역조직 등이 네트워크를 구축하여 연대활동을 해온 경험과 역사를 축적한 지역이었다.

이런 배경에서 역대 지방선거에서도 지역의 주민 후보들이 출마하여 일정한 성적을 거두어 왔다. 2002년 제3회 전국동시지방선거에서 무소속으로 출마한 주민 후보들이 간발의 차이로 낙선한 일이 있었다. 2010년 제5회 전국동시지방선거에는 '마포 풀뿌리 좋은 정치 네트워크'를 결성하고 여기서 주민 후보를 선출해 선거에 참여했다. 역시 낙선하고 말았지만, 이후 각 지방선거에도 연이어 시의원과 마포구청장 후보를 냈다.

이런 역사 속에서 마포의 주민과 단체는 2014년 제6회 전국동시지방선거를 본격적으로 준비했다. 이렇게 해서 만들어진 조직이 마포파티였다. 창립총회에서 마포파티는 주민들에게 공약을 제시하고 당선되면 이를 반드시 지키겠다는 취지의 '계약식'을 진행했다. 의사결정을 할 때는 공정하고 공평한 참여를 보장하는 상징으로 '1/N 카드'를 사용했다. 단체와 정당의 구성원들은 원래 소속된 조직과 별개의 논의구조를 이해하고 인정했다. 마포파티는 그동안 보던 기성 정당과는 확연히 다르게 발랄하고 창조적이며 자유로우면서도 주민들의 직접 참여가 돋보이는 정치결사였다.

하지만 정작 선거가 시작되자, 마포파티는 정당으로 등록될 수 없는 한계를 정면돌파하기보다는 우회하는 방식을 택했다. 이 점에서 풀뿌리옥천당과는 완전한 차이를 보이게 된다. 풀뿌리옥천당은 안 될 걸 알면서도 정치개혁이라는 정당결성의 취지를 살리기 위해 위법에 따른 처벌을 감수하고 정당이라는 명칭을 사용해 선거에 임했다. 하지만 마포파티는 정당의 위상이 아니라 후보들의 지지단체, 후원조직으로 위상을 국한했다.

마포파티는 4명의 후보를 냈는데, 2명은 처음부터 무소속으로, 1명은 소속했던 정당을 탈당하여 무소속으로, 다른 1명은 원래 소속의 정당 후보로 출마했다. 마포파티의 후보는 출마했지만 마포파티라는 정당은 존재하지 않는 선거였다. 4명의 후보는 모두 낙선했다. 선거가 끝난 후, 마포파티는 지역정당이 되겠다는 포부를 끝내 펴지 못한 채 해소되었다.

마포파티의 실험은 지역정당을 조직하는 운동이 어떻게 하면 성공할 수 있는지를 보여줬다. 탄탄한 지역 주민 조직과 건실한 연대의 결속, 활발한 참여와 활동이 중첩될 때 지역정치에 대한 능동적 개입과 조직화가 가능하다는 것을 확인시켰다. 반면, 지역정당이라는 조직체가 출마와 선거운동에 걸림돌이 된다면 결국 지역정당을 포기할 수밖에 없다는 현실을 보여주기도 했다. 그 한계를 통해 지역정치를 지속하기 위해선 결국 제도적인 변화를 이끌어 내야만 한다는 교훈을 남겼다.

새로운 대구를 열자는 사람들

한국의 거대 양당, 즉 더불어민주당과 국민의힘은 각각 특정 지역의 패권을 정치적 기반으로 삼고 있다. 이러한 정치지형이 한국 정치 전반의 질곡으로 작용하고 있음을 부정할 수 없다.

대표적인 지역이 대구다. 영남에서 대구는 특정 정당의 정치적 자원기지다. 소위 지역감정을 무기로 한 정당의 패권적 정치 지배가 반세기에 걸쳐 이루어지고 있는 지역이다.

새로운 대구를 열자는 사람들
(출처: 〈경남도민일보〉)

이러한 외형 때문에 대구는 심각한 오해를 받고 있다. 마치 대구의 시민들이 모두 특정 정당을 지지하고 있는 것 같은 착시가 있는 것이다. 그러나 대구의 민심은 지역의 패권을 장악하고 있는 정당에 대한 일방적 지지로 경도되지 않았다. 대구 시민들은 울며 겨자 먹기로 지역의 패권 정당에 형식적 지지를 보낼 수밖에 없는 상황에 몰려 있다. 지역의 이해를 대변할 수 있는 대안세력이 보이지 않기 때문이다.

이런 현실에 반기를 든 정치운동이 벌어졌다. 2018년 제7회 전국동시지방선거를 맞이한 대구에서 '새로운 대구를 열자는 사람들(새대열)'이 출범했다. 2018년 3월 29일 출범한 새대열은 창립대회에서 '대구를 바꾸어 나라를 살리자'는 의지를 선보였다. 새대열은 지역정당을 지향한다는 목적의식을 분명히 밝혔다. 정치적 다양성과 문화적 개방성으로 대구의 정치지형을 바꾸기 위해서는 지역의 모든 정치적 자원을 독점하고 있는 정당에 대응할 수 있는 정치결사가 필요했다.

새대열에는 지역에서 활동하고 있는 여러 층위의 각계 인사들이 참여했다. 지역에서 오랜 기간 활동을 해왔던 명망가들은 물론, 교수, 시민단체, 종교계 인사 등이 고루 참여했다. 새대열은 대구지역의 문제들을 대구시민이 직접 해결하겠다는 의지와 더불어 지방분권을 내용으로 하는 헌법개정, 정당법의 위헌성을 알리는 헌법소원, 청년 정치학교와 열린 시민학교를 통한 시민정치교육 등 정책 비전을 제시했다.

당장 코앞에 닥친 제7회 전국동시지방선거에 대응해 새대열은 대구시장 후보를 냈다. 특정한 전국정당이 후보만 꽂으면 당선되는 현실에 정면으로 도전장을 제출한 것이다. 실제로 민선 지방자치단체장 선거가 시행된 이래 대구는 오로지 하나의 정당에서만 시장이 배출되었다. 비록 정치적 환경 변화에 따라 정당의 이름은 달라졌지만, 그 실질은 전혀 변함이 없었다. 한나라당에서 새누리당으로, 새누리당에서 자유한국당으로, 그리고 다시 자유한국당에서 국민의힘으로 간판만 바꿔 달았을 뿐이었다.

지역의 생존이 걸린 문제를 외면한 채 오로지 중앙정치의 이해관계에 따라 움직이는 전국정당에 대한 불신은 오랜 시간 동안 누적되어 왔다. 이에 지역정치의 주역을 지역 주민에게 헌신하는 정치세력으로 교체해야 한다는 인식이 고조되었고 이것이 새대열을 출범시킨 힘이 되었다.

새대열은 대구시장 후보 출마를 통해 중앙정치에 대한 불신과 지역의 문제를 직접 해결하겠다는 의지를 정면으로 표출했다. 하지만 새대열 역시 현행법으로는 정당등록이 불가능했으며 새대열의 이름으로 후보를 내고 선거운동을 할 수 없다는 벽에 부닥쳤다. 이 상황에서 새대열은 기존의 방식과는 다른 방법을 선택했다.

풀뿌리옥천당처럼 정면돌파도 아니고, 마포파티의 후보들처럼 원래 소속 정당의 후보로 출마하거나 무소속 후보로 출마하는 것도 아니었다. 새대열은 지역적 연고를 가지고 있었던 전국정당인 바른미래당과 연합하였고, 바른미래당 후보로서 대구시장 선거 참여를 결정했다.

선거의 결과는 참담했다. 자유한국당의 후보가 득표 과반수를 훌쩍 넘는 표를 얻으며 당연하다는 듯이 당선되었다. 새대열 후보의 득표율은 6.5%에 머물렀다. 이로써 새대열의 실험은 멈췄다. 하지만 새대열의 활동은 지역정당 운동에서 여러 측면의 가능성을 보여준 사례였다. 광역정당의 가능성, 그리고 정당연합의 가능성이 그것이었다.

우선 새대열은 풀뿌리옥천당이나 마포파티가 기초자치단체를 정치활동의 범위로 했던 것과는 달리 대구광역시를 활동영역으로 했다는 점에 특징이 있다. 기초정당과는 양상을 달리하는 광역정당의 창당과 활동 양식의 전례로서 새대열의 사례를 검토할 필요가 있다.*

한편 새대열은 지역정당과 전국정당이 당면 선거에 공동으로 대응할 수 있다는 사례가 되었다. 선거를 위한 정당연합을 현행 정

---

* 분류하자면 기초지방자치단체 단위에서 활동하면 기초정당, 광역지방자치단체를 활동의 대상 지역으로 한다면 광역정당이라 할 수 있다. 물론 기초정당이니 광역정당이니 하는 분류는 법적으로 확립된 것이 아니다. 당연하지만, 지역정당 자체가 불법인 나라에서 지역정당의 형태를 분류하는 어떤 용어도 법적으로 정해진 것이 없기 때문이다. 다만 지역정당 운동의 과정에서 편의상 이러한 분류가 필요했고, 앞으로도 특별한 사정이 없으면 이 분류대로 이야기를 진행할 것이다.

당법과 선거법이 전혀 허용하지 않고 있기에 공식적으로는 정당 연합을 내세울 어떤 방법도 없는 것이 현실이다. 하지만 새대열은 지역정당과 전국정당이 상호 우호정당으로서 공동의 사안에 연합하여 대응할 수 있음을 보여주었다. 정당연합은 남미나 서구에서 흔한 정치활동 방식이다. 새대열의 시도와 실패는 자유롭고 다채로운 정당정치의 가능성을 한국 정치관계법이 어떻게 억누르고 있는지를 폭로한 드문 사례로 기록되었다.

지역정당 등록 분투기: 새로운 시도들

첫 지역정당 정당등록 좌절기-직접행동영등포당

2021년 10월, 쌀쌀한 바람이 제법 서늘하게 느껴지는 날이었다. 서울시 영등포구 문래동의 한 소극장에 30여 명 남짓의 사람들이 모여들었다. 아담한 소극장 무대에서 곧 한국 정치사에 새로운 기록으로 남을 역사가 준비되고 있었다.

시간이 되어 참석자들이 자리하자, '직접행동영등포당'(이하 '영등포당')의 창당대회가 개최되었다. 대회에서는 강령과 규약이 채택되었고, 채택된 규약에 따라 대표를 포함한 집행부가 선출되었다. 선출된 대표는 영등포당의 창당을 선언하며 의사봉을 세 번 두드렸다. 1961년 이후 한국에서 최초로 공식 정당등록을 시도하는 지역정당의 창당이었다.

'공식'이라는 표현을 썼지만, 지역정당은 불법단체다. '정당'을

영등포당 지역현안 정당연설회(출처: 영등포당 페이스북)

표방해서는 안 된다는 현행 『정당법』과 『공직선거법』을 정면으로 위반하고 있다. 언제든지 선거관리위원회에 의해 고발될 수도 있고, 공안당국에 의해 수사를 받을 수도 있다. 고발을 당하고 수사가 이루어져 법정에 간다면, 현행법에 따라 반드시 처벌받게 된다. 이런 상황에서 영등포당의 창당 선언은 법을 어기겠다는 선언이었으며, 법을 어긴 우리를 처벌하라는 선언이었다. 원치 않았지만, 지역정당인 영등포당은 과거 소위 '운동권'에서 말하던 일종의 '비합법 전위정당'이 된 셈이었다.

영등포당은 서울특별시 영등포구를 정당활동의 지역적 범위로 한정한 지역정당, 기초정당이다. 기초정당을 지향하는 영등포당은 30명의 지역 주민이 당원으로서 창당을 함께 했다. 영등포당을 준비한 주체들은 당원 30명을 창당을 위한 최소한의 규모로 설정했다. 법적 기준은 없다. 다시 한번 강조하지만, 현행 법률에는 지역정당에 관한 규정 자체가 없다. 따라서 임의로 모든 기준을 설정해야 했고, 최소 당원 규모도 논의를 거쳐 설정했다.

어차피 법에 규정이 없으므로 당원의 최소 규모는 2명 이상이면 충분하다는 주장도 있었다. 정당도 일종의 단체고, 단체는 여러 사람이 모일 것을 전제하므로 1명만으로 부족하다는 논리상의 이유였다. 집회 시위의 최소 규모가 몇 명이냐는 기준은 없지만, 1인 시위는 시위임에도 집회시위에 관한 법률의 제한을 받지 않는다는 것도 논리를 뒷받침하는 근거였다. 한편 최소 3명은 필요하다는 주장도 있었다. 다수가결이라는 결정절차를 위해서는 찬반투표를 시행할 의미가 있는 최소한의 구성원이 필요하며, 그 숫자가 3명이기 때문이다.

하지만 영등포당은 정당등록을 목적하였으므로, 『정당법』에 비추어 합당한 근거를 마련하는 것이 적절하다는 판단이 있었다. 그런데 현행 『정당법』은 기초 당부에 대한 당원 규정은 존재하지 않고 시도당에 관한 규정, 즉 광역 당부의 최소 당원 수에 대해서만 규정하고 있다. 그 숫자는 1천 명이다. 기초정당을 만들면서 이 기준을 적용할 수는 없었다. 그래서 찾아낸 것이 정당의 지역조직을 광역당부로 규정하고 있는 현행법의 이전 『정당법』이었다. 구 『정당법』은 정당의 지역조직을 지구당으로 규정하고 있었는데, 그 당시 지구당의 최소 당원 수는 30명이었다.

기초정당인 영등포당은 지역정당이기에 당연히 중앙당이 있을 수가 없었다. 또한 기초지방자치단체를 활동의 영역으로 하므로 군이 광역지방자치단체 규모에서 활동하는 상급의 조직을 둘 이유도 없었다. 이러한 상태를 정리하면, 영등포당은 중앙당도 없고, 시도당도 없으며, 당원도 30명에 불과한 초미니 정당이라고 할 수 있었다. 사이즈만 작을 뿐, 영등포당은 그 외의 모든 구성을 현행 『정당법』에 준하여 준비하였다. 강령과 당헌, 당규를 정비했고, 대표와 사무총장, 정책위원장 등 집행부 체계를 갖췄으며, 영등포구에 가장 적절한 의제와 정책을 준비했다.

이렇게 모든 준비를 완료한 후 『정당법』에서 정하고 있는 절차에 맞춰 창당대회를 진행했다. 그리고 각종 증빙자료를 구비하여 선거관리위원회에 정당등록을 신청하였다. 영등포당은 기초정당이므로 기초지방자치단체를 관할하는 지방선거관리위원회, 즉 영등포구 선거관리위원회에 정당등록 신청을 할 예정이었다.

하지만 여기서 미처 예상치 못한 일이 발생했다. 기초단위의 선거관리위원회에서는 정당등록사무를 보지 않는다는 것이었다. 현재 정당등록사무는 시·도 선거관리위원회가 시·도당을, 중앙선거관리위원회가 중앙당을 담당하고 있다. 정당법상 기초지방자치단위 선거관리위원회에서는 정당등록의 사무를 담당하지 않고 있는 것이다. 따라서 영등포당은 기초정당임에도 불구하고 부득불 서울시 선거관리위원회에 정당등록을 신청하게 되었다. 중앙당을 만들 이유가 없는 지역정당이므로 중앙선거관리위원회에 갈 일은 없었으나 서울시 선거관리위원회까지 찾아가 정당등록 신청을 위한 절차를 진행해야 했다.

예상했던 것처럼, 이 정당등록 신청은 즉시 반려되었다. 지역정당의 등록 절차를 진행할 법률적 근거가 없다는 이유였다. 근거가 없는 정도가 아니라 정당법상 지역정당은 창당해서는 안 되는 조직이니 선거관리위원회의 입장에서는 지역정당의 창당을 인정해 줄 수가 없었던 것이다.

선거관리위원회의 반려는 법적 요건을 충족하여 다시 등록신청을 하라는 취지로 이해할 수 있었다. 즉, 시·도당을 창당하고 중앙당을 창당하는 등 현행 정당법이 정한 모든 요건을 충족해 오라는 것이다. 하지만 영등포당의 입장에서 그 법적 요건이라는 것은 지역정당을 하지 말라는 명령에 다름 아니었다. 헌법이 보장하는 정당설립의 자유, 정당활동의 자유는 이렇게 박탈되었다. 영등포당은 정치적 기본권을 침해당했고, 이 침해상태가 지속될 것이 확실하였으므로 결국 헌법재판소에 헌법소원심판을 청구하였다.*

한편 영등포당은 창당 이후 불과 반년 만에 돌아온 제8회 전국동시지방선거 기초의원 선거에 대표의 출마를 결정하였다. 영등포당 대표는 후보 등록기간이 시작되자 곧장 영등포구 선거관리위원회에 후보 등록의 절차를 밟았다. 하지만 이 또한 당연하게도 이용희 대표는 지역정당의 후보로는 출마할 수 없었다. 굳이 출마하려면 무소속으로 출마해야 할 판국이었다. 그러나 위법에 따른 불이익을 감수하면서까지 지역정당을 만들었는데, 지역정당의 후

---

* 해당 헌법소원청구는 2021년 11월 30일 헌법재판소에 접수되었으며, 사건번호 2021헌마1465로 본안회부되었다.

보가 아니라 무소속으로 출마한다는 것은 지역정당을 창당한 의미를 스스로 부정하는 일이었다. 결국 영등포당의 지방선거는 후보 등록조차 하지 못한 채 좌초하고 말았다.

책임정치의 구현을 위한 지역정치-과천시민정치당

경기도 과천시는 알차고 건실한 주민운동의 오랜 역사를 가지고 있는 지역이다. 2014년 과천풀뿌리 모임 결성으로부터 연원하는 주민운동조직인 '과천시민정치 다함'은 지역의 문제 해결을 위해 긴밀하고 적극적인 참여로 이름 높은 단체이다. 자체적인 교육프로그램을 진행하고, 정기적인 소식지를 내왔으며, 시정감시와 시의정감시에 탁월한 능력을 가지고 있었다. 다른 전국정당의 지역조직보다도 한 걸음 더 나간 정치력을 보여주었기 때문에 사실상 정당 이상의 정당 역할을 해오던 조직이었다.

특히 다함은 과천풀뿌리 시기부터 단체 차원에서 주요 선거에 후보를 만들고 지원하는 사업을 계속해왔다. 다른 정당의 후보를 지원하여 당선시키는가 하면, 비록 무소속 출마였지만 자체적으로 후보를 선정하여 기초의원에 당선시키는 성과도 거둔 바 있다. 주민단체로서 보유한 정치적인 힘은 거대 양당의 지역조직마저도 함부로 하지 못할

과천시민정치당 창당대회 공고
(출처: 지역정당네트워크)

정도였다. 지역의 의제와 사안에 충실한 대응역량을 가지고 있는 데다가, 자신들이 주민으로서 다른 주민들의 일상과 함께 움직이며 동화할 수 있었기에 가능한 일이었다. 무엇보다도 선출직 공직자의 역할을 스스로 감당함으로써 단체가 가지고 있는 가치관과 대안을 현실화하겠다는 정치적 책임의식을 가지고 있었던 조직이었기에 이런 일들을 할 수 있었다.

그런데 지지하고 후원했던 후보가 당선된 이후에 예상치 못했던 문제가 드러났다. 정당과는 근본적으로 다른, 주민단체로서의 한계가 하나, 둘씩 누적되어갔던 것이다. 거대 양당이 장악한 지방자치단체와 지방의회에서 이들 정당과 대등한 활동을 하기 위해서는 지속적이고 책임 있는 정치적 지원이 뒷받침되어야 했다. 하지만 선거를 지원하는 것과 선거 이후 실질적으로 공직의 수행을 지원하는 것은 차원이 다른 문제였다.

단체와 정당의 차이는 지역정치를 감당하는 책임성의 측면에서 두드러지게 나타났다. 일반적으로 단체는 정치적 권리를 행사하는 데 전혀 거리낌이 없는 동시에, 권리의 행사에 따른 정치적 책임에 대해서도 자유로운 면이 있다. 대중으로부터 정치적 책임을 추궁당하는 과정이 거의 없기 때문이다. 반면 정당은 정치적 권리를 행사하는 만큼 그에 따른 정치적 책임을 반드시 지게 된다. 주기적으로 돌아오는 선거가 바로 그 정치적 책임을 묻는 장이다.

정당의 정치활동이 유권자들로부터 인정받는다면 선거에서 유효한 지지를 얻을 수 있다. 반면 유권자들로부터 불신을 받게 된다면 선거에서 패배하게 된다. 따라서 정당은 자당의 정치인이 유권자로부터 인정받을 수 있도록 정책을 수립하고 활동을 지원할 수밖에 없다. 정치인의 활동을 통해 형성된 평가는 반드시 정당에 대한 평가로 돌아오기 때문이다. 반면 단체는 이러한 책임으로부터 자유롭기 때문에 비록 선거 시기 자신들이 지지했던 정치인일지라도 직접적인 이해관계가 형성되지 않는 한 지속적인 정치적 지원을 책임질 유인이 없다.

정치적으로 매우 단련된 주민단체인 과천풀뿌리도 이 한계를 완전히 극복할 수는 없었다. 당선된 공직자는 고군분투하고, 기초의회의 의정 수행에 대한 책임이 명확하지 않은 단체와의 관계가 모호해진다. 이 과정에서 내부적 갈등이 발생하고 결국 연대의 구심력이 이완된다. 이러한 문제들이 당장은 크게 보이지 않지만 누적되면서 피로도가 쌓이게 된다. 내부의 문제는 결국 외부와의 관계에 영향을 미친다. 상태가 호전되지 않게 되면서 결국 단체 자체의 정치적 소구력과 확장력이 한계에 부딪힌다.

과천풀뿌리의 구성원들은 이 한계를 직시했다. 과천풀뿌리가 그동안 선거에서 거둔 성과는 그리 작은 것이 아니었다. 무소속으로 당선자를 내기도 했고, 2018년 제7회 전국동시지방선거에는 비록 출마자 전원이 낙선하였지만 모두 10% 이상의 득표를 하는 등 다른 지역에서 볼 수 없는 저력을 보여준 바가 있다. 하지만 그러한 성과가 축적되어 이후의 더 큰 도약으로 이어지지 못하는 이유에 대해 과천풀뿌리는 치열하게 고민하였다. 이 과정에서 책임정치를 담보할 수 있는 구조에 대한 논의가 이루어졌고, 이러한 구조를 만들지 못하는 한 그동안의 성과가 결국 개인적 성취로 국한될 수 있다는 것에 이해를 같이하게 되었다.

2018년 지방선거를 앞두고 과천풀뿌리는 '과천시민정치 다함'을 출범시켰다. 다함은 당면한 지방선거에 대응하기 위하여 조직을 확대 개편한 것이기도 했지만, 선거를 경유하면서 장기적으로 지역정당을 건설한다는 목적을 설정하고 있었다. 당시 지방선거에서 당선자가 나오지 못하자 잠시 소강국면을 맞기도 했으나, 계속해서 과천시의 주요 사안에 입장을 내고, 문제해결을 위한 참여를 적극적으로 수행했다. 일상의 정치적 사업을 지속하면서, 구정 및 의정 감시, 지역신문 발간, 대 주민 홍보사업 등을 이어나갔다.

이러한 조직력과 문제의식을 바탕으로, 다함은 2021년 12월 '과천시민정치당'(이하 '과천당')을 창당하였다. 과천당도 영등포당과 마찬가지로 창당 직후 경기도 선거관리위원회에 정당등록을 신청했으나 신청을 처리해줄 수 없다는 회신을 받았고 즉시 헌법소원을 청구했다.*

과천당은 2022년 지방선거에 후보를 내기로 하였다. 다만, 영등포당과는 달리 과천당은 당의 이름을 걸지 못하더라도 후보를 내기로 결정했다. 외견상 무소속의 '시민후보'를 내되, 당적 지원을 하기로 하였다. 과천당의 선거참여는 당선자를 내지 못한 채 종료하였다. 선거 이후 과천당은 자강을 위한 당적 정비를 추진하면서, 주민에게 효능감을 줄 수 있는 공론장을 만들어가는 정치활동

---

* 해당 헌법소원청구는 2022년 2월 18일 헌법재판소에 접수되었으며, 사건번호 2022헌마215로 본안회부되었다.

을 모색하고 있다.

지역정당의 존재의의를 보여주마!-은평민들레당

2022년 1월에는 서울시 은평구에서 '은평민들레당'(이하 '은평당')이 창당했다. 은평당의 창당은 당원들이 오랜 숙고를 거쳐 이루어졌다. 뜻 있는 사람들이 지역정당의 창당을 고민하기 시작한 건 오래된 일이었다. 논의의 주체들은 섣부른 행보를 밟기보다는 좀 더 지역정당에 대한 이해를 높인 후 본격 사업을 진행하자고 뜻을 모았다. 정치활동을 할 때든, 주민들에게 당을 홍보할 때든, 지역정당의 취지와 의의를 제대로 설득하기 위해서라도 먼저 준비하는 사람들이 더 많이 알고 있어야 한다는 취지에서였다.

지역정당에 대한 당원들의 이해도를 높였지만, 사실 지역정당을 주민들에게 홍보하고 동참을 설득하는 건 여전히 어려운 일이다. 보통 주민들은 지역정당이라는 걸 모르기 때문이다. 경험해본 적이 없을 뿐만 아니라 들어본 적도 거의 없다. 게다가 정당이라니! 지금 있는 정당들에 실망한 것도 이만저만이 아닌데 또 무슨 다른 정당을? 잘 모르는 건 둘째 치고라도, 정치 또는 정당에 실망한 감정이 쌓여가는

은평민들레당 선관위 등록신청
(출처: 은평민들레당 다음카페)

마당에 정체도 잘 모르는 낯선 정당에 선뜻 반응하길 기대하긴 어렵다.

곤란함을 뚫고 나가는 가장 전형적인 정석은 발로 뛰는 거다. 은평당의 당원들은 발로 뛰는 데에 이력이 난 사람들이 많다. 당원 대부분이 은평당을 하기 이전에도 여러 전국정당의 지역활동가로 활발하게 활동했었고, 각종 시민단체 혹은 주민단체나 언론사에서 일했던 경력을 가진 당원들도 있다. 누구보다 지역을 잘 알고, 지역의 문제가 무엇인지를 잘 파악하고 있는 데다가 왕성한 활동력을 가지고 있다는 건 정당활동의 큰 자산이다.

창당 직후 은평당이 집중한 사업 중 하나는 지역의 도시가스 안전점검 노동자들의 노동조건 개선에 관한 사안이었다. 은평구 안에서 도시가스 안전점검 노동자들은 1인당 매월 최소 7,000~8,000세대에 달하는 가정을 방문한다. 이들은 계량기 검침, 고지서 송달, 가스 안전점검 등의 작업을 수행한다. 방문 가정에 사람이 없으면 2번, 3번을 다시 찾아가야 할 때도 많다. 작업량만 많은 게 아니라 노동조건이 매우 열악하다. 위험한 장소에 설치된 계량기를 검침하다가 산업재해를 당하거나, 성희롱이나 폭력에 시달리기도 한다.

안전점검 노동자들은 혀를 빼물게 만드는 불볕더위건 살을 에는 엄동설한이건 온 동네를 걸어 다니며 일을 해야 한다. 혹서기 격월 검침을 권고하고 있는 서울시의 '도시가스 공급규정'은 제대로 지켜지지 않고 있는 실정이다. 노동자들이 속해 있는 고객센터가 도시가스 회사의 하청업체라는 이유로 서울시의 관리감독도 제대로 이루어지지 않고 있다. 은평당은 도시가스 노동자와 연대하면서 주민들에게 이러한 사정을 알리는 한편, 고객센터와 은평구청 및 서울시에 항의하는 등 활동을 지속하고 있다.

은평당은 지역 소재 자연녹지에 대한 훼손에 대해서도 힘껏 대응하고 있다. 은평구의 대표적인 녹지인 봉산의 전망대 확장 사업이나, 과도한 살충제 사용 등에 항의하면서 사업을 중단하도록 구청에 요구하고 있다. 지나친 전력사용을 유발하는 불광천변 조명 사업에 대해서도 지속적으로 문제를 제기하는 중이다. 재개발 지역 학교 부지 용도 변경에 대해서도 목소리를 높인 건 은평당뿐이었다.

2023년 봄에 은평구청은 봉산 일대의 자연 산림을 대대적으로 벌목했다. 은평구청은 고사목 제거작업을 한다는 공지를 냈지만, 실은 편백나무숲 조성사업의 일환이었다. 은평당이 조사한 결과, 평균수명 30년 이상 된 참나무와 팥배나무를 비롯해 큰 나무들을 중심으로 이루어져 있던 숲이 통째로 사라졌다. 특히 이 일대는 2007년 서울시가 생태경관보전지역으로 지정한 곳에 인접한 지역이어서 개발사업을 하기 위해서는 면밀한 사전조사와 환경영향을 검토했어야 했다.

이러한 사업들은 은평구의 문제이며 은평구 주민들의 삶과 직결되어 있는 일들이다. 그런데 이 사업을 주도하는 주체는 거대 정당 소속 구청장과 거대 양당 소속의 의원들로 채워져 있는 구의회이다. 이들은 주민의 의사를 수렴하는 과정조차 제대로 밟지 않은 채 개발 위주의 사업을 진행하면서 자신들의 치적이라고 자랑하고 있다. 당연히 이에 대한 문제 제기가 거대 양당에서는 일체 나오지 않는 상황이다. 더욱 심각한 문제는 이들 거대 양당 외에도 은평에 거점을 둔 다른 전국정당의 지역조직마저 별다른 대응을 하지 않고 있다는 점이다.

전국정당이 가지고 있는 한계가 이렇게 드러난다. 지역을 장악하고 있는 정당은 지역구 국회의원의 치적으로 이야기될 수 있고, 중앙에 보여줄 실적이 될 수 있는 일에만 역량을 집중한다. 지역의 사안은 이렇게 중앙정치를 위한 담보물 취급을 받거나 그 정도의 비중도 안 되는 사안이라면 묻혀버리기 십상이다. 중앙정치의 관점에서 볼 때는 소소하고 비중 없는 것처럼 보일지 몰라도, 지역 주민에게 가장 민감한 문제가 될 수 있는 사안들은 결국 지역에 초점을 맞추고 거의 모든 정치활동을 지역에 쏟아붓는 지역정당이 가장 적극적으로 대응할 수 있다.

이처럼 창당한 지 불과 1년밖에 지나지 않은 은평당이 은평구에서만큼은 상시적인 구정감시와 구의정감시를 수행하는 중요한 정치조직 역할을 하고 있다. 그런데 은평당도 영등포당이나 과천당과 마찬가지로 불법 정당이며, 은평당의 모든 활동은 『정당법』과 『공직선거법』을 위반하는 위법행위이다. 가장 적극적으로 지역 문제에 대응하는 정당이지만 법으로는 엄연히 처벌의 대상이 될 뿐이다. 지역정당이 존재해야 할 이유를 보여주고 있지만, 언제 공권력에 의해 활동을 제약당하게 될지 모르는 상황이 이어지고 있다.

결국, 은평당도 헌법소원 심판청구를 제기하였다.*

---

* 해당 헌법소원청구는 2022년 4월 1일 헌법재판소에 접수되었으며, 사건번호 2021헌마396으로 본안회부되었다.

지역정치의 주체, 지역정당

지역정당은 무엇인가?

지역의 문제를 다루다 보면 견실한 지방자치가 얼마나 유용한 것인지를 알 수 있다. 그래서 지방자치의 활성화를 고민하게 되고, 지방자치의 활성화는 결국 지역정치의 활성화에 달려 있다는 것을 깨닫게 된다. 그렇다면 지역정치는 무엇으로 활성화할 수 있을까? 지역정당의 필요성이 이 대목에서 절실하게 부각된다. 지난한 아픔을 겪으면서도 지역정당을 만들고자 하는 노력이 이어져 온 이유다.

주민이 주체가 되어 지역의 사안 등을 검토하고 이해관계를 조정하며 문제를 해결하는 과정이 지방자치다. 그런데 이 과정 자체가 다름 아닌 지역정치다. 자치행정과 자치입법, 자치재정 등 모든 분야는 지역의 정치가 작동함으로써 비로소 기능을 시작한다. 따라서 지방자치가 성숙하고 발전하기 위해 지역정치의 활성화는 필수 요소이다.

지역정치의 활성화는 사회의 다원화 경향과 다양한 요구를 해결하기 위한 최적의 방안이다. 특히 지역 주민들이 필요로 하는 정책과제를 신속하게 파악하고, 주민들의 의사에 따라 대안을 형성하는 정치적 과정을 통해, 지역의 정치주체가 형성되고 책임성이 강화될 수 있다. 이로써 지방분권을 실질적으로 이룩하고 다양한 지방자치의 모델을 만들 수 있으며 지역 간 경쟁을 활성화함으로써 국가적 차원에서 정치의 발전을 도모할 수 있다. 지역정치는 자치분권을 가속화하는 방안이자 정치 전반의 발전을 추동할 수 있는 기제다. 이처럼 중요한 지역정치를 활성화하기 위한 제도적 방안 중 하나가 지역정당의 창당과 지역정당을 통한 정치활동이다.

정당은 강령과 정책 등 정치적 지향을 함께하는 개인들의 사적 결사체이다. 그런데 현대 민주주의 체계에서 정당은 국민과 국가를 매개하는 역할을 한다. 법적 성격상 법인격 없는 사단에 불과한 존재로 다루어지는 정당을 국가적 차원에서 특별하게 다루는 이유가 여기 있다. 정당은 국정에 대한 의견을 표명하고 선거에 참여하거나 의정활동을 하는 한편 궁극적으로는 집권을 목표로 활동한다. 이를 위해 당의 강령과 정책을 대중들에게 알리고 지지를 형성하며 이를 기반으로 정치가를 양성하며 국민의 결집을 도모한다.

현행 헌법은 제8조에서 정당의 정치활동에 관하여 특별한 보장을 규정하고 있다. 정당의 설립은 자유이며, 복수정당이 보장된다(제1항). 헌법의 원칙에 따라 누구나 자유롭게 정당을 결성할 수 있으며, 자유로운 정치활동을 할 수 있다. 정당의 조직과 활동에 대한 구체적인 내용을 규정하고 있는 『정당법』은 정당을 "국민의 이익을 위하여 책임 있는 정치적 주장이나 정책을 추진하고 공직선거의 후보자를 추천 또는 지지함으로써 국민의 정치적 의사 형성에 참여함을 목적으로 하는 국민의 자발적 조직"이라고 규정하고 있다(법 제2조).

헌법재판소도 판례를 통해 "정당은 민주적 의사형성을 위한 불가결한 요소"이며, "오늘날의 의회민주주의는 정당의 존재 없이는 기능할 수 없다"고 강조하는 한편(1999.12.23. 99헌마135), "정당의 자유로운 설립과 활동은 민주주의 실현의 전제조건"이라고 선언한다(2004.3.25. 2001헌마710). 따라서 "민주적 의사형성과정의 개방성을 보장하기 위하여 정당설립의 자유를 최대한으로 보호"하는 것이 헌법의 정신이며(1999.12.23. 99헌마135), 정당의 자유에는 "개개인의 자유로운 정당설립 및 정당가입의 자유, 조직형식 내지 법형식 선택의 자유…정당해산의 자유, 합당의 자유, 분당의 자유…개인이 정당 일반 또는 특정 정당에 가입하지 아니할 자유, 가입했던 정당으로부터 탈퇴할 자유"를 포함한다(2006.3.30. 2004헌마246)고 헌법재판소는 밝히고 있다.

정당결성 및 정당활동의 자유에는 정당구성, 활동의 유형 등은 물론 정당의 지향, 규모, 지역 등을 자유롭게 결정할 권리가 포함된다. 특히 정당 중에는 정치활동의 공간적 범위를 일정한 지역으로 한정하는 정당도 보장되어야 한다. 이러한 유형의 정당을 지역정당이라고 할 수 있다.

지역정당을 좀 더 구체적으로 알아보자. 지역정당은 일정한 지역 안에 자신들의 활동을 한정한 채 주로 해당 지역의 문제에 천착한다. 예를 들면 기초지방자치단체 규모의 지역에서 활동하는 정당이 있을 수 있고, 그보다는 큰 범위인 광역지방자치단체 규모의 지역에서 활동하는 정당이 있을 수도 있다. 이들 정당은 해당 지역의 주요 사안들을 발굴하고 이해관계를 드러내며 대안을 제시하는 것을 주된 정치활동으로 삼는다. 이 과정에서 지역적 의사형성과 지역의 대의기구를 구성하는 데 참여한다. 지역의 주민 또는 해당 지역을 생활의 근거로 하는 사람들이 지역정당의 주체로 활동한다.

정치활동을 위한 공간과 의제가 지역으로 한정됨으로써, 지역정당은 전국정당과는 달리 전국을 대상으로 하는 정치와는 일정하게 거리를 둔다. 전국정당이 국가적 사안에 주목하고 국민적 이해관계를 조정하면서 국가 전체의 의사형성에 참여하는 것과 비교된다. 그 결과 전국정당은 대통령 선거나 국회의원 선거에 참여하지만, 지역정당은 단독으로는 이러한 전국단위의 선거에 참여할 수 없다. 다만, 광역지방자치단체 규모를 활동의 영역으로 하는 지역정당이 지역구 국회의원 선거에 참여할 수 있을지는 논의의 여지가 있다.

자치분권과 관련하여 지역정당이 주목받을 수밖에 없는 이유는 이처럼 고유한 지역정당의 특수성에서 기인한다. 지역정당의 기본적인 운영원리는 지역의 문제는 그 지역의 주민들이 책임의 주체가 되어 해결한다는 것이다. 지역문제를 지역민이 주도적으로 책임진다는 것은 곧 자치분권의 원리에 부합한다. 지역정당은 지역적 특수성을 충분히 반영하지 못하는 전국정당의 포괄적인 정책과 중앙정부의 획일적인 행정력 강제를 벗어나 지역에 특화된 대안세력의 역할을 수행할 수 있다.

현행『정당법』은 오로지 전국정당만을 규율하고 있다. 이 법에는 지역정당에 관한 어떠한 여지도 존재하지 않는다. 하지만 지역정당은 그 규모와 활동영역에서만 차이가 있을 뿐,『정당법』이 규정하고 있는 전국정당과 마찬가지로 헌법과 정치관계법에 규정되어 있는 기능과 역할을 할 수 있다. 지역정당은 주민의 '이익을 위하여 책임 있는 정치적 주장이나 정책을 추진'하는 조직으로서, 주민의 '정치적 의사형성에 참여'하고, 지역적 한계 안에서 공직선거에 '후보자를 추천 또는 지지'하는 활동을 수행하는 주민의 '자발적 조직'이다. 다만 여기서『정당법』상 '국민'이 '주민'으로 바뀌었을 뿐이다.

지역정당에 관한 두 가지 쟁점

지역정당과 관련하여 두 가지 쟁점이 대두되고 있다. 첫번째는 지역정당이라는 개념 자체가 성립할 수 있느냐는 것이다. 두 번째는 지역정당이라는 명칭이 정확하냐는 것이다. 이 두 문제는 지역정당의 실질에 관한 문제라기보다는 개념 정립에 관련한 문제라고 볼 수 있다. 하지만 지역정당을 이야기할 때 종종 제기되는 문제이므로 이에 대하여 간단하게 살펴보고 다음 논의를 진행하자.

지역정당은 정당이 아니다?

먼저 지역정당이라는 개념 자체의 문제다. 문제 제기의 요점은 지역에 한정되어 활동하는 정치조직은 그 주체와 대상이 '주민'이므로 "국민의 정치적 의사형성에 참여"하는 정당이 될 수 없다는 것이다.* 이 견해에 따르면 지역정당은 헌법 규정상으로도 그렇고 『정당법』상의 정의 규정에 비추어서도 '정당'으로 인정될 수 없다고 한다. 다만 주민의 자발적 정치결사임은 분명하므로, '지역정당'이라는 용어 대신 '주민결사' 또는 '주민자치결사'라는 대체용어를 사용할 것을 권하고 있다. 그렇지 않고 주민의 결사체에 불과한 조직을 '정당'이라고 부르게 될 경우, "주민의 자발적 조직으로서의 정치적 결사체가 … 국민의 자발적 조직인 정당으로 오해"하게 됨에 따라, "자신의 정체성을 주민과 국민으로 분별하여 확립할 수 있는 계기가 교란되고 지방자치단체의 사무와 국가기관의 사무를 구분하고 … 바람직한 긴장관계를 구축하는 데 장애가 될 우려"가 있다는 것이다.

결론적으로 말하면, 이러한 견해는 지방선거에서 정당의 공천을 배제하자는 주장을 하기 위해 동원된 과도한 형식논리에 불과하다. 이 주장에 따르면 '국민'과 '주민'은 개념적으로 완전히 다른 주체가 되며, 지역적 사안과 전국적 사안은 완전히 별개의 사안으

---

* 김해원, 『헌법과 지방자치권』, 한티재, 2022, 210-220쪽.

로 정립되어야 한다. 환원하자면, 지역적 사안은 오로지 주민으로 구성된 자발적 결사만이 해결할 수 있으며, 전국적 사안은 국민의 전체적 의지가 모여야 해결할 수 있다는 것이다. 이러한 개념적 구분은 관념의 세계에서는 얼마든지 가능한 일이지만, 현실 세계에서는 결코 일어날 수 없는 일이다.

우선, 주민과 국민은 이러한 형식논리로 일관되게 구별되지 않는다. 헌법의 정당규정과 『정당법』상의 조문에서 말하는 '국민'은 루소식의 일반의지가 관철되는 총체로서의 집합체가 아니다. 만일 여기서의 '국민'을 국가의 통치질서(헌정질서)에 구속되는 통일체로 전제한다면 "정당의 설립은 자유이며, 복수정당제는 보장된다"는 헌법 제8조 제1항의 규정은 무의미한 선언이 되어버린다. 통일체로서 '국민'에게는 다수 정당이 있을 필요가 없으며, 따라서 굳이 별도의 정당을 만들 이유가 없다. 모든 국민이 통일체로 존재하는 상태에서 정당설립의 자유라는 건 있으나 마나 한 구두선(口頭禪)에 불과하다.

그러므로 헌법과 법률이 호명하고 있는 '국민'은 본질적으로 개별적 이해관계를 가지고 있는 개인으로 보아야 하며, 정당이 수행해야 할 '국민의 정치적 의사형성'(헌법 제8조 제2항 후문)이나 '국민의 이익'(『정당법』 제2조)에서 말하는 '국민'은 해당 정당의 이념과 강령, 정책을 통해 그 의지를 관철하고자 하는 전체 '국민' 중 일부로 보아야 한다. 이렇게 될 때만 노동당, 녹색당, 페미니즘당, 해적당(the Pirate Party)처럼 특정한 계급의 이해, 부문의 가치를 대변하려는 정당도 헌법과 『정당법』의 체계 안에서 성립될 수 있다.

비록 그 정당의 목적의식이 전체 '국민'의 통일적 가치가 아닌 일부 '국민'에 고유한 가치를 지향한다고 하더라도, 정치적 과정을 통해 각양의 가치들은 중첩되는 지점을 확인하게 된다. 공유된 가치는 전체 '국민'에게 그 영향력을 파급하게 되고, 이로써 헌법과『정당법』이 정당에게 요구하는 '국민의 정치적 의사형성'을 만족하게 된다. 이때 비로소 정당설립의 자유와 다당제 보장의 원리가 충족될 수 있는 것이다.

바로 여기서 '주민'과 '국민'의 형식적 이원론은 의미가 없어지며, 지역을 활동의 영역으로 제한한다고 하여 정당으로서의 성격이나 지위를 부정당할 이유가 없어진다. '주민'은 '국민'의 일부이며, 지역의 사안은 통합적 국민의 이익과는 별개의 특수한 이익으로서 존재의 의의를 부여받는다. 동시에 대부분의 지역사안은 전국사안의 일부이며, 전국사안의 상당수는 지역에 반드시 영향을 미치게 되므로 주민은 지역사안에, 국민은 전국사안에 대응하는 주체라는 구분 역시 무의미하다. 전국사안의 지역의제화와 지역사안의 전국의제화를 만들어내는 과정을 보다 정치화할 필요가 있다. 이러한 사안들에서 전국정당과 대당하면서 견제와 균형의 관계를 유지하는 조직이 요구된다. 지역정당은 이러한 목적을 수행하기 위한 가장 좋은 정치조직이다.

따라서 전국정당은 정당이 될 수 있지만, 지역정당이라는 정치조직은 조건상 정당일 수 없다는 주장은 이론적으로도 그렇고 실질적으로도 논의의 실익이 없다.

다만 이 주장은 사회구성원의 의사형성에 참여하는 정치조직이 반드시 '정당'의 외형을 갖추도록 강제하는 것에 대한 문제 제기로서의 의미는 있다. 정당의 형식을 갖추지 않더라도 원하는 결사체는 정치활동을 할 수 있어야 하며, 조직적 차원에서 공직선거에 후보를 낼 수 있어야 한다. 한국의 『정당법』이나 『공직선거법』은 이를 허용치 않고 있는데, 차후 바로잡아야 할 부분이다.

'지역정당'이냐 '지방정당'이냐?

두 번째로 '지역정당'이 아니라 '지방정당'이라는 명칭이 적합하다는 주장이 있다. '지역(region)'과 '지방(local)'의 개념을 분리하고 성격에 맞는 명확한 명칭을 써야 한다는 주장이다. 즉, 특정 지역의 선거에만 참여하고 지방정권의 장악을 목표로 하는 정당은 '지방정당(regional party)'이고, '지역정당(local party)'은 특정 지역에 기반을 두었을 뿐 실질적으로는 전국정당인 당을 말한다고 한다. '지역정당'은 활동의 기반은 특정 지역이지만 "전국적으로 조직과 당원을 거느리며 중앙정치를 지향한다"는 점에서 '지방정당'과는 다른 정당이라는 것이다.

명칭의 정의에 따라 법적인 효과와 정치적 기능이 달라질 수 있으므로 신중을 요하는 문제이기는 하다. 따라서 향후 제도정비 과정에서 명확히 두 용어를 구별할 수 있도록 충분한 논의가 있어야 할 것이다. 하지만 어떤 용어를 써야 하느냐는 문제가 현재 상황에서 지역정당 관련 논의의 분수령을 이룰 만큼 결정적인 의제는 아니다. 다만, 이후 논의를 진행하기 위하여 용어를 정리할 필요가 있으므로 간략하게 살펴보기로 하자.

우선 단어의 뜻에 따른 용법의 구분이 가능하다. 논란은 한 자어인 지방(地方)과 지역(地域)의 차이, 그리고 영어 단어인 'region'과 'local'의 차이에서 비롯된다. 사회학자인 염신규에 따르면, '지방'은 "어느 방면(方)의 땅"이라는 단어 그대로의 의미와 함께 "서울 이외의 지역"이라는 의미를 갖는다고 한다. 한편 '지역'은 "일정하게 구획된 어느 범위의 토지"라는 뜻과 함께 "전체 사회를 어떤 특징으로 나눈 일정한 공간 영역"이라는 의미를 지니고 있다고 한다.

이로 인해 '지방'은 중심(서울)에 대비되는 변두리라는 상대적 의미가 파생되고, '지역'은 서로 다른 권역의 경계를 의미하게 된다고 한다. 이러한 관점에서, '지방'에는 권력적 함의가 담겨 있으며, 공간이 가지고 있는 역사적, 문화적, 주체적인 측면은 '지역'이라는 용어와 더 친근하다고 볼 수 있다.*

한편, 'region'과 'local'은 명확한 번역어를 확정하긴 어렵지만, 통상적인 용례를 보면 local은 심리적으로 화자와 친연성이 있는 공간적 범위를 말하는 반면, region은 객관적인 생활권 내지 행정권역을 의미하는 어감이 존재한다고 한다. 그런데 이러한 단어의 어감보다 중요한 건 외국에서 정당을 이야기할 때의 용례이다.

'local party'를 '지방정당'으로 번역하여야 한다는 주장은 다음과 같은 논리를 제시한다. 외국의 경우 특정 지역을 거점으로 하면서도 전국차원의 선거에 참여하는 등 중앙정치에 관계하는 정

---

* 염신규, 「지방문화원인가 지역문화원인가」, 『경기문화저널』 제16호

당은 'regional party'이다. 그러므로 이를 '지역정당'이라고 번역해야 한다는 입장이다. 특히 'regionalist party'는 '지역주의정당'을 지칭하는 것이므로 주의해야 한다고 한다.

반면 'local party'는 상대적으로 정파적 · 이데올로기적 성향이 덜한 정당임을 의미한다고 한다. 한국어의 용례에 비추어볼 때 '지방'에 더 가깝다고 보아야 한다는 것이다. 이러한 번역기준에 따라 향후 한국에서도 정치활동의 공간적 범위를 일정한 지역으로 한정하는 정당은 '지방정당'으로 하는 것이 적절하다는 것이 이 주장의 논지다.*

'지역정당'이냐 '지방정당'이냐, 또는 'local party'와 'regional party'를 어떻게 번역할 것이냐의 논의는 그 자체로 지역정당의 문제를 좌우할 사안은 아니다. 영문 단어 번역의 용례가 있다고 하더라도 그것이 학술적 및 법리적으로 명확히 개념 규정된 바가 없고, 한자어의 의미 역시 명료하게 개념 정립된 바는 없다. 학술적인 과정을 거쳐 개념어의 정립이 이루어진 된다면 이를 따르겠지만 아직은 그렇지 않은 상태이다.

개인적인 견해를 밝히자면, 단어의 의미나 사용실태의 측면에서 볼 때 지역정당이라는 용어가 적절하다고 판단한다. 현재 사용되고 있는 언어의 용례를 보면 '지역'이라는 단어가 공간과 주체의 친연성, 시공간의 문화 및 역사적 특수성을 함의하고 있다고 생각

---

* 김주호, 「지방선거에서 (전국)정당의 후보자 추천권 독점 문제: 정당의 폭을 넓히고 정당의 틀을 넘어서기」, 2022.7. 『진주 지역 정치토론회 자료집』, 10쪽.

한다. 한편, '지방'이라는 용어는 서울을 제외한 나머지 국토의 일부를 지칭하는 의미로 쓰이기도 하는데, 만일 서울을 활동 영역으로 하는 지역정당이 생기면 이를 '지방정당'이라고 지칭할 것인지 혼란이 생길 것이다. 더불어 이미 헌법재판소 판례에서 '지역정당'이라는 용어가 통상적으로 사용되고 있는 등(2006.3.30. 2004헌마246)의 현실에 비추어 굳이 지방정당이라는 용어를 차용할 의미는 없다고 본다. 이하에서는 지역정당이라는 용어를 일관되게 사용하기로 하겠다.

지금까지 검토한 내용을 보면, 지역정당은 자치분권을 실현하는 데 필수적인 지역정치의 활성화를 담보해줄 수 있는 가장 유력한 정치조직이다. 지역소멸 등 지역이 당면한 현안에 대하여 지역 차원의 대응전략을 마련하고 이와 관련한 실천과제를 주도적으로 수행하는 주체로서 지역정당이 역할할 수 있다. 특히 지역정당은 정치 전반을 장악하고 있는 양당체제를 극복할 주요한 대안으로 손꼽힌다. 양당이 독점하고 있는 정치지형에 균열을 만들고, 다양한 정치세력의 발전적 경쟁을 유발하기 위한 첫걸음으로 지역정당의 역할이 기대되는 것이다.

그러나 한국의 현실에서 지역정당은 매우 낯선 존재이다. 이러한 생소함은 당연한데, 왜냐하면 지금까지 지역정당의 실물을 단한 번도 마주해본 적이 없기 때문이다. 우리는 정당이라고 하면 오직 거대 양당을 비롯한 전국정당만을 경험해왔을 뿐이다. 전국적으로 조직을 가지고 있으며, 대통령 선거며 국회의원 선거며 지방선거리며 모든 선거에 참여할 수 있고, 툭하면 언론을 통해 드잡이질을 하는 모습을 볼 수 있는 그런 정당들만이 우리가 알고 있는 정당의 모든 것이었다.

지역정당에 대한 이해가 거의 전무한 사회적 분위기 속에서, 자치분권의 핵심에 지역정당이 있다는 주장은 뜬구름 잡는 소리처럼 들리게 된다. 또는 지금 있는 정당들, 즉 전국정당들만으로도 이렇게 복잡하고 머리가 아픈데 동네방네 사람 몇 명만 모이면 여기도 정당, 저기도 정당 쏟아져 나오도록 하면 도대체 세상이 얼마나 더 복잡해지겠느냐는 우려도 제기된다. 이 모든 의아함과 의구심은 지역정당을 경험할 수 없는 제도적 환경에서 기인하고 있다.

숨 쉬는 것처럼 자유로운 지역정당-해외사례

한국 바깥에서는 사정이 다르다. 다른 나라에서는 지역정당 또는 유권자연대처럼 전국정당이 아닌 정당의 설립과 활동이 숨을 쉬는 것처럼 자연스럽다. 『정당법』 자체가 없는 나라들이 훨씬 많지만, 어떤 형태로든 정당을 승인하는 법률은 가지고 있다. 다만 우리의 『정당법』과 달리 대부분 국가의 정당 관련 법규는 정당의 구성이나 당원자격 등에 관하여 과도한 기준을 설정하지 않고 있다. 상당수의 국가에서는 별도의 등록 절차 없이 지역정당이나 유권자 단체를 구성하여 선거에 참여할 수 있도록 하고 있을 정도다.

2021년 중앙선거관리위원회 선거연수원에서 발간한 『각국의 정당·정치자금제도 비교연구』는 OECD 회원국의 정당 현황을 상세하게 보고하고 있다. 이 연구에 따르면 OECD 회원국 대부분은 지역정당의 창당과 활동이 매우 활발하다.

예컨대 영국은 보수당과 노동당이 집권을 교대하는 대표적인 양당제 국가로 인식되고 있지만, 영국의 선거위원회(The Electoral Commission)에 등록된 정당은 북아일랜드까지 합쳐 380개가 넘는다. 전국단위 정당은 등록정당이라고 하며, 지역정당은 소수정당이라고 하는데, 지방선거에만 출마하는 지역정당도 있지만, 국회의원 선거까지 출마하는 지역정당도 존재한다. 스코틀랜드 국민당(SNP), 신페인당(Sinn Féin), 북아일랜드 연합당(Alliance Party of Northern Ireland) 등은 지방선거는 물론 하원의회의 선거에 참여하여 의석을 획득하고 있다.

미국 역시 민주당과 공화당만 존재하는 나라처럼 보이지만, 연방선거위원회(Federal Election Commission)에 등록된 자격을 갖춘 정당(party-qualified)만 236개에 이른다. 여기에 개별 주 단위로 등록된 정당이 총 225개에 이른다고 한다. 이들 정당은 몇 개의 주에 등록한 경우도 있고, 하나의 주에만 등록한 경우도 있다. 예를 들어 자유당(Libertaria Party)은 35개 주에 등록된 정당이며, 녹색당(Green Party)은 22개 주에 등록되어 있다. 버니 샌더스 연방 상원의원이 1981년 버몬트주 벌링턴시 시장으로 출마했을 때, 그를 지지하여 시장으로 당선시키는 데 공헌한 지역정치조직이 버몬트

버몬트진보당
(출처: 버몬트진보당 홈페이지)

진보당이다. 2000년 창당한 버몬트 진보당(Vermont Progressive Party)은 버몬트주에만 등록되어 있는 정당이다.*

영국이나 미국처럼 중앙정치에서 양당체제가 공고하게 자리 잡은 국가가 아닌 주요 국가들은 더욱 다채로운 정당체제가 형성되어 있다. 프랑스는 선거관리기관에 등록된 정당이 591개에 달하며, 독일은 연방의회선거를 위해 연방선거위원회에 사전등록한 정당만 87개에 이른다. 각 주에는 다양한 지역정당이 있으며, 과거 독일 집권 연정의 주요 당사자였던 기독사회연합(기사련, Christlich-Soziale Union in Bayern)은 바이에른주의 지역정당이다. 스페인의 정당등록부(Registro de Partidos Politicos)에 등록된 정당은 무려 5,064개로 확인되었다. 스웨덴은 국회의원 선거 참여를 위해 등록한 정당이 31개, 광역의회 선거 참여를 위해 등록한 정당은 36개, 기초의회 선거 참여를 위해 등록한 정당은 170개로 파악되었다.**

각국 사례 중 눈여겨볼 만한 사례들을 간단히 살펴보자. 영국은 1998년 『정당, 선거, 국민투표법 2000(Political Parties, Elections and

---

* 버몬트 진보당 홈페이지 참조. https://www.progressiveparty.org/
** 이상 주요 국가의 정당등록 현황에 대해서는, 중앙선거관리위원회 선거연수원, 『각국의 정당·정치자금제도 비교연구 2021』, 2021, 89쪽 이하.

Referendeums Act 2000)』을 제정하기 전까지 정당에 대한 법률이 따로 없었다. 그런데 새로 만들어진 이 법이 정당등록에 관한 사항 등을 포함하고 있기는 하지만 우리의『정당법』처럼 정당의 구조까지 세세하게 규율하지 않는다. 이 법이 중점을 두고 있는 사항은 정당 자금관리에 관한 것이고, 정당의 설립과 소멸 등에 관해서는 최소한의 규정만을 두고 있다. 선거에 참여하기 위해 정당으로 등록할 뿐이고, 선거위원회에 정당등록을 할 때 정당명, 엠블럼, 당사의 주소, 주요 당직자의 명단, 당헌, 등록선언문을 작성하여 약간의 등록비와 함께 신청하면 정당등록이 완료된다.

각 지역은 소선거구제로 고착되어 있는 영국 하원선거와는 다른 형태의 선거제도를 운영하고 있는데, 이러한 선거제도 속에서 이들 지역정당이 부각된다. 예를 들어 스코틀랜드는 연동형 비례대표제를 실시하고 있다. 1인 2표제 정당명부비례대표제 형태로 시행되는 스코틀랜드 의회선거는 전체 129석의 의석 중 73석을 지역구의원으로 선출하며, 정당득표율에 맞춰 56명의 권역별 비례대표를 선출한다. 스코틀랜드뿐만 아니라 웨일스도 연동형 비례대표제를 실시하고 있고, 북아일랜드 의회는 단기이양식 투표를 하고 있다. 정당등록에 부담을 주지 않는 제도와 군소정당도 상대적으로 용이하게 의회에 진입할 수 있는 지방선거제도를 통해 지역정당의 활동이 보장된다. 이러한 제도를 바탕으로 앞서 본 스코틀랜드 국민당, 신페인당, 북아일랜드 연합당 등은 지역의 의회는 물론 하원에도 의석을 만들 수 있는 힘을 가지게 되었다.

한국의 선거제도 개선을 이야기할 때 가장 많이 언급되는 국가가 독일이다. 2019년 선거제 개혁 과정에서 연동형 비례대표제 도입이 논란이 되었을 때 독일의 선거제도가 선행 사례로 심도 있게 다루어지기도 했다. 그런데 이 과정에서 정작 독일 정당제도의 특수성은 전혀 언급되지 않았다. 독일의 지역정당 사례가 『정당법』의 정비를 위해 비교법적으로 반드시 검토해야 할 사례임에도 말이다.

독일은 전형적인 연방제 국가로서 각 주의 분권이 매우 강력하다. 외교와 국방을 제외한 주권의 전반을 독립적으로 행사하는 개별 주들은 주의 정치적 특수성에 걸맞은 지방정부를 구성하고 광범위한 자치권을 보유한다. 이러한 토양은 지역정당을 설립하고 활동하는 데 중요한 자양분이 된다. 더불어 표의 등가성을 충실하게 담보하는 연동형 비례대표제로 치러지는 선거방식은 지역정당이 의회에 진출할 수 있는 여지를 넓혀주고 있다. 일부 주에서는 주의회 선거에서 완전비례대표제를 채택하고 있고, 2014년 이후 지방선거에서는 이전의 5% 봉쇄조항을 폐지함에 따라 지역정당이 주의회에 의석을 확보할 수 있는 가능성이 더 높아졌다.

독일은 우리 『정당법』과 매우 유사한 구조의 『정당법』을 가지고 있는 나라이다. 그러나 정당을 등록하여 관리하는 가장 큰 이유는 선거 참여이기 때문에, 주로 선거 참여에 관한 제한이 강조될 뿐 독일의 『정당법』에는 우리 『정당법』과 같은 당원 수의 하한 규정이나 지역조직의 제한 같은 규정을 두지 않고 있다. 더구나 독일은 일본의 확인단체와 비슷한 실질을 가지는 유권자연대의 선거 참여를 허용하고 있다. 딱히 정당으로서 조직화하지 않더라도 후보를 추천하고 선거에 참여하는 단체의 활동을 법적으로 허용하고 있는 것이다.

다만 지역정당은 『정당법』상의 정당, 즉 국민 전체의 의사형성을 목적으로 하는 전국정당과는 구분하여 규제하고 있다. 그럼에도 특별히 지역정당이라고 하여 각종 선거에 참여하는 것을 배제하는 것은 아니어서, 기사련과 같은 지역정당이 연방선거에 참여하고 연정의 파트너로 자리 잡기도 한다. 심지어 지역정당의 주의회의원 선거 참여를 허용하지 않는 『선거법』을 두고 있는 주에서조차 지역정당이 정당연합을 결성하여 선거에 참여하기도 한다. 1998년부터 바이에른주의회 선거에 뛰어들었던 지역정당의 연합체 "자유유권자(Freie Wähler)"는 2008년 선거에서 5%의 봉쇄기준을 넘어 10.2%의 지지율을 얻음으로써 주의회의 의석을 배분받기까지 했다.

한때 한국의 진보진영이 초미의 관심을 집중했던 스페인의 유니도스 포데모스(unidos podemos, 포데모스 연합)는 다양한 지역정당 및 각종 정치단체의 연대체이다. 2011년 5월 15일, 마드리드와 바르셀로나를 중심으로 전국 58개 도시에서 800만 명이 참여한 대규모 군중집회를 계기로 조직화된 "분노하는 사람들(Indignados)"이 2014년 연합정당인 포데모스를 결성했다. 포데모스 결성 당시, '스페인에서 가장 위험한 남자'라는 평을 받으며 등장한 30대의 지도자 파블로 이글레시아스(Pablo Iglesias)는 해박한 지식과 면밀한 논리로 포데모스를 스페인 정치의 폭풍의 핵으로 만들었다. 파블로 이글레시아스를 내세운 포데모스는 기존 정당들이 제시하지

Podemos

ACTUALIDAD

PODEMOS ANTE LOS RESULTADOS DE LAS ELECCIONES GENERALES EN TURQUÍA

El pasado domingo 14 de mayo Turquía acudió a las urnas para elegir nueva Presidencia y Asamblea Nacional, en una jornada crítica para su [...]

SUPERMERCADOS PÚBLICOS Y TRANSPORTE GRATUITO: PODEMOS IMPULSA SU PROGRAMA MÁS AMBICIOSO DE CARA AL 28M

Puedes leer el artículo completo en Público pinchando aquí [...]

ISA SERRA: "EL PSOE SIEMPRE HA PUESTO PALOS EN LAS RUEDAS A LOS AVANCES FEMINISTAS DEL GOBIERNO"

Puedes leer el artículo en eldiario.es pinchando aquí [...]

UN ESCUDO CLIMÁTICO PARA PROTEGERNOS DE LA SEQUÍA Y LAS OLAS DE CALOR CON JUSTICIA SOCIAL, POR PABLO ECHENIQUE

Puedes leer el artículo entero en CTXT pinchando aquí [...]

유니도스 포데모스 홈페이지(출처: 포데모스 홈페이지)

못했던 사회변혁의 방향을 제시하면서, 각지의 지역정당과 정치
조직의 활동력을 바탕으로 결국 2016년 선거에서 스페인의 3당이
되었다.

포데모스가 급성장한 배경 중 하나에는 지역정당의 활성화와
연합정당의 결성 등 자유로운 정당의 정치활동이 보장된 스페인
의 정당제도가 자리하고 있다. 장장 39년 넘게 이어졌던 프랑코
(Francisco Franco)의 독재를 거친 스페인은 1975년 프랑코의 사망
이후 민주화의 여정에 박차를 가했다. 그중 1978년 『정당기본법』
제정은 정치적 자유의 보장을 위한 의미 있는 제도적 개혁이었다.
우리의 『정당법』보다 정당의 해산에 관한 내용을 상세하고 강력하게 규정하고 있지만, 반면 정당의 설립에 대해서는 등록에 관한 소정의 절차 외에 우리『정당법』과 같은 엄격한 규정을 두지 않고 있다. 수천 개로 집계되는 스페인 정당의 숫자는 이러한 제도 속에서 가능하다.

물론 등록된 정당이 많다고는 하지만, 의미 있는 정치활동을 전개하는 정당은 전국정당과 지역정당을 망라하여 약 70여 개에 이른다. 스페인의『정당기본법』과『선거법』은 지역정당이 전국단위 선거에 참여하는 데에 제한을 두지 않고 있다. 선거를 위한 연합정당의 구성 역시 자유롭다. 특히 지역정당의 활동력이 매우 강한 전통에서 전국정당이라고 할지라도 전국선거에서 승리를 하기 위해서는 지역정당의 도움을 받지 않을 수 없다. 포데모스 연합처럼 지역정당들과 지역 유권자단체, 정치단체들은 자체적으로 선거연합을 만들어 전국선거에 참여할 수 있다.

일본 또한 지역정당의 활동이 활발한 대표적인 나라다. 일본의 지역정당 운동은 매우 오랜 역사를 가지고 있다. 예를 들어, 전후 일본 본토와는 거의 격리되어 미군정의 통치를 받던 오키나와를 본토와 재병합하자는 기치를 걸고 창당한 오키나와사회대중당(沖縄社会大衆堂)의 역사는 1950년으로 거슬러 올라간다.

오랜 지역정당의 역사를 가지고 있는 일본이지만, 본격적으로 지역정당의 활동이 활성화된 건 1990년대 말 이후이다. 제도적으로는 1995년부터 본격적으로 시작된 지방분권화 정책이 지역정치를 부흥하게 만드는 계기가 되었다. 정치적으로는 1990년대 말부터 본격화된 경기침체로 인한 대중의 불만 가중과 이러한 민심은 외면한 채 지역을 기득권 정치인들의 자원기반 정도로 이용하는 자민당 주도의 중앙정치에 대한 분노가 작용했다. 그러나 이러한 사회경제적 조건의 형성보다 더욱 결정적이었던 건 전통적으로 정당을 만드는 데 거의 제한을 두지 않았던 제도적 환경이었다.

일본에서 정당은 결사의 자유에 의해 보장되는 결사체로 인정되며, 따라서 정당의 구성과 그 내용에 대해서는 당원이 결정하고 국민이 판단하도록 보장할 뿐 국가가 개입할 문제가 아니다. 일본 헌법에 아예 정당규정이 없고, 우리와 같은 『정당법』이 일본에는 없는 이유다. 물론 일본이라고 해서 정당과 관련한 법률이 전혀 없는 것은 아니다. 『공직선거법』, 『정치자금규정법』, 『정당조성법』 등의 법률은 정당의 정치활동이나 선거운동, 정치자금과 관련한 사항들을 규율하고 있다. 이러한 법체계 안에서 지역정당은 법인단체로서 규정되지 않고, '확인단체'라는 지위를 가진다.

확인단체 제도는 일본의 선거법에 규정된 조건을 만족하거나 선거운동 기간 중에 특정한 정치활동을 허용받은 단체를 말한다. 일본의 확인단체 제도는 지역정당이 없는 우리에게는 생소한 제도일 뿐만 아니라 각 선거에 따라 적용양상이 다르다. 전국선거로서는 참의원 선거에 확인단체 제도가 적용된다. 반면 중의원 선거에는 적용되지 않는다. 1994년 중의원 선거에 소선거구제를 도입할 때 『공직선거법』상 정당의 요건을 충족시킨 정당에게 선거운동을 허용하면서 중의원 선거에서 확인단체 제도는 폐지되었다. 그 외의 지방선거에서는 확인단체 제도가 적용된다.

일본 선거법상 시정촌(市町村, 한국의 시군구에 해당하는 기초자치단체)의 의회 또는 자치단체장의 선거에서는 그 선거운동의 기간 중 정당 및 정치단체의 선전 기타 홍보에 대해 제한을 두지 않는다. 그러나 그 외의 선거에서 선거운동 기간 중에 후보가 출마하지 않은 정당이나 정치단체의 선전 기타 홍보행위는 엄격하게 금지되며(일본 공직선거법 201조의 5~9) 위반 시 처벌된다(동법 제252조의 3).

하지만 시정촌 의회 및 단체장 이외의 선거에 후보를 일정 수 이상 출마시킨 후 이에 대하여 확인서를 교부받은 정당과 정치단체는 일정한 제약을 따르는 조건으로 선거운동 기간 중 선전 기타 홍보행위를 할 수 있다(동법 제252조의 6 제3항). 이를 확인제도라고 하며, 법에 따라 확인서를 교부받은 정당 및 정치단체를 통상 '확인단체'라고 부른다. 확인단체는 법률용어는 아니다.

법률에 따라 각 선거마다 최소한의 출마 후보자가 있어야 확인단체가 될 수 있다. 참의원 선거에서는 비례대표 후보자가 반드시 있어야 하며, 전국에서 10명 이상 후보가 출마하면 확인단체로 인정된다(동법 제201조의 6 제1항). 도도부현(都道府県, 한국의 시·도에 해당하는 광역자치단체) 및 정령시(政令市, 도도부현에 속하지만 산하에 자치권이 없는 행정구를 두며, 한국의 특정 시와 비슷하지만 권한은 더 많은 지방자치단체)의 의원 선거에서는 3명 이상(동법 제201조의 8 제1항), 시정촌장을 제외한 각 자치단체장 선거는 1명 이상의 후보자가 있어야 한다. 참의원, 도도부현의원, 정령시의원의 재선거, 보궐선거, 증원선거는 각 1명 이상의 후보가 있으면 확인단체가 될 수 있다.

이처럼 정당의 구성에 대하여 일일이 규정하는 법이 없는 상황에서 많은 지역정당이 생겨날 수 있었다. 일본의 주요 지역정당의 현황은 다음과 같다.*

일본 지역정당 현황

당명	활동지역	당명	활동지역	당명	활동지역
신당대지	홋카이도	신슈생활자 네트워크	나가노현	녹색 도호쿠미야기	이와테현
감세일본	아이치현	후쿠오카 시민정치 네트워크	후쿠오카현	녹색의 미래 후쿠시마	후쿠시마현
팀시가	시가현	구마모토 생활자 네트워크	구마모토현	녹색 야마가타	야마가타현
오사카유신회	오사카부	렌타에서 바꾸는 모임	사이타마현 렌타시	녹색 니가타	니가타현
자유와 책임모임	오카야먀현 오카야마시	교토당	교토부 교토시	녹색 도쿄	도쿄도
오키나와 사회대중당	오키나와현	다카쓰키 의견번	오사카부 다카쓰키시	녹색 미타마	
정당소우조우				녹색정치포럼 가나가와	가나가와현
도민퍼스트회	도쿄도	마쓰야마 유신회	에히메현 마쓰야마시	녹색 지바	지바현
미래일본				녹색 야마나시	야마나시현
시민네트워크 홋카이도	홋카이도	시민정당 '풀뿌리'	야마구치현 이와쿠니시 와키초	녹색넷신슈	나가노현
쓰쿠바· 시민네트워크	이바라키현	신마사미	미에현	녹색 도카이	도카이
사이타마현 시민네트워크	사이타마현	이와테현민 클럽	이와테현	녹색 교토	교토부

---

* 지역정당의 현황은 일본 위키피디아(ウィキペディア) 지역정당의 내용을 정리한 것임.

도쿄생활자 네트워크	도쿄도	신당시민의힘	사이타마현 기타모토시	녹색의 미래 아마가사키	효고현 아마가사키시
자치시민93				녹색 간사이	간사이
행혁110번				녹색회의 돗토리	돗토리현
가나가와 네트워크	가나가와현	도정혁신회	도쿄도 스기나마구	녹색 가가와	가가와현
네트워크 요코하마	가나가와현 요코하마시	스이타신선회	오사카부 스이타시	녹색 에히메	에히메현
시민네트워크 지바현	지바현	에히메유신회	에히메현	후쿠오카 녹색파티	후쿠오카현
새로운 당	도쿄도 사이타마현, 가나가와현, 오카야마현	자유를 지키는 모임	도쿄도 지바현	WiLL	히로시마현

군소정당과 지역정당에서 당선자가 나올 확률을 높이는 선거제도도 지역정당의 활성화에 기여한 제도적 장치라 할 수 있다. 도도부현 의회선거는 비록 단순다수대표제(단기비이양식)이긴 하나 2명이상 최대 17명까지 선출할 수 있는 중대선거구제를 채택하고 있다. 정령시 의회의 선거는 소선거구제와 중대선거구제의 복합 운영이 이루어지고 있으며, 시정촌 의회의 선거는 대선거구제로 운영된다. 전국적 조직망과 인지도가 없더라도, 지역에서 생활협동조합이나 전국정당의 지역조직 또는 인물과 연계된 일정한 기반이 있는 지역정당이라면 실제 공직을 맡아 책임을 지고 정강 정책을 실현할 기회가 보장되는 것이다.

이러한 제도적 환경 및 정치경제적 상황 속에서 2010년 창당하여 2011년 제17회 통일지방선거에서 돌풍을 일으킨 오사카유신회(大阪維新の会)나, 같은 해 창당하여 나고야 지역에서 유수의 정

오사카유신회 홈페이지(출처: 오사카유신회 홈페이지)

치세력으로 자리 잡은 감세일본(減稅日本) 등은 일본 지역정당의 대표적인 사례이다. 이 두 당은 명망가인 자치단체장을 중심으로 형성된 사례이다. 지역문제를 중심으로 분권자치의 추구를 당의 강령으로 채택하고 있는 교토당(京都堂)이나 지역정당이와테(地域政堂いわて) 같은 지역정당도 있다. 특히 생협운동이나 생태운동 등 가치 중심으로 결성된 지역정당도 다수 존재한다. 우리에게 잘 알려진 도쿄생활자네트워크(東京生活者ネットワーク)나 가나가와네트워크(神奈川ネットワーク)는 생협운동을 기반으로 각각 1977년과 1984년 출범한 오랜 역사를 가진 지역정당이다.

이들 국가 외에도 대부분의 국가에서 지역정당의 설립과 활동은 별로 어려운 일이 아니다. 특히 OECD 국가들은 일부 특수한 경우를 제외하고는 예외 없이 지역정당을 보장하고 있다. 제도적으로도 『정당법』을 가지고 있건 『정당법』 외에 다른 법률로 정당을 규율하고 있건 별반 차등이 없다.

정당에 대한 제도적 규율은 각국의 역사적 배경이나 정치 · 경제·문화적 상황 등에 따라 달라질 수 있다. 뒤에서 자세히 살펴보겠지만, 우리의 『정당법』은 아예 지역정당이라는 정치결사의 존재 자체를 생소하게 만들어버리고 있다. 반면 각국은 지역정당이 자유롭게 만들어지고 활동할 수 있도록 보장하고 있는 것이 현실이다.

자유롭게 지역정당을 만들 수 있도록 보장한 국가들과 우리나라의 차이는 어디서 나타날까? 지역, 규모, 성격 등에서 다양한 정당이 자유롭게 활동할 수 있도록 보장하고 있는 국가들의 특징은 풀뿌리-지방자치가 활성화되어 있다는 점이다. 다양한 정치결사가 지역의 의제와 정책을 놓고 경쟁하는 과정에서 풀뿌리 민주주의가 건실해지고, 지방분권의 기반이 조성되기 때문이다.

이 말을 뒤집어 생각해보면, 지역정당이 활성화되지 못한 상태에서 우리의 풀뿌리 민주주의는 건실한 성장과 이를 통한 분권의 기반조성까지 나가기 어려울 수도 있다는 것을 의미한다. 풀뿌리 민주주의와 지방자치, 그리고 지역정치와 지역정당에 대한 논의가 지금까지와는 다른 폭과 깊이로 이루어져야 할 이유가 여기 있다.

제2장

풀뿌리 민주주의, 자치분권, 그리고 지역정당

풀뿌리 민주주의의
현실

　"풀뿌리 민주주의(Grassroots Democracy)"라는 말은 이제 낯설지 않은 말이 되었다. 풀뿌리 민주주의는 지방자치의 당위를 상징하는 표현이자, 우리 사회가 지향해야 할 가치 중 하나로 인정되고 있다. 그러나 정작 우리 곁에 풀뿌리 민주주의가 자리하기까지의 역사는 그리 오래된 것이 아니다.

　1991년 3월 26일에 역사적인 기초의회 의원 선거가 치러지기까지 그 이전 30년 동안은 아예 지방자치라는 말 자체가 뜬구름 잡는 소리에 불과했다. 군사정권에 의해 풀뿌리 민주주의는 아예 싹을 틔워보지 못한 채 억눌렸기 때문이다. 군사독재 이전에도 사정이 크게 다르진 않았다. 4·19혁명 전후 잠깐 동안 반짝 빛을 내긴 했지만, 해방 이후 군사정권의 등장까지도 실질적으로 지방자치가 활발했던 시간은 거의 없었다.

　1987년 6월 항쟁과 7·8·9 노동자 대투쟁을 거치면서 지방자치는 우리에게 돌아왔다. 이 놀라운 주권자들의 직접행동을 통해 군부가 만들어 놓은 헌정질서를 민주적으로 재편하기 위한 헌법개정이 이루어졌다. 현행 헌법이 그때 탄생했다. 헌법개정 과정에

6월 항쟁

서 등장했던 중요한 의제 중 하나가 지방자치였다. 사회 저변으로부터 민주적 삶의 체계가 형성되도록 하는 데 필수적인 지방자치가 민주화 이후 사회적 과제로 등장하는 것은 당연한 일이었다.

새로운 헌정질서 아래, 1989년 12월 『지방자치법』이 개정되고 이에 따라 1991년 3월에 기초의회의원 선거, 6월에 광역의회의원 선거가 치러졌다. 박정희가 쿠데타를 일으킨 후 무려 30년 만에 이루어진 지방자치의 귀환이었다. 1995년 6월 광역자치단체장, 기초자치단체장, 광역의회의원, 기초의회의원을 선출하는 4대 지방선거가 동시에 실시되면서 본격적인 지방자치시대가 열렸다. 지방선거가 회를 거듭하면서 지방자치단체의 입법 및 행정 기관을 주민이 자주적으로 결성하는 구조가 안착되어 왔다.

2022년 6월 제8차 전국동시지방선거가 치러졌으니, 30년 남짓한 세월을 흘렀다. 이제 한 세대에 걸쳐 풀뿌리 민주주의는 자리를 잡은 것처럼 보인다. 외형적으로만 보면 제법 건장하게 성장한 것 같기도 하다. 그러나 내면을 깊숙이 들여다보면, 우리의 풀뿌리 민주주의의 현실이 그다지 녹록지 않은 상황에 처해 있음을 어렵지 않게 발견하게 된다. 풀뿌리 민주주의라는 말은 이제 누구나 할 수 있는 말이 되었지만, 풀뿌리 민주주의의 현실은 아직 많은 부분에서 정체되어 있다. 귀에 익숙한 것과는 별개로 풀뿌리 민주주의의 개념과 의의에 대한 사회적 이해도가 높은 수준이라고 보기도 어렵다.

그 원인으로 군사정권 이래 굳어졌던 중앙집권적 행정체계가 민주화 이후에도 변화의 속도를 내지 못하고 있음을 지적할 수 있다. 특히 우리의 풀뿌리 민주주의는 그동안 관 주도 행정에 민주적 정당성을 부여하기 위한 요식행위에 국한되는 경향을 보여왔다. 현실에서 풀뿌리 민주주의는 지역 차원에서 이루어지는 민관의 거버넌스를 지칭하는 수준에 머물러 있는 것이 아닌지 의구심이 들 때도 많다.

보다 근본적인 원인으로는 이해당사자의 직접적인 참여를 통해 이루어지는 자치, 즉 풀뿌리 민주주의를 실질적으로 작동시킬 수 있는 지역정치의 부재를 꼽을 수 있다. 지역정치가 뒷받침되지 않은 지방자치는 절차적으로는 물론 실질적으로도 한계에 부딪힐 수밖에 없다. 삶에 기반한 정치적 과정을 통해 문제를 발견하고 대안을 마련하지 않은 채 행정행위로만 자치를 완성할 수는 없기 때문이다.

여기서 간과하면 안 될 것이 풀뿌리 민주주의라는 말 자체가 생활 정치, 즉 삶의 정치라는 의미를 내재하고 있다는 점이다. 삶의 부분 부분 중에 정치적이지 않은 것이 없음을 인식하는 것에서부터 지역정치는 출발할 수 있다. 생활 그 자체가 정치의 일환이라는 의식을 바탕으로 지역정치가 활발하게 역할을 할 때, 비로소 지방자치는 자기 동력을 확보하게 된다.

그런데 우리 사회에서 삶의 정치, 풀뿌리 민주주의를 옭아매고 있는 가장 큰 걸림돌은 지역정치를 종속상태로 유지하고자 하는 중앙정치의 지배욕이다. 우리의 지역정치는 중앙정치에 완전히 예속되어 있다. 중앙정치의 중요 인사들, 주로 지역구 국회의원들은 공천권이라는 막강한 권력을 휘두르며 지역정치의 발을 묶어 놓는다. 특히 영남과 호남을 지역적 근거로 확보한 채 패권을 행사하는 현재의 거대 양당은 지방자치를 중앙정치의 대리전으로 악용하고 있다.

중앙정치가 지역정치를 부속물로 취급함에 따라 여러 부정적인 현상이 나타난다. 무엇보다 심각한 문제는 지역의 사안이 번번이 후순위로 밀려나게 된다는 것이다. 지역의 사안이 중앙정치 차원에서 다루어지는 건 오로지 특정한 지역 간의 이해관계가 전국단위의 선거에 영향을 미칠 때뿐이다. 선거 시기 정치적 득실, 즉 대통령 선거나 국회의원 선거에서 '표'의 향방에 따라 지역의 의제가 좌충우돌하게 된다. 어떤 문제는 선거 때 반짝하다가 선거가 끝나면 종래 무소식이 된다거나, 어떤 문제는 선거가 닥치니 졸속으로 안을 제출했다가 두고두고 지역의 골머리를 앓게 만들기도 한다.

이와 관련한 또 다른 문제가 지역 주민의 소외이다. 지역 주민은 지역정치의 주체가 아니라 중앙정치를 위한 들러리로 전락한다. 지역의 문제를 안고 살아야 할 사람들은 여의도 국회의사당에 앉아 있는 사람들이 아니다. 하지만 그곳에 앉아 있는 사람들이 지역문제에 대한 결론을 내린다. 그리고 그 결론의 책임은 변방의 장삼이사들이 진다. 지역 주민은 자기가 내리지 않은 결정에 목을 매달고 살기를 강요당한다.

이것이 심각한 문제임을 모르는 사람은 없다. 하지만 이 문제를 해결하기 위한 단초가 지역정치의 활성화에 있다는 점은 종종 회피된다. 아직도 좀 더 높은 자리에 앉아 있는 힘 있는 사람이 문제를 해결해줄 것이라는 인식이 팽배하다. 물론 이것이 가장 효과적인 방법일 수는 있다. 그러나 그 효과가 모든 지역에 골고루 미칠 가능성은 전무하다. 힘 있는 정치인의 연고지는 덕을 보겠지만 그 외의 지역은 소외되기 십상이다.

여기서 풀뿌리 민주주의의 발전을 지체시키는 요인 하나를 더 확인할 수 있다. 풀뿌리 민주주의에 대한 이해의 수준이 아직 충분하지 못하며, 그래서 그 가능성에 대한 신뢰가 높지 않다는 점이다. 그러다 보니 풀뿌리 민주주의를 의도적이든 무심코든 오용하는 현상도 자주 눈에 띈다. 풀뿌리 민주주의를 행정의 정당성을 위한 요소로 이해한다거나, 지역정치를 지방행정의 집행을 위한 절차상의 요식행위 정도로 바라보는 경우도 흔하다. 이러한 혼선으로 인해 지역사안의 해결을 위한 효과적인 대안의 도출이 답보 상태에 머물게 된다.

결국 문제 해결을 위한 가장 근본적인 접근은 풀뿌리 민주주의와 지역정치의 개념 자체에 대한 이해를 높이고 공감의 폭을 넓히는 것이다. 약간 돌아가는 듯하긴 해도, 풀뿌리 민주주의의 개념과 내용을 조금 더 이해하는 것에서부터 시작할 필요가 있다.

대의민주주의의 한계와 보완
풀뿌리 민주주의의 기능

　　민주주의는 기본적으로 다스리는 자와 다스림을 받는 자가 같을 것을 전제한다. 바로 이 원리로부터 민주정은 한 사람이 독점적 권력을 행사하는 군주정이나 여러 사람이 권력을 분점하는 귀족정과 구별된다. 고대 아테네에서부터 형성된 민주주의

체제의 원리는 자유와 평등, 그리고 연대에 기초한 시민들의 자치와 자율이었다. 민주주의 정치체제에 대한 아테네인의 자부심은 그 체제의 구조와 원리에 대한 이해와 확신에서 기인했다. 아테네의 정치가이자 장군으로서 펠로폰네소스 전쟁을 이끌었던 페리클레스의 다음과 같은 연설에서 민주정에 대한 당대의 자신감을 알 수 있다.

페리클레스 흉상(출처: 위키피디아)

"우리들은 이웃 나라의 어떤 법제도 부러울 것이 없는 정치체제를 갖고 있습니다. … 소수가 아닌 다수에 의해서 다스려지고 있기 때문에 이름 또한 민주정체로 불리고 있습니다. 법률상 모두에게 평등이 주어지지만, 공적인 직무의 경우 각자가 모든 면에서 값어치 있는 일로 얼마나 남다른 평가를 얻느냐에 따라 … 지위가 부여됩니다."*

아테네의 민주주의를 이야기할 때는 유의해야 할 점이 있다. 아테네의 민주주의는 동질적인 소속감을 공유하면서 면대면(face-to-face)의 사회적 거리가 유지되는 규모의 공간적 정치단위 안에서 이루어졌다. 이러한 특징은 아테네식의 민주주의, 즉 추첨제를 포함한 직접민주주의적 절차의 운용이 가능할 수 있었던 중요한 요건이다. 이 민주주의가 작동하기 위해서는 회의체를 공동으로 구성하는 구성원들이 서로에 대해 알고 있어야 하며, 그들이 수행하는 정치적 결정과 집행은 기능적으로 단순해야 한다. 이러한 조건은 공동체 구성원들이 인식하고 이해하는 제반의 여건이 동등

---

* 플라톤, 이정호 옮김, 『메넥세노스』, 아카넷, 131~132쪽. 여기서 주의할 것은 아테네 민주정을 오늘날의 시대상에 맞추어 투영해서는 안 된다는 점이다. 아테네의 민주정은 참여의 주체가 일정한 자격을 가진 시민으로 한정되어 있었다. 당대 시민의 자격은 아테네인, 성인, 남성일 것이며 재산을 소유하고 일정한 사회적 승인을 얻은 사람으로 한정된다. 노예제가 온존하던 시대였기에 노예는 당연히 시민으로 인정받지 못했다. 뿐만 아니라 여성과 미성년자 또한 시민권을 행사할 수 없었다. 오늘날의 인권 관념에 비추어 보면 타당하지 않겠지만, 그 시대의 상황을 고려하여 당대의 민주주의에 대한 판단이 필요하다. '시민'의 개념 또는 정의를 당대의 상황에 맞춘다는 전제에서 아테네의 민주주의는 '시민에 의한 지배'가 원칙적으로 관철된 것이라고 할 수 있다.

하고 구성원의 관계가 동등하기 때문에 가능하다. 그래야만 자기가 직접 참여하지 않은 상태에서 이루어진 결정도 누구에게나 공평하게 적용될 것임을 신뢰할 수 있게 된다.*

그러나 공동체의 규모가 국가단위로 커지고 사회의 구조가 매우 다양하게 분화하며 복잡하게 얽히면 아테네식의 민주주의 체제는 작동이 어려워진다. 체제유지를 위한 효율성 등의 문제에 봉착하기 때문이다. 사회 규모의 거대화와 의제의 다양화, 그리고 구성원의 익명성이 체제의 근간이 되어버린 오늘날 민주정이 작동하는 방식은 아네테와는 현격하게 다른 양상을 가지고 있다. 현대사회에서는 대개 주권자가 대표를 선임하고 이들에게 권력의 일부를 할양하는 형태로 민주제가 실현된다. 주권자가 대표를 선출하고 이 대표자들이 구성하는 대의기관에 공동체의 의사결정 권한을 부여하는 제도를 대의제라고 하며 간접민주제라고도 한다.

대의제의 효용과 문제점

근대 민족국가의 발전과정에서 대의제는 민주주의의 실질을 담보할 수 있는 유력한 제도로 정착했다. 이 시스템에 대한 신뢰에 기대 존 스튜어트 밀은 대의정부를 완전한 정부의 이상형

---

* 버나드 마넹 지음, 곽준혁 옮김, 『선거는 민주적인가』, 후마니타스, 2004, 108-109쪽.

이라고 평가하였다. "하나의 조그만 마을을 넘어서는 공동체에 속해 있는 모든 사람이 공적 업무의 몇몇 작은 부분에 참여하는 것을 제외하고는 모든 공적 업무에 몸소 참여할 수 없기 때문"이다.*

오늘날 모든 국가의 실질적인 작동원리는 대의제이고, 이 구조는 비단 국가만이 아니라 덩치가 크고 구조가 복잡한 거의 모든 집단에서 채택하고 있다. 우리가 경험하는 정치적 의사결정구조의 거의 대부분이 대의제로 구성되어 있다. 한국의 경우, 대통령이나 지방자치단체장이 대의정부를 구성하고 있으며, 국회나 지방의회의 의원들이 각각 유권자들을 대표하여 대의기구인 의회를 구성하고 있다.

대의제도가 가지는 장점은 여러 가지가 있다. 무엇보다도 역할분담의 효과가 있다. 사회구성원 전부가 정치적 판단과 결정을 위해 동시에 함께 행동하기보다는 대표자에게 이를 수행하도록 맡기고 다른 사람들은 자신이 더 잘할 수 있는 일을 하는 것이다. 이로 인해 부가되는 효과는 안정된 의사결정의 지향이다. 숙련된 전문가들로 구성된 대표들의 합리적 판단을 통해 포퓰리즘에 휩쓸리지 않으면서 안정되고 적절한 방향을 잡아갈 수 있다. 번잡하고 방만한 논의구조를 벗어나 보다 심도 있는 심의가 가능해짐으로써 대표자들이 사안의 해결을 위한 적절한 방안을 모색하는 데도 효과적일 수 있다.

---

* 밀의 대의정부에 관한 논리적 신뢰에 대해서는, 존 스튜어트 밀 지음, 서병훈 옮김, 『대의정부론』, 아카넷, 2012, 제3장.

이러한 장점들로부터 나오는 대의제의 획기적인 효능은 결정의 효율성이다. 결정의 효율성은 대의제를 더욱 현실적인 정치제도로 인식하게 만든다. 사회의 규모가 커지고 복잡다단해진 상황에서 구성원 전체가 모든 일에 대하여 평가하고 판단하여 결정하는 과정을 거친다는 것은 물리적으로 불가능해졌다.

전체가 참여하여 소기의 성과를 만들어내기 위해서는 시간과 공간이 평등하게 제공되어야 하며 특히 정보의 편차가 있어서는 안 된다. 하지만 현대의 국가 또는 자치단체의 규모에서 이러한 전제조건을 충당하는 것은 지극히 어려운 일이 되어버렸다. 이러한 상황들을 고려하면 결정의 효율성을 갖춘 대의제야말로 오늘날의 정치체제로서 필수불가결한 장치인 것처럼 보이기도 한다.

그런데 이러한 장점은 어디까지나 이론적일 뿐이며, 대의제가 언제나 이론적 장점을 있는 그대로 보여주는 건 아니다. 우선, 대의제가 대중들의 비합리성을 견제한다고 하지만 대중들이 평균적으로 비합리적이라고 단언할 수도 없다. 동시에 대표들이 언제나 합리적이라고 볼 수도 없다. 현실에서는 대표들이 합리성과는 동떨어진 행태를 보이는 일이 비일비재하다. 또한 각 분야의 전문성을 갖춘 사람들이 언제나 대표로 선출되는 것도 아니다. 오히려 상당히 많은 경우 해당 분야의 최고 전문가가 대표로 선출되지 않는다. 현실적으로는 전문가가 아니라 전문가의 입장을 정치적으로 잘 대변해주는 능력을 갖춘 사람이 대표가 될 가능성이 더 크다.

한편, 모든 사회구성원이 참여하는 것이 물리적으로 불가능하다고는 하지만 어느 정도 조정된 범위에서는 구성원 전체의 참여를 보장할 여지는 점점 더 많아지고 있다. 여기에는 첨단 ICT(Information & Communication Technology: 정보통신기술)의 발전이 크게 기여하고 있다. 특히 빅데이터(Big Data), 인공지능(AI), 사물인터넷(IoT) 등의 비약적 성장은 더 많은 분야에서 구성원 전체의 참여가 가능한 조건을 만들어주고 있다. ICT가 유발한 광범위한 정보의 제공은 대중들의 전문성 부족이라는 문제까지도 해소해줄 수 있을 것이라는 기대를 갖게 한다.*

대의제는 자체의 한계를 지속적으로 드러내고 있다. 대표에 의한 정치는 종종 엘리트 간의 경쟁체제로 전환하면서, 전체 국민을 대표하기보다는 이해관계를 달리하는 당사자 간의 조직적 및 집단적 경쟁으로 전락한다. 실용성과 효율성에 천착한 절차의 운용은 민주주의의 원리를 속도전으로 대체한다. 이 과정에서 과잉대표와 과소대표의 문제가 주기적으로 반복된다. 이러한 대표의 문제는 질적으로 높은 수준의 민주주의로 해결되어야 하지만, 실제로는 지배의 방식에 초점을 맞춘 절차적 민주주의, 관리되는 민주주의의 한계에 갇혀 버린다.

대의제의 가장 큰 문제는 필연적으로 대표를 내세우지 못하는

---

* 물론, 정보통신기술의 발전에 대한 과도하고 일방적인 기대는 금물이다. 정보통신기술의 발달이 모든 이의 정보공유를 보장해주기보다는 정보의 독점, 편향 유발, 가짜 뉴스 등의 오남용으로 인한 사회적 물의로 이어질 수 있다는 경고는 계속되고 있으며, 현실적으로도 심각한 문제가 되고 있다. 연관하여, 정보통신기술은 대의제의 한계를 극복하는 데 도움을 주는 수단이 될 수도 있지만, 민의를 왜곡하고 자의적으로 유도함으로써 민주주의를 위기에 빠뜨릴 수도 있다.

사람들, 주권자임에도 자신의 의사가 대의되지 않는 사람들을 양산한다는 점이다. 대의되지 않는 이들은 공동체로부터 소외될 위기에 처하게 되며, 종종 권리담론에서 예외로 취급된다. 단지 소수라는 이유로 정치적 공론장으로부터 동료 시민을 배제하는 것은 그들의 기본적 인권을 침해하는 것일 뿐만 아니라 민주주의와 공화주의의 이념을 위배하는 것이다.

또 다른 문제도 있다. 자신의 대표를 세우더라도 기껏 세워놓은 대표자와 갈등 관계에 서게 되는 사람들이 등장하는 것이다. 선택된 대표가 자신을 선택한 사람들을 대의하기보다는 자기 자신의 이해를 관철하거나 또는 자신과 연루된 이해관계를 대리할 때 이러한 문제가 생긴다. 이는 그 자체로 대의제의 왜곡이자 굴절이다.

대표를 세우지 못해 대의제로부터 배제된 사람들, 대표를 세웠지만 그 대표로부터 배신당한 주체들은 권리를 위한 투쟁을 시작한다. 전자는 자신들의 권리를 공동체 안에서 승인받기 위해, 후자는 대표를 탄핵하거나 대의기구를 재구성하기 위해 투쟁한다. 이러한 분열과 갈등, 그리고 쟁투는 민주주의 본연의 작동방식이긴 하다. 건강한 민주주의는 이 작동방식 속에서 소통과 타협을 통한 이해관계의 합리적 조정을 가능하게 한다. 반대로 이 작동방식을 민주적으로 제어하는 데 실패하면 정치혐오와 사회 혼란이 이어진다.

대의제의 흠결들은 대의제 자체의 모순적 구조에서 필연적으로 발생한다. 대의제는 다스리는 자와 다스림을 받는 자가 같아야 한다는 민주주의의 원리와 달리 현실적으로는 양자를 선명하게 구분하기 때문이다. 주기적인 선거와 때때로 벌어지는 주권자의 실력행사로 궤도를 유지하지만, 권력은 언제든 주권자의 의지와 다른 방향으로 얼굴을 돌리고픈 유혹에 빠질 수 있다. 이러한 약점들이 드러나면서 대의제에 대한 의구심이 분출한다.

대의제가 자리를 잡기 이전부터 이러한 약점들에 대한 우려는 지속적으로 제기되고 있었다. 그 우려가 점차 현실로 드러나자 대의제에 대한 비판은 설득력을 얻게 되었다. 특히나 의회정치의 난맥이 두드러질수록 대의제 자체를 부정하는 목소리도 커졌다. 그리하여 어떤 이들은 아예 대의제를 폐기하고 아테네식 민주주의로의 회귀를 이야기하기도 한다. 추첨제로 대표를 구성하자거나 모든 구성원이 정치적 결정과정에 참여하도록 하자는 등의 주장도 제기된다.

애초 대의제의 장점은 사회적 문제에 대한 효과적이고 합리적인 조정이 가능하다는 것이었다. 이러한 장점을 되살리기 위해서는 대의제의 흠결은 시급히 치유되어야 한다. 그런데 그 치유가 어렵다면 대의제 자체를 폐기해야 하는가? 대의제의 장점을 유지하면서 대의제의 흠결을 치유할 수 있는 방안은 없을까? 주체를 배제하거나 소외시키지 않고 누구에게나 개입과 참여가 보장되는 민주적 정치구조와 제도는 구성할 수 없는가?

대의제의 보완장치로서 풀뿌리 민주주의

이 문제를 해결하기 위한 방안 중 하나는 대의제에 직접민주주의의 원리를 가미하는 것이다. 직접민주주의는 공론을 요구하는 모든 구성원이 논의 과정에 참여하고 결정에 기여하는 형식을 가진다. 이런 구조가 형성되면 누구에게나 평등하게 열려 있는 절차를 통해 배제되거나 소외되는 사람 없는 논의의 장이 열릴 수 있다. 대의되지 못하는 사람들 또는 대표성이 취약한 사람들의 입장이 반영되고 다양한 정치적 견해가 표출되면서 공공연한 논의가 가능해진다. 이 과정을 통해 합의에 도달하게 됨으로써 정치적 결정에 대한 민주적 정당성을 제고할 수 있게 된다. 더불어 이를 통해 엘리트에 의한 권력의 분점 또는 독점을 예방할 수도 있다.

그런데 사회구성원 전체가 모든 일에 참여할 수 있는 정치적 장을 만든다는 것은 여전히 어려운 일이다. 해당 공동체의 규모가 국가단위로 커지거나 다양한 의제가 경합하는 복잡다단한 갈등구조 속에서는 소통과 타협을 통한 합의의 창출은 난망한 일이다. 삶이 이루어지고 있는 모든 곳에서 직접민주주의적 절차를 통용할 수는 없다.

직접민주주의적 제도가 효과를 발휘할 수 있는 방안을 검토할 때 빠질 수 없는 요소는 바로 참여의 규모이다. 그 규모를 고려하면 대의제와 직접민주제의 적절한 배합을 구성할 수 있게 된다. 예를 들면, 어떤 공동체는 대의제를 운용하고, 어떤 영역에서는 직접

민주적 절차를 도입할 수 있을 것이다. 또 어떤 분야에서는 이 둘을 접합하여 혼용할 수 있을 것이다. 의제나 전문영역 또는 지역적, 범주별로 형성되는 공동체의 특수성에 따라 양자의 비중을 조절할 수 있을 것이다.

직접민주주의적인 원리가 작동하기 위해서는 공동체의 규모가 적정해야 한다. 즉 공동체의 규모는 구성원의 최대 다수가 언제든 자신의 의사에 의해 논의와 결정의 장에 참여할 수 있을 정도여야 한다. 합리적인 논의와 결정을 하는 데 적정한 수의 구성원, 구성원의 능동적이며 직접적인 참여가 보장되는 절차가 직접민주주의를 활성화하기 위한 조건이 될 것이다.

오늘날 직접민주주의적인 원리와 절차가 작동할 수 있는 공동체로서 가장 적절하다고 여겨지는 단위는 바로 '풀뿌리'이다. 풀뿌리 안에서 이루어지는 구성원들의 논의와 결정의 과정이 풀뿌리 민주주의다.

여기서 풀뿌리 민주주의를 단지 결정의 직접성, 즉 표결의 직접민주주의로 오인하지 않도록 주의할 필요가 있다. 풀뿌리 민주주의가 가지는 근본적인 의의는 결정을 위해 수반되는 과정에 있다. 이 과정에 구성원들의 직접적이고 폭넓은 참여를 보장하는 것이 핵심이다. 의제를 설정하고, 문제점을 파악하고, 공익적 대안을 모색하며, 여론을 수렴하거나 형성하고, 동료 시민들의 연대를 결성하며, 이를 통해 합의된 대안의 제도화와 시행을 만들어내는 각각의 절차에 이해당사자가 직접 개입하는 것이다. 일종의 숙의민주주의(deliberative democracy)가 실질적으로 작동하는 방식이 풀뿌리 민주주의의 실체가 된다.

정리하자면, 풀뿌리 민주주의는 공동체 성원이 자신의 이해관계에 관한 사안들의 공적 해결책을 모색하는 과정에 직접 참여하여 문제의 해결에 기여한다는 특수성을 가진다. 그런데 이러한 참여를 통해 확보되는 적실성과 효율성은 공동체의 범위와 의제의 성격에 상당한 영향을 받는다. 공동체의 규모가 지나치게 클 경우 심의를 중심으로 하는 풀뿌리 민주주의는 비효율성으로 인해 배척되기 쉽다. 병립할 수 없는 이해관계의 대립은 풀뿌리 민주주의의 과정을 적대와 갈등의 장으로 전락시킬 위험이 있다. 이러한 한계를 최소화할 수 있는 범위가 소규모 권역의 자치다. 그리고 그 대표적인 사례가 바로 지방자치이다.

적절한 풀뿌리의
규모는?

　　　　풀뿌리라고 하면 대개는 지리적 공간의 의미로서 보통 마을 또는 소규모 도시를 일컫는다. 여기서 마을은 어떻게 정의할 수 있을까? 마을은 기본적으로 사람들이 살고 있는 공간을 이야기한다. 방언 중에 "마실 간다"는 말이 있다. 여기서 '마실'은 '마을'의 사투리지만 실제로는 '이웃'을 의미한다. 그래서 "마실 간다"는 말은 이웃집에 놀러 간다는 말이 된다. 우리는 보통 정서와 정체성을 공유하고 유대감을 가지면서 가까운 거리에 있는 사람을 이웃이라고 말한다. 이렇게 보면, 마을은 이러한 이웃들이 여럿 모여 있는 공동체라고 할 수 있다.

　하지만 공적 기능을 담보하는 공동체로서 풀뿌리를 상정한다면, 이웃을 풀뿌리라고 바로 직역하기에는 미진한 면이 있다. 풀뿌리는 기능적인 측면에서 이웃 간의 이해관계를 조정하고 이와 관련된 집단적 결정이 이루어지는 공동체이다. 집단적 결정 과정에 대의제와 직접민주적 요소를 적절히 조화하기 위해서는 풀뿌리의 규모에 대한 고려와 판단이 있어야 한다. 그런데 그 기준을 정하는 건 상당히 까다롭다. 풀뿌리라고 할 수 있는 공동체의 규모에 대해서는 어떤 특별한 기준이 정해져 있지 않기 때문이다. 아무래도 가장 쉽게 접근할 수 있는 기준은 풀뿌리라고 할 수 있는 공동체의 구성원 숫자일 것이다.

인구 단위로 기준을 설정하기 위해 우선 법으로 구획된 행정구역을 검토해 보자. 법적으로 보자면, 현행 지방자치의 기본단위는 기초자치단체인 시(市)·군(郡)·구(區)이다(『지방자치법』 제2조 제1항). 풀뿌리의 제도적인 근간은 시·군·구가 되는 것이다. 하지만 이 기준은 풀뿌리라고 하기에는 무리가 있다. 인구의 편차가 너무 심한 데다가 평균적인 인구의 수도 이웃 공동체의 개념을 대입하기엔 지나치게 많기 때문이다.

기초자치단체의 인구를 보면, 2023년 1월 기준, 가장 많은 인구를 가진 경기도 수원시는 119만 명이 넘는 데 반해 경북 울릉군의 주민은 8,967명에 불과하다. 대도시와 농어산촌 지역의 인구밀집도는 크게 벌어진다. 특히 대도시의 인구밀집도는 풀뿌리의 규모에 대한 고민을 더 복잡하게 만든다. 예를 들어 서울의 자치구를 비교해보면, 인구가 가장 많은 자치구인 송파구는 67만에 달하는 주민이 있는 반면, 가장 적은 중구의 주민은 13만에 머물러 있다. 일단 이렇게 인구의 차이가 50만이 넘는 자치구 간에 어떻게 균형을 맞출 것인가의 문제가 대두된다. 여기에 더해, 숫자가 적다는 중구만 하더라도 과연 13만이라는 인구를 가진 자치구를 풀뿌리라고 할 수 있을지 의문이다.

풀뿌리 민주주의의 대표 사례로 자주 거론되는 스위스를 살펴보자. 스위스는 국민소득 8만 달러를 넘고 세계행복지수가 언제

스위스 란츠게마인데(출처: 스위스관광청)

나 5위 안에 드는 인구 870만 명 정도의 국가지만, 풀뿌리와 관련한 모범사례로 손꼽히기도 한다. 연방국가인 스위스의 행정단위는 연방의 각 주(州)에 해당하는 26개 칸톤(Kanton)과 기초지방정부라고 할 수 있는 2,222개의 게마인데(Gemeinde)로 구성된다.* 게마인데의 인구 구성은 매우 다양하다. 주민이 2만 명 이상인 게마인데는 전체 2,222개의 약 2% 정도 되는 반면 1천 명 미만은 35%, 1천 명 이상 4천 명 미만은 77%에 달한다. 게마인데의 평균 인구 수는 약 3천 9백 명 수준이다.

---

* 배건이, 『주요 외국의 지방자치제도 연구-스위스』, 한국법제연구원, 2018. 48쪽 및 50쪽. 인용 자료에 따르면 게마인데는 2001년 2,880개로 집계된 이래 지속적으로 그 수가 줄어들고 있다고 한다.

미국은 어떨까? 미국은 연방을 이루고 있는 각 주(state)가 매우 광범위하고 독자적인 분권을 보유하고 있다. 각 주에는 일반적으로 카운티(county), 시(municipalities), 타운/타운십(town/township)의 일반목적의 지방정부가 있다. 이 중에서 타운/타운십은 21개 주에 설치되어 있으며, 주로 미국의 동북부 주를 중심으로 구성되어 있다. 2012년 현재 16,360개의 타운/타운십이 존재하고 있으며, 각 주마다 약간의 차이는 있지만, 기초행정단위인 동시에 소규모 자치공동체로 형성되어 있다.* 타운/타운십 역시 수천 명에서 수만 명까지 다양한 인구분포를 보이고 있다. 예를 들면 미시간주의 셸비(Shelby) 타운십은 약 2천 명의 인구를 가지고 있는 반면, 매사추세츠주의 웨스트보로(Westborough) 타운은 약 2만 1천 명의 인구를 가지고 있다.

기초자치가 이루어지는 스위스와 미국의 풀뿌리 규모와 우리 기초자치단체의 인구 규모에는 현격한 차이가 있다. 최대 2~3만 명 정도 수준의 게마인데나 타운/타운십과 비교하더라도 단위 시·군·구에 많게는 수십만 명의 주민이 있는 우리의 기초자치단체를 풀뿌리라고 하기엔 인구 규모가 너무 크다. 물론 각 기초자치단체 간의 인구 편차도 지나치게 크다. 여기에 인구뿐만이 아니라 지역의 면적 또한 면대면의 인적 교류가 활발해야 할 '마을'이라는 개념을 적용하기엔 너무 넓다.

그런데 한국의 행정구역 단위에도 게마인데나 타운/타운십과

---

*   윤인숙, 『주요 외국의 지방자치제도 연구-미국』, 한국법제연구원, 2018, 45-46쪽.

유사한 규모의 구획이 존재한다. 읍·면·동이 그것이다. 기초자치단체 안에는 읍·면·동을 둘 수 있는데(『지방자치법』 제3조 제3항, 제4항), 읍·면·동 단위 인구의 수는 게마인데나 타운/타운십의 구성과 유사하다. 예를 들어 앞서 보았던 송파구의 경우, 현재 27개 행정동을 구획하고 있으며 이들 행정동의 평균 인구는 약 2만 4,800여 명이다. 한편 중구는 15개 행정동이 있고 각 동 평균 약 8,700명의 인구로 구성되어 있다. 울릉군에는 1읍 2면이 있는데, 인구를 평균하면 각 읍면에 약 3천 명 정도가 된다. 수원시는 4개 구에 총 44개 행정동이 있으며, 수원시 전체 인구를 행정동 수로 평균하면 각 동당 약 2만 7천여 명의 인구가 나온다. 이처럼 우리 제도상으로도 게마인데나 타운/타운십에 비견할 수 있을 만한 규모의 지역적 공동체가 존재하고 있음에 주목하자.

공동체 구성원들이 면대면의 직접적인 참여를 함으로써 보장되는 민주주의가 몇 명의 인구로 구성될 때 가장 적절할 것인가에 대한 논의는 오랜 연원을 가지고 있다. 고대 아테네에서도 이 논제는 꽤나 심각한 문제였던 것으로 보인다. 플라톤은 국가적인 논의구조가 실효적으로 작동할 수 있는 적정인구를 검토한 바 있다.

플라톤은 방위와 자급자족이 가능한 규모의 도시국가를 상정했다. 그에 따르면 '토지소유자들과 그걸 방위하는 자들'인 시민 5,040명으로 이루어진 도시국가가 가장 표준적인 수준이었다. 여기서 '토지소유자들과 그걸 방위하는 자들'은 남성 시민으로서 가구주를 의미한다. 당시 한 가구는 4인을 기준으로 하고 있고, 여기에 여성, 노약자를 포함하며, 그 외 노예가 전체 인구의 30~34%

를 차지하고 있었다고 알려져 있다. 이를 계산하면, 플라톤이 설정한 도시국가의 전체 적정인구는 노예를 포함하여 약 3만~4만 명 수준이 된다.*

이처럼 예나 지금이나 풀뿌리 민주주의의 효용을 가장 잘 보장할 수 있는 참여자의 숫자가 몇 명이 되어야 하느냐에 대한 기준은 논쟁거리다. 외국의 사례를 놓고 보더라도 그 기준이 이러저러하다고 단정할 여지는 별로 없다. 다만 풀뿌리 민주주의가 가능한 최소한의 조건을 정리할 수는 있을 것이다. 우선 공동체가 공유하는 전통과 문화, 교육이나 경제 수준, 타 공동체와의 정신적 및 물리적 거리 등이 고려되어야 할 것이다. 여기에 더해 구성원이 동질성을 가지면서, 직접적인 참여가 보장될 정도로 구성원 간의 사회적 거리가 유지될 수 있고, 소통을 통해 공공의 이익을 추구할 수 있는 정서를 공유할 수 있어야 한다. 이렇게 볼 때, 우리나라의 경우에는 기초자치단체인 시·군·구보다는 읍·면·동 단위가 풀뿌리 민주주의를 위한 기본 행정단위로 적절하다고 본다. 물론 더 작은 규모의 풀뿌리도 얼마든지 가능할 것이다.

여기서 한 가지 부연할 사항이 있다. 지금까지 풀뿌리는 공간에 한정하여 논의되어 왔다. 그런데 과연 적정수준의 인구로 유지되는 소규모의 공간 공동체만을 풀뿌리의 전형으로 설정할 이유가 있는가? 정치의 외연을 삶 자체로 확장할 때, 단지 공간적인 한계에 우리를 묶어 놓을 수는 없다. 특히 오늘날 우리의 삶은 나를 어

---

* 플라톤, 박종현 역주, 『법률』, 서광사, 2009, 374쪽. 각주 52) 참조.

느 동네의 주민으로 위치 지우기도 하지만, 어느 회사의 노동자, 어느 동호회의 회원, 어떤 계층의 일원 등 무수한 정체성으로 분화시킨다.

따라서 풀뿌리를 공간에 한정 짓거나 풀뿌리의 주체를 지역적 기반을 가진 사람으로 제한할 이유는 없다. 풀뿌리는 부문과 의제에 따라 형성될 수 있다. 개인의 정체성에 맞는 풀뿌리를 구성할 수도 있다. 실제로 우리 사회에는 다양한 조직들이 구성되어 있다. 직장에는 노동조합이 있으며, 사회단체나 인권단체를 포함한 각종 시민단체가 있다. 소비자 협동조합이나 의료협동조합도 활동하고 있다. 얼핏 보면 이런 조직들은 정치와는 아무런 상관이 없을 것 같지만, 실은 이들 조직, 그리고 이 조직에 속해 있는 모든 사람의 삶은 그 자체로 정치와 직결되어 있다.

예를 들어 온라인상의 가상공간(virtual place)을 살펴보자. 가상공간 안에는 오프라인만큼이나 다양한, 아니 그보다도 훨씬 복잡한 세계가 펼쳐져 있다. 그 안에서 한 사람이 수도 없는 정체성을 가질 수도 있고, 수많은 층위에서 활동할 수도 있다. 물론 온라인에 존재하는 모든 활동과 정체성을 풀뿌리로 포섭할 수는 없을 것이다. 그러나 오프라인에는 어떠한 공간적 거점도 갖고 있지 않지만, 온라인을 거점으로 활동하는 정치조직이 없을 이유가 없다. 실제로 그러한 조직은 가능하다. 주로 유럽을 중심으로 활동하면서 유럽 각국의 의회와 유럽의회에 의석을 보유하고 있는 해적당(Pirate Party)이 그 대표적인 사례다.

다만, 여기서는 일단 지역에 한정하여 논의를 계속 이어나가 보

자. 적절한 규모를 갖춘 공동체의 주체들은 대립과 충돌을 통해 내부의 이해관계를 외연하고, 소통과 합의를 통해 대안을 획득해 나갈 수 있다. 이처럼 자신의 문제에 대해선 자신이 판단하고 책임지는 자기결정권을 행사하는 것이 풀뿌리 민주주의의 핵심이다. 이러한 구조는 앞서 보았던 고대 아테네의 민주주의와 핵심을 공유한다. 즉 적절한 규모의 공동체 안에서 참여를 통한 자치, 치자와 피치자 간의 간격 최소화, 공공선 추구를 위한 심도 있는 합의, 이를 통한 구성원의 동질성 추구가 바로 풀뿌리 민주주의의 원형이었던 것이다. 결국 풀뿌리 민주주의의 핵심은 어떤 삶을 살 것인지를 자기 스스로 결정하고 책임지는 것을 의미한다.

풀뿌리 민주주의의
효과

　풀뿌리 민주주의는 무엇보다도 공동체의 의사결정과정에 공동체 구성원이 주체가 되게 함으로써 민주주의 본연의 의의를 살아 움직이게 할 수 있다. 일상의 정치화를 통해 공동체 구성원들이 자율성과 공공성을 확보하여 민주주의를 심화하고 확장하는 데 기여하는 것이다.

　이러한 효과는 공간적 규모가 작아지면서 발생하는 대면 효과의 증폭에서 기인한다. 풀뿌리 민주주의가 가장 강조하는 것은 직접성이다. 이것은 공동체 구성원의 직접 참여를 의미하는 동시에 풀뿌리 민주주의의 효과가 우회적이거나 간접적으로 나타나는 것이 아니라 주체에게 직접 발생한다는 점을 의미하기도 한다.

　현실 세계에서 일반 시민이 지역구 국회의원을 직접 만나 공공연하게 자신의 생활에 밀접한 문제를 제기하고 그 대책을 요구하기는 어렵다. 하물며 대통령에게 공적으로 문제를 제기하는 것 역시 거의 기대하기 어려운 상황이다. 여러 경로를 통해 문제를 제기하더라도 지역 사안이나 개별적 이해관계에 관한 문제는 전국적인 사안에 묻히기 십상이고, 설령 사회적으로 공론화가 된다고 하더라도 그 처리가 신속하게 이루어지지 않는다.

그런데 만일 현존하는 문제가 지역적 범위 안에서 해결할 수 있고, 또 그것이 효과적이라면 국회의원을 찾아가거나 대통령에게 만남을 요구하는 것보다는 지방자치단체를 찾거나 지방의회에 안건을 던지는 게 더 낫다. 사안에 따라 광역 단위의 자치단체나 의회보다 기초단위의 자치단체나 의회를 찾는 것이 더더욱 빠른 방안이 될 수 있다. 대통령의 얼굴을 보는 것보다는 기초의회 의원의 얼굴을 보는 게 훨씬 쉬운 이유는 거리가 가깝기 때문이다.

면대면의 정치와 행정은 그래서 당사자의 참여를 촉진할 수 있고, 그 처분의 결과를 빨리 그리고 직접 체감할 수 있다.* 물론 그러기 위해서는 공동체가 해결할 수 있는 의제로 범위가 한정되어야 하고, 직접성을 담보할 수 있는 절차가 갖추어져 있어야 한다. 지역적으로 특수한 가치나 문화 또는 전통에 묶여 있는 갈등, 지역과 관련된 이해관계의 대립과 충돌이 투명성과 개방성을 갖춘 절차를 통해 알려지고 공론화되어야 한다. 여기서 지방자치단체나 지방의회가 그 공론화의 장이 되어야 하고 갈등의 공개와 소통의 매개로서 역할을 해야 한다.

일상 그 자체가 정치적 삶의 연속이기에, 일상의 모든 일에서 나에게 영향을 미치는 공적 결정들에 대해 내가 직접 개입하고 참여할 이유가 있다. 내가 나의 문제를 공론화하고, 그 과정에서 같

---

* 공동체 구성원의 참여로 이루어지는 '대면'민주주의는 사익보다는 공동체의 이해에 적합한 해결책으로의 유인효과가 있다고 한다. 주성수, 「풀뿌리 민주주의의 이론적 기초」, 『시민사회와 NGO』 제3권 제2호, 2005, 15쪽.

은 또는 비슷한 문제에 직면한 공동체 구성원들과 교류한다. 이들과의 연대를 통해 집단적 문제의 제기와 대책을 요구하면서, 다른 구성원들로 하여금 나의 문제에 귀 기울이고 이해할 수 있도록 알린다. 동시에, 나와 이해관계를 달리하는 구성원들과 갈등하면서 그 갈등을 해소하기 위한 방안을 논의한다. 이 과정이 바로 정치적 참여이다.

이 과정에서 나는, 그리고 공동체의 구성원들은 정치적 시민으로 다시 구성된다. 정치적 시민이 된 구성원들은 공론장을 형성하며, 이 공론장에서 개인과 사회를 재규정한다. 여기에서 새로운 정치적 공간이 만들어지며, 이곳에서 이해관계의 대립을 공공선의 실현으로 전환할 방법을 논의한다. 이것이 바로 자치이다. 정리하자면, 자치는 공동체 구성원이 스스로 정치적 주체가 되어 공동체의 문제에 직접 개입하고 참여함으로써 공공선을 실현해나가는 정치행위인 것이다.

이렇게 보면 풀뿌리 민주주의는 강한 민주주의(strong democracy)를 향한 가장 적절한 대안처럼 보이기도 한다. 일상생활의 정치화를 통해서 시민들의 자율성과 공공성을 확보하여 민주주의를 심화 확장하는 효과를 가져올 것이기 때문이다.*

---

* 일상이 정치로부터 괴리될 때 민주주의는 위기에 처하게 된다. 벤자민 바버는 공적인 삶과 사적인 삶의 분리가 익숙해지면, 개인은 스스로를 소비자로 위치 지우는 대신, 국가를 '레비아탄'처럼 여기게 된다고 한다. 강한 민주주의는 그래서 삶 그 자체가 정치와 일원화될 때 도모할 수 있게 된다. 벤자민 바버 지음, 이선향 옮김, 『강한 시민사회 강한 민주주의』, 일신사, 2006, 33쪽.

그러나 풀뿌리 민주주의가 장점만 가지고 있는 것은 아니다. 장점만큼이나 부작용이 우려되는 면도 적지 않다. 가장 크게 우려되는 점은 민주주의의 '과잉'이다. 더 정확히 말하면 민주주의적 절차의 오남용이다. 직접민주주의적 제도와 결합하기 쉬운 풀뿌리 정치에서 이러한 '과잉'이 빈번히 발현할 가능성은 매우 높아 보인다.

직접민주주의적 제도는 종종 포퓰리즘적 대중 추수를 위한, 혹은 독재정권의 권력행사를 위한 절차적 수단으로 동원될 위험에 빠지기 쉽다. 예를 들어 '국민투표'는 자칫 권력의 민주적 정당성을 확보해주는 알리바이로 전락할 수도 있다. 프랑스에서 나폴레옹과 나폴레옹 3세가 그러했고, 가장 유명한 사례로는 1934년 히틀러의 총통 취임에 관한 국민투표가 있다. 독재자의 장기집권을 민주적 절차를 통해 보장하려는 취지에서 국민투표가 악용된 사례들이다. 권력에 대한 국민적 신임 또는 재신임을 묻는 방식으로 치러지는 국민투표는 특히 그 과정이 진행되는 동안 피아의 구분이 명확해지고 세력 간의 대립이 격렬해지면서 국가 공동체의 소통과 통일을 저해할 우려가 있다.

한국에서도 국민투표가 악용된 사례가 있다. 박정희는 유신독재가 한창이던 1975년, 유신헌법에 대한 찬반을 국민투표에 부치면서 이를 자신의 신임과 연계시켰다. 이 국민투표는 전체 유권자의 79.8%가 투표에 참여하여 찬성 73.1%로 종결되었다. 이로써 유신정권은 헌법적 절차를 통한 민주적 정당성을 확보함으로써 박정희 종신집권의 기반을 완성하였다.

현행 헌법은 국민투표의 범위를 매우 협소하게 설정하고 있어서, "외교·국방·통일 기타 국가 안위에 관한 중요 정책"을 대통령이 이를 국민투표에 부치거나(헌법 제72조), 국회에서 의결된 헌법 개정안을 30일 이내에 국민투표에 부치는 것 외에는 국민투표에 대한 규정이 없다. 따라서 정권의 신임 또는 재신임을 묻는 국민투표는 그 자체만으로는 사실상 불가능하다고 해석된다(2004.5.14. 2004헌나1). 그러나 이를 반대로 해석하면, 형식적으로는 얼마든지 다른 사안과 결부하여 국민투표를 할 수도 있다는 이야기가 된다.

이러한 오남용이 발생할 수 있는 위험은 전국적인 사안과 중앙정치에 관련된 의제만의 문제로 국한되지 않는다. 지역정치의 차원에서도 얼마든지 발생할 수 있다. 이해관계에 따른 사적 목적의 추구를 위하여 직접민주적인 절차들이 이용될 가능성은 매우 높다. 특히 경제력과 조직동원력을 가진 지역의 토호들이 자신들의 이해관계를 관철하기 위해 주민투표를 악용할 여지는 얼마든지 있다. 또는 주민소환제를 이용해 정적을 끌어내리고 자신이 직접 지역 권력을 차지하거나 자신들의 수족을 자치단체장이나 지방의회 의원으로 앉히려 할 수도 있다. 그 반대편에서 조직동원력이 약하거나 경제력이 거의 없는 개인은 이러한 상황에 대응하지 못해 풀뿌리 바깥으로 배제될 수도 있다.

한편 숙의 과정이 변질되면서 풀뿌리 민주주의가 왜곡될 가능성도 있다. 숙의민주주의는 풀뿌리 민주주의의 작동원리이다. 그 과정은 공정하고 투명한 소통의 장에서 이해를 달리하는 사람들이 충분한 숙의를 거쳐 합의에 도달할 것을 요구한다. 그런데 이 과정이 기계적 균등으로 위장한 편향성에 의해 왜곡될 수도 있다. 이해관계에 따른 참여자들의 숫자를 똑같이 맞춘다고 하더라도, 정보력과 동원력을 가지고 있는 측은 얼마든지 전문성을 빙자하여 숙의의 방향을 자신들의 입장에 유리하게 조장할 수 있는 것이다.

풀뿌리 민주주의가 쉽게 빠질 수 있는 함정 중의 하나는 대의민주주의 자체를 부정하는 것이다. 특히 규모가 작은 풀뿌리일수록 공동체의 주체가 모두 참여하여 모든 일을 해결할 수 있다는 범주 오류에 사로잡히기 쉽다. 이로 인해 대의기구 자체를 불필요한 것으로 치부하고 오로지 전원 참여 전원 투표만이 민주적 절차라고 개념화할 수도 있다.

그러나 어떤 형태로든 대의적 절차구조를 완전히 지울 수는 없다. 예를 들어 타운미팅(town meeting)을 할 때조차 타운미팅에 참여하지 않은 사람들의 입장은 추정될 뿐이다. 원칙적으로 타운미팅은 타운에 거주하는 모든 주민이 참여해야 한다. 하지만 주민 전체가 참여하는 경우는 극히 드물다. 참여를 강제하는 것도 사실상 불가능하다. 따라서 타운미팅의 결정과정은 통상적으로 주민의 일정 수가 참여하여 개회를 하고 참여한 사람들로부터 일정 비율 이상의 지지를 얻으면 결정이 이루어지는 형식을 취하고 있다.

즉 형식상으로는 직접 민주적인 절차를 원칙으로 하지만, 실제로는 현장에 직접 참여한 사람들이 참여하지 않은 사람을 포함한 전체의 의사를 추정하여 대의하는 것이다. 모든 과정에서 언제나 전체의 참여와 전체의 합의를 요구한다는 건 불가능할 뿐만 아니라 이해관계의 공적 조정이 늦어지게 되면서 발생하는 여러 불합리한 결과를 감당하기 어렵게 된다. 대의제의 작동구조 자체를 소거하는 것은 불가능하다.

게다가 자칫 조직화된 동원세력 간의 대립 속에서 획일화된 결정과정이 강행될 위험이 있다. 다수의 폭력이 문제가 되는 것이다. 수적 우위에 있는 당사자는 종종 전문성을 동원한 검증 절차나 다양한 이해관계를 확인하는 절차를 생략하고자 하는 유혹에 빠지기 쉽다. 힘의 논리에 사로잡혀 심의민주주의와는 거리가 먼 다수결을 강행하게 된다면, 직접민주주의의 장점인 반론의 제시와 입장의 경합이 배제되고, 합리적 판단이 저해될 수도 있다.

마지막으로 주의해야 할 직접민주주의의 위험성은 구성원 모두가 책임으로부터 자유로운 상황이 발생할 수 있다는 점이다. 직접민주주의 구조에서는 모두의 참여와 모두의 합의로 결정이 이루어진다. 모두의 참여와 모두의 합의로 이루어진 결정은 그 결정을 내린 모두의 책임이 된다. 하지만 바로 그렇기에 누구도 책임지지 않는 상황이 벌어질 수 있다. 모두의 책임이지만 누구의 책임도 아닌 상태, 즉 일종의 '공유지의 비극'이 유발되는 것이다. 어떤 일이든 그 일의 실무를 담당한 사람에게 결정에 대한 책임을 온전히 떠맡길 수 없다. 책임은 실무를 집행하는 사람보다 결정을 내린 사람이 더 크게 져야 한다. 그런데 누구에게도 책임이 없다면 결정의 효력은 허공에 부유하고 실무의 집행은 무의미해지며 공동체의 결속은 형해화되고 만다.

이러한 위험성이 있기에 대의제면 대의제, 직접민주주의면 직접
민주주의 어느 한쪽만을 일방적으로 채택하여 절차를 일원화한다
는 것은 오히려 위험하다. 각각의 제도가 가지고 있는 폐단을 최
소화하면서 양자의 장점을 잘 조화하는 것이 필요하다. 풀뿌리는
직접민주주의적 요소를 상대적으로 폭넓게 적용할 수 있는 여지
를 가지고 있다. 양자의 적절한 균형을 통한 정련된 풀뿌리 정치
의 경험은 민주주의에 대한 신뢰와 자신감을 고조시킬 것이다.

자치분권
2.0 시대?

　　지금까지 아주 기초적인 수준에서 풀뿌리 민주주의의 개념과 의의를 검토해 보았다. 이제 그 내용들을 구체적인 시공간에 적용해보자. 이웃들이 여럿 모여 있는 마을공동체의 풀뿌리 민주주의는 마을 민주주의라고 할 수 있을 것이다. 마을공동체를 좀 더 공적인 공간의 구획으로 표현하자면 지역이 될 것이고, 이제 풀뿌리 민주주의는 지역 민주주의로 이야기할 수 있다. 풀뿌리 민주주의가 지역 차원에서 성공할 때 지방자치는 더 높은 수준으로 승화할 것이다.

　지방자치는 흔히 주민의 대표가 스스로의 권한과 책임으로 지방의 행정을 담당하는 것으로 이해된다. 예컨대 우리 헌법재판소는 지방자치를 "지역중심의 지방자치단체가 독자적인 자치기구를 설치하여 그 고유사무를 국가기관의 간섭 없이 스스로의 책임 아래 처리하는 것"이라고 보고 있다(2009.3.26. 2007헌마843). 현행 헌법은 지방자치를 국가기구의 한 축으로 보장하고 있으며(헌법 제117조), 지방자치의 내용은 자치입법, 자치행정, 자치재정 등 지방자치단체의 권한을 중심으로 구성되고 각종 법률에 의해 제도적으로 보장된다. 즉 지방자치단체는 자체적인 입법과 행정에서 독립성을 보장받으며, 자기 책임하에 결정의 자유와 자율성을 행사한다.

그런데 이렇게만 보면 자칫 지방자치는 지방의 행정에 고유한 개념인 것처럼 보일 수 있다. 지방자치를 지방행정에 한정할 경우, 그 전제가 되는 지역정치는 소거된다. 실제 지방자치의 현실을 보면, 지방자치단체의 행정업무가 강조되면서 행정우위의 현상이 강화되고, 지역정치가 단지 지방행정의 보조수단 역할을 하거나 지방의회가 지방자치단체의 보조기구처럼 여겨지기도 한다. 이렇게 지역정치가 홀대받고 그 중요성이 간과되면서 기초의회 무용론이나 기초의원 정당공천제 폐지 요구가 빈번하게 터져 나오게 되는 것이다.

지방자치의 기능적 역할을 주로 지방자치단체가 한다고 하더라도 그 주체는 엄연히 지역의 주민이다. 지방자치단체는 지역 주민 전체를 구성원으로 하는 '공법상의 지역 사단(社團)'이기 때문이다. 지방자치단체의 사무는 주민의 복리에 관한 사무다(헌법 제117조 제1항 전단). 따라서 논리상 지방자치단체의 사무는 주민이 자신의 복리에 관하여 수행하는 사무가 된다. 여기서 무엇이 주민의 복리가 될 것인지를 판단하는 주체는 주민이다. 지방자치단체에게 보장되는 결정권과 자율성은 주민이 자신에게 부여한 결정권이자 자율성이다.

결국 지방자치는 지역 주민이 주체가 되어 스스로 책임을 지고 자율적으로 자기결정권을 행사하는 정치활동이라고 정의할 수 있다. 지방자치는 주민의 정치적 활동을 통해 조례를 비롯한 자치입법이 이루어지고, 자치입법에 의해 정해진 제도적 기준에 따라 자치행정이 수행되는 과정 일체를 의미하게 된다. 결국 지방자치의 성패는 지역 차원의 풀뿌리 정치, 지역정치가 얼마나 활성화되느냐에 달려 있다고 봐야 한다.

오늘날 우리의 지방자치의 현실을 가장 적확하게 표현하는 단어는 '위기'다. 위기의 양상은 여러 방면에서 확인된다. 21세기 초 정보사회에서도 지속되는 이촌향도(移村向都) 현상으로 인해 지역의 인력자원들은 서울로 빠져나간다. 진학과 취업을 위해 수도권으로 사람들이 모여든다. 2022년 9월 통계청의 발표에 따르면, 2021년 한 해 동안 20~29세 청년 중 약 7만 명이 수도권으로 유입된 반면, 영남과 호남, 중부권은 각각 4만 2천 명, 1만 9천 명, 7천 명이 빠져나간 것으로 집계되었다.

그 결과는 지방의 교육, 문화, 의료 등 기초적인 인프라가 점점 더 취약해지는 형태로 나타난다. 급기야 벚꽃 피는 순서대로 지방대학이 문을 닫는다거나 인구 감소로 인한 지방의 소멸이라는 우울한 전망이 현실이 되고 있는 실정이다. 경제적인 측면에서 지방자치단체 간 재정자립의 편차 심화, 지역 산업의 공동화 등의 문제가 대두된다. 이러한 위기에 직면하고 있음에도 지방자치의 역량은 자체적으로 적절한 방안을 모색하는 데 어려움을 겪고 있다.

국가적 차원에서 지역 불균형은 그대로 방치할 수 없는 중차대한 문제일 수밖에 없다. 이 문제를 해소하기 위해 역대 정부는 하나같이 국가균형발전을 위한 나름의 정책을 내놓았다. 국가균형

발전위원회가 정리한 역대 정부의 국가균형발전 정책은 다음과
같다.

역대 정부 국가균형발전 정책

구분		노무현 정부 ('03.2.~'08.2.)	이명박 정부 ('08.2.~'13.2.)	박근혜 정부 ('13.2.~'17.2.)	문재인 정부 ('17.2.~'22.5.)
지역문제		수도권 일극 집중과 지역 간 발전 격차	지역의 글로벌 경쟁력 취약	지역 주민의 낮은 삶의 질 만족도 (행복도)	저성장, 저고용, 저출산 인구절벽, 지방소멸
지역 발전 정책 구조	정책 목표	다핵형·창조형 선진국가 건설 (국가균형발전)	지역의 글로벌 경쟁력 강화 (일자리 창출)	국민행복과 지역희망 (HOPE)	지역주도 자립성장 기반마련 (분권형 균형발전)
	주요 정책	• 혁신정책 (RIS사업) • 균형정책 (新활력산업) • 산업정책 (시도전략사업) • 공간정책 (혁신/세종시)	• 5+2광역경제권 정책 • 기초생활권, 초광역벨트 • 행·재정 권한 지방이양 • 수도권과 지방 상생발전	• 지역행복생활권 정책 • 지역경제의 활력 제고 • 교육여건개선, 인재양성 • 문화·환경·복지· 의료	• 혁신체계 구축·성장 • 혁신융복합단지 지정·육성 • 도시재생·뉴딜 • 지역발전투자 협약
	정책 수단	• 국가균형발전 위원회 • 국가균형발전 5개년계획 (2004~2008년) • 국가균형발전 특별회계 • 국가균형발전 특별법	• 지역발전위원회 • 지역발전5개년 계획 (2009~2013년) • 광역-지역발전 특별회계 • 국가균형발전 특별법	• 지역발전위원회 • 지역발전5개년 계획 (2009~2013년) • 지역발전특별 회계 • 국가균형발전 특별법	• 국가균형발전 위원회 • 국가균형발전 5개년계획 (2018~2022년) • 국가균형발전 특별회계 • 국가균형발전 특별법

2018년 3월, 문재인 정부가 제출한 10차 헌법개정안에는 분권
형 지방자치가 명시되어 있었다. 연방제형 분권국가를 지향한다
던 당시 정부의 입장이 반영된 개정안이었다. 헌법개정안은 전문
에서 "자치와 분권을 강화"한다는 의지를 밝혔다. 또한 민주공화

국의 국체를 규정한 헌법 제1조에 제3항을 신설하여 "대한민국은 지방분권국가를 지향한다"라고 규정하였다.

뿐만 아니라 지방자치와 관련된 법률의 입법을 위해서는 의회가 지방정부의 의견을 구하도록 하였고(헌법 개정안 제55조 제3항), 대통령이 의장이 되는 국가자치분권회의를 설치하기로 하였다(안 제97조). 그리고 헌법 개정안 제9장은 이러한 원칙에 입각해 현행 헌법보다 훨씬 상세한 내용으로 자치분권의 원칙을 정리하고 있었다.

물론 이 헌법 개정안에서 밝힌 자치분권의 틀이 적정한지에 대해선 논의가 필요하다. 자치입법의 범위를 법률의 범위 안으로 한정하는 원칙을 고수하는가 하면, 주민의 참여나 자치행정을 법률로 우선 제한하는 것이 과연 분권을 지향한다는 방침에 부합하는지, 법률유보로 충분한 사항을 헌법에 열거함으로써 헌법현실의 변화에 따른 유연한 제도변화의 가능성을 축소한 것은 아닌지 등의 문제 제기가 가능하다. 그럼에도 자치분권의 기조를 명확히 하면서 주민자치의 원리를 강조하고, 보충성의 원칙을 분명히 한 점 등은 이후 논의를 위한 원칙을 세웠다는 점에서 의미가 있었다.

비록 헌법개정은 무산되었지만, 그사이 법률적으로는 상당한 진전이 있었다. 『지방자치법』의 전면적인 개정과 시행으로 지방자치의 질적 변환이 시도된 것이다. 2022년 1월 13일부터 시행된 새로운 『지방자치법』은 이를 기초한 대통령소속 자치분권위원회에서 '자치분권 2.0시대'의 도래라고 자평할 정도로 진전된 내용을 담

행정안전부 카드뉴스
(출처: 행안부홈페이지)

고 있다.* 새 법은 지방자치의 기조를 기존 단체자치로부터 주민자치로 전환하는 가운데, (i) 지방자치단체의 자치권 확대, (ii) 지방의회의 권한 확대, (iii) 주민참여 강화, (iv) 다양한 지방자치의 실현을 핵심 방향으로 설정하였다. 풀뿌리 민주주의의 정착과 이를 바탕으로 하는 분권형 지방자치의 실현을 위한 제도적 기반 형성에 중요한 계기가 될 수 있을 것이다.

'풀뿌리' 민주주의라는 말이 상징하듯, 지방의 자치(self-government)는 국가공동체 구성원의 민주주의에 대한 의식을 높이고 저변으로부터 민주주의를 경험할 수 있는 장을 제공한다. 특히 중앙집권적 국정의 폐해에 자체적으로 대응함으로써 중앙정부를 견제하고 일정한 독립성을 확보할 수 있다. 지방자치는 행정적으로도 자신과 가장 밀접한 문제를 가까운 거리에서 해결함으로써 보다 직접적이고 효과적인 성과를 체감할 수 있다. 지역의 상황과 요구에 따른 대응이 가능하며, 따라서 주민들이 원하는 사안을 중앙정부가 처리하는 시간보다 훨씬 짧은 시간에 조치함으로써 편

---

* 행정안전부, 홍보자료/카드뉴스, "2022.1.13. 자치분권 2.0 시대가 열립니다!", 2022.1.7.

의를 도모할 수 있다. 특정한 정책의 지역적 실험을 통해 전국차원의 시행착오를 최소화할 수 있으며, 지역에 특화된 사업의 전개를 통해 타지역과 경쟁할 수 있다. 이 외에 지역의 사정에 따라 지역 고유의 특수성을 발전시킴으로써 사회적 다원화에도 기여할 수 있다.

이러한 긍정적 측면을 제고하기 위해서 지방의 분권(decentralization)은 시급하고 중요한 사안으로 대두된다. 과거 권위주의 정권이 장기집권을 목적으로 왜곡한 헌정질서는 강력한 중앙집권적 통제로 일관했고, 지방자치는 그 희생물이 되었다. 이렇게 오랜 시간 왜곡된 중앙정부와 자치단체의 권력관계를 바로잡기 위한 방안으로 견제와 균형에 입각한 분권이 강력하게 요구되는 것이다. 그런 의미에서 지방분권의 강화는 현대사의 질곡을 치유하는 방편이자 우리 사회의 민주주의가 얼마나 발전했는지를 가늠할 수 있는 척도가 될 것이다.

그러나 아직도 우리의 지방자치는 '분권'의 실질적 수준에 접근하였다고 보기 어렵다. 자치분권 2.0의 시대를 선언하면서 새로운 『지방자치법』이 효력을 발휘하기 시작했지만, 앞으로 가야 할 길이 쉽지는 않다. 다원화된 사회, 그리고 여기에 동반해 다양해진 사회적 욕구, 세계화의 물결 속에서 오히려 더 중요해진 지역의 기능과 역할, 그렇지만 전국적 사안과 지역밀착형 사안의 이해관계가 괴리되는 현상의 빈번한 발생, 더 나아가 자생성을 확보하지 못한 채 공동체의 자원 전부를 소실하거나 유출하면서 벌어지는 '지역소멸'의 문제 등을 해결하기 위한 방안이 시급하다. 이러한 당면과제를 해결하기 위한 주요한 방법 중 하나가 지역 차원에서 문제를 해결할 여지를 넓히는 지방분권이다.

이렇게 볼 때, 당위적 측면에서는 물론이고 실질적 측면에서도 한국사회는 지역사회에 더 많은 자치와 분권이 필요하다. 이러한 자치분권은 어떤 형태로 나타나야 하는가?

지방자치를 이야기할 때 가장 먼저 거론되는 분야는 자치행정의 확대 강화이다. 중앙정부와 지방정부의 관계는 보충성의 원칙에 입각하여 상호 자율성과 자주성을 존중하면서 집권과 분권을 조화해야 한다. 이 과정에서 중앙정부와 지방정부는 상호의존의 관계에 있게 되며, 지방정부의 행정집행을 존중하는 가운데 부족한 전문성 및 재정 등의 지원을 중앙정부가 책임지는 방향으로 자치행정이 전환되어야 한다.

다음으로 지방의회의 권한 강화 및 자치입법권의 보장이다. 지방정부가 자기사무를 집행하기 위해 일정한 법적 규율을 설정하는 것을 자치입법이라고 한다. 자치행정의 주된 사무는 법으로 정해진 고유사무는 물론이려니와, 각 지방정부가 당면한 사안을 처리하는 사무로 이루어져 있다. 후자의 사무를 처리하기 위해 지방의회는 각각의 절차를 규정하는 자치입법을 마련해야 한다. 따라서 자치입법은 지방자치의 실현을 위한 결정적 과정이라고 할 수 있다.

현행 헌법은 제117조 제1항 후단에서 지방자치단체는 "법령의 범위 안에서 자치에 관한 규정을 제정할 수 있다"고 규정하고 있다. 이 규정에 따르면 지방정부는 법률과 중앙정부의 시행령이 정한 범위를 벗어나지 않는 한에서 자치입법권을 행사할 수 있게 된다. 이 규정은 법률의 근거 없이는 자치입법권을 제한할 수 없다는 보장이기도 하지만* 조례의 효력이 법령의 범위 안에 있어야 한다는 제한규정이다. 자치분권의 효과를 최대화하기 위해서는 지방정부의 포괄적 자치입법권 행사를 보장해야 한다. 특히 자치입법권의 확대는 주민의 참여를 보다 활성화함으로써 풀뿌리 민주주의의 원리를 실현할 수 있다는 측면에서 고려되어야 한다.

자치재정 역시 중요한 분야이다. 지방정부의 행정을 위해 필수적인 요소 중 하나는 재정이다. 지방정부의 재정운용에 대해 헌법에서는 명문의 규정을 두지 않고 있지만, 건전 재정 및 자율성 존중의 운영 원칙 아래 『지방자치법』과 『지방재정법』에 따라 규율되고 있다. 문제는 자치재정의 현실이다. 재정의 운영을 자율적으로 건전하게 하고 싶어도 지방정부 차원에서 운용할 수 있는 재원 자체가 한정되어 있는 것은 중장기적으로 해법을 찾아야 할 문제다.

특히 지방정부의 재정예속, 이를 통한 중앙정부의 지휘통제라는 구조는 자치분권을 저해하는 핵심요소다. 중앙정부에 대한 의존도를 심화시키는 불균형한 국세와 지방세 비율, 경제상황과 경기변동 등에 따라 재정불안의 요인이 되는 재산과세 위주의 지방세제, 중앙정부의 경제정책에 민감하게 반영되는 지방정부의 부담, 중앙정부의 눈치를 살펴야 하는 국고보조금의 운용방식 등이 해

---

* 즉 입법자에 대한 법률유보의 성격을 가진다. 이기우, 「지방자치 기반강화를 위한 헌법개정」, 『한국지방자치학회보』 제17권 제4호(통권 52호), 2005, 11쪽.

결해야 할 당면과제다.

그런데 자치분권을 이야기하는 과정에서 지역정치는 소홀하게 다루어지는 경향이 있다. 자치입법, 자치행정, 자치재정 등 모든 영역은 주민의 삶과 직결된다. 자치의 각 영역은 결국 삶의 반영이다. 다시 말해 풀뿌리의 생장과 결실이 곧 자치이며, 삶이 이어지는 모든 곳에서 정치적이지 않은 것이 없다는 관점에서 보면 자치는 지역정치의 원인이자 결실이다.

그럼에도 지역정치와 지방자치는 서로 이질적인 것처럼 여겨지기도 하고, 더 나아가 지역정치라는 건 아예 생소하기까지 하다. 지역이나 부문, 의제에 따라 다양한 지향과 정책을 가진 여러 정당이 경쟁할 수 있는 구조가 보장되지 않기 때문이다. 그 결과 우리는 오로지 "그놈이 그놈"이라는 냉소가 자연스러울 정도로 일부 전국정당이 정치적 자원을 모두 독식하는 정치만을 정치로 알게 된 것이다.

제3장

빨간당과 파란당만 존재하는 나라

우리가 선거를 하는
이유

2022년 6월 1일에는 제8회 전국동시지방선거가 치러졌다. 풀뿌리 민주주의의 잔치인 전국동시지방선거는 모두 7종류의 선출직이 걸려 있다. 광역자치단체인 시·도의 지사와 광역의회의 지역구의원과 비례의원 및 광역단위의 교육감, 기초자치단체인 시·군·구(청)의 각 장과 기초의회의 지역구의원과 비례의원의 자리다.*

7종류나 되는 선출직에 당선되는 사람들이 무려 4,132명이다. 선거를 위해 중앙선거관리위원회에 등록한 후보자만 7,500명이 넘었다. 예비후보 등록을 했다가 등록을 포기한 사람들, 각 당에서 경선에 출마했으나 낙선하여 후보등록을 하지 않은 사람들을 포함하면 동시지방선거 과정에 발을 들이밀었던 사람들 수는 훨씬 더 많아질 것이다.

---

* 제주특별자치도는 기초지방자치단체가 없어 기초자치단체장과 기초의회의 의원을 선출하지 않는 반면, 다른 지자체에서는 선출하지 않는 교육위원의 선거가 있다. 다만 제주의 교육위원제도는 2026년 전면 폐지될 예정인 한편, 기초지방자치단체를 부활시키자는 논의가 진행되고 있다.

후보의 대부분은 정당 소속으로 출마한다. 무소속 후보로 출마할 수도 있지만, 정당의 후보가 되는 것이 법적으로도 유리하고, 소속 정당으로부터 정책이나 홍보에 지원을 받을 수 있기 때문이다. 다만 선출직 중 교육감과 교육위원에 출마하는 후보는 정당에 소속되어서는 안 된다.

출마한 사람들은 당선이라는 목표를 향해 치열한 각축을 벌인다. 유세장은 열기를 넘어 광기가 엿보일 정도로 달아오른다. 후보와 지지자들은 『공직선거법』과 『정치자금법』의 허용한도 위에서 줄타기를 하며, 할 수 있는 모든 선거운동 방식을 동원하여 당선을 향해 달려간다. 각 정당과 후보는 무수한 정책과 공약을 제시한다. 덕분에 선거운동 기간만큼은 이 나라의 미래가 장밋빛으로 물든 듯 보인다. 물론 앞뒤도 없고 계통도 족보도 없어 실현 가능성도 없는 약속이 남발되기도 한다. 어쨌거나 이 모든 과정은 바로 당선을 위한 처절한 몸부림의 일환이다.

선거운동은 종종 과열된다. 골목길 유세의 소음은 때로는 분노를 유발할 정도로 시끄럽다. 곳곳에 걸린 현수막, 도처에 버려진 명함과 유인물은 지저분하기까지 하다. 후보들이 내놓는 공약은 누군가에겐 희망이 되지만 누군가에겐 절망이 된다. 그러다 보니 어떤 유권자들은 눈살을 찌푸리며 특정 후보를 비난하기도 하고, 아예 선거 자체에 부정적인 입장을 내비치기도 한다. 꼭 당선되어 훌륭한 정책을 펼치라는 응원을 보내는 사람도 있지만, "정치한다는 것들은 죄다 도둑놈"이라는 냉소도 넘쳐난다. 이 모든 우여곡절이 다 선거 기간에 일어난다.

이렇게 보면 굳이 기간을 두고 나라에서 돈까지 줘가며 선거운동을 보장할 필요가 있을까 싶기도 하다. 하지만 선거운동은 유권자에게 선택을 위한 정보를 제공한다. 후보의 말 한마디, 공보물한 페이지, 선거운동원들의 몸짓 속에서 각 후보의 가치관과 인물됨, 정책적 비전을 확인할 수 있다. 공약을 보며 누가 당선되어야내 삶이 조금이라도 나아질지를 고민하고, 후보에 대한 호불호를판단하여 투표지에 찍을 사람을 고른다.

선거운동 기간에 후보들이 내놓은 온갖 말들은 역사적 사료가된다. 유권자들은 기억하지 못해도 공보물로 남거나 언론의 기사, 각종 토론회 자료 등의 자료로 남는다. 그리고 두고두고 평가받는다. 그런데 그 말들은 먼 훗날이 아니라 당장의 선거운동 기간 중에도 평가를 받는다. 선거운동을 진행하는 도중에 유권자들은 후보자의 말들에 대하여 지적하고 비판한다. 개인은 물론 수많은 이해관계 단체들로부터 공약은 점검되고 또는 새로운 제언이 쏟아져 나오기도 한다. 이러한 과정을 통해 어떤 공약은 폐기되고 어떤 공약은 더욱 세심하게 다듬어진다. 특히 이런 과정을 통해 당선자에겐 약속을 지켜야 한다는 의무감을 가지게 만들고, 낙선자에겐 다음 선거를 위해 어떤 정책을 준비해야 하는지 반추하도록만드는 중요한 효과가 발생한다.

선거를 하는 실질적인 이유가 여기에 있다. 대의제 민주주의 체제 안에서, 유권자는 자신의 대표자를 선출하여 그에게 권한을부여한다. 주권자가 자신의 주권을 대표자에게 할양하는 중요한과정이 선거이다. 그러므로 이 과정에서 권한을 위임받을 사람이 적절한 인물인지를 판단하는 것은 주권자의 권리인 동시에 책무이다. 후보 개인과 주요 정치세력이 가지고 있는 입장과 구체적인 대안을 확인하는 공적인 절차로서 선거의 효용은 이렇게 나타난다.

무너진 정치의 단편
무투표 당선의 급증

     그런데 2022년 제8회 전국동시지방선거에서는 '무투표 당선자'가 눈에 띄게 급증했다. 무투표 당선은 투표 없이 후보등록만으로 당선되었음을 말한다. 현행 『공직선거법』상 지방의회 의원의 경우 선거구 출마 후보자가 의원정수를 넘지 않으면 투표 없이 당선인이 결정된다(법 제190조 제2항). 그리고 이렇게 무투표 당선이 확정되면 당사자는 선거운동을 중지해야 한다(법 제275조). 무투표 당선이 확정되었음에도 선거운동을 하면 300만 원 이하의 과태료가 부과된다(법 제261조 제6항 제1호). 즉 『공직선거법』에 따르면 무투표 당선자는 공보물을 뿌려서도 안 되고, 선거운동을 해서도 안 되는 것이다.

  무투표 당선자는 출마가 곧 당선으로 이어지니 어떻게 보면 복권에 당첨된 것처럼 여겨질 수도 있다. 하지만 무투표 당선은 후보 본인은 물론이고 유권자에게 바람직한 일이 아니다. 유권자의 입장에서는 후보의 적격성, 공약의 적절성 등을 확인하고 검증할 수 있는 기회가 사라지기 때문이며, 후보의 입장에서는 유권자를 직접 만나 스스로를 부각시킬 수 있는 기회가 상실되기 때문이다.

무투표 당선이 특히 유권자의 선거권을 박탈한다는 점은 깊이 따져볼 문제다. 선거는 유권자에게 자신을 대표할 사람에 대한 선택권을 부여함으로써 선출직의 민주적 정당성을 확보하는 절차이다. 유권자의 선택권은 선출직에 대한 통제권의 성격을 가지고 있다. 즉 유권자는 언제나 선출된 인물을 평가하고 있으며, 그 평가에 따라 소환할 수 있고, 다음 선거의 당락을 좌우할 수 있다. 이러한 통제가 작용함에 따라 선출된 사람들은 자의적 권력 남용의 유혹을 억제하면서 민주적 원리와 절차에 따라 직무를 수행할 수 있게 된다.

무투표 당선은 유권자의 후보에 대한 선택권을 지워버린다. 그 결과 당선자에 대한 통제권마저 지워져 버린다. 유권자에 의한 선택과정을 생략한 채 당선된 후보는 자신을 찍어주지도 않은 유권자에 대한 책임을 무겁게 여기기 어렵다. 선택권의 생략은 공직자가 자신을 통제받지 않아도 되는 권력으로 오인하게 만듦으로써 선출직의 민주적 정당성을 약화시킨다.

지방선거에서 무투표 당선자가 나오는 현상이 이례적인 것은 아니다. 지금까지 진행되었던 지방선거를 돌이켜보더라도 빈번하게, 그리고 생각보다 많이 무투표 당선자가 있어 왔다. 제1회부터 제3회 지방선거까지 지역구 광역의원과 기초의원 중 상당수가 무투표로 당선되었다. 아래의 표에서 1회부터 3회까지 지방선거의 무투표 당선자 숫자를 보면 제8회 지방선거에서 무투표 당선자가 늘어난 것은 의례적인 것처럼 보일 수도 있다.

역대 지방선거 무투표 당선수 현황

	광역의원 지역구			기초 단체장			기초의원 지역구			기초의원 비례		
	정수	무투표 당선수	비율	정수	무투표 당선수	비율	정수	무투표 당선수	비율	정수	무투표 당선수	비율
제1회 (1995)	972	41	4.2	230	0	0	4,541	282	6.2	0	0	0
제2회 (1998)	690	49	7.1	232	0	0	3,490	689	19.7	0	0	0
제3회 (2002)	682	44	6.5	232	0	0	3,485	452	13.0	0	0	0
제4회 (2006)	655	13	2.0	230	0	0	2,513	4	0.2	375	31	8.3
제5회 (2010)	680	44	6.5	228	8	3.5	2,512	16	0.6	376	56	14.9
제6회 (2014)	705	53	7.5	226	4	1.8	2,519	66	2.6	379	72	19.0
제7회 (2018)	737	24	3.3	226	0	0	2,541	30	1.2	386	30	7.8
제8회 (2022)	779	108	13.9	226	6	2.7	2,601	294	11.3	386	81	21.0

* 중앙선거관리위원회 통계자료 참조하여 정리

** 각 무투표 당선자 비율은 %

그러나 표에서 나타난 결과는 그 결과가 발생하게 된 배경을 염두에 두면서 조심스럽게 살펴봐야 한다. 초기 3회까지의 지방선거와 그 이후의 지방선거는 사회적 인식의 변화와 법령의 개정으로 인해 단순비교가 불가능하다. 특히 제도적인 측면에서 3회까지의 지방선거와 그 이후의 지방선거는 질적으로 달라졌음을 염두에 두어야 한다. 애초 전면적인 지방선거가 시행되던 당시에는 기초의원에 대한 정당공천제가 배제되어 있었다. 지방선거에 정당의 공천이 이루어지면 지방행정의 정치화가 우려된다는 문제 제기 때문이었다.

그러다가 2003년에 헌법재판소는 기초의원후보의 정당표방 금지를 위헌이라고 결정하였다(2003.1.30. 2001헌가4). 헌법재판소의 결정이 있은 후인 2005년『공직선거법』이 개정되면서 제4회 지방선거에서부터 기초의원 정당공천제가 시행되었다. 또한 같은 시기부터 기존에는 명예직이었던 지방의원직이 유급제로 전환되었으며, 기초의원 지역구에 중대선거구제가 도입되었다. 비례대표 50%를 여성으로 추천하는 여성할당제가 도입된 것도 이때였다.

이러한 변화가 반영되면서 제4회 지방선거에서부터는 기존 무투표 당선자 발생과는 다른 양상이 나타난다. 특히 지역구 기초의원의 경우 제3회 지방선거까지 무투표 당선자가 상당수 나오다가 제4회 지방선거부터 현저하게 줄어들었다. 그런데 이번 제8회 지방선거에서는 지역구 무투표 당선자가 광역과 기초를 막론하고 급격하게 증가하였다. 심지어 기초의원 선거구의 무투표 당선자는 지난 선거보다 무려 10배 가까이 늘었다. 왜 이런 현상이 발생했는가?

거대 양당의
담합정치

선거결과를 살피기에 앞서, 먼저 제8회 지방선거 전에 있었던 선거구획정 과정을 검토해 보자. 제4회 지방선거에서부터 지역구 기초의원 선거에 3인 이상 중대선거구제가 도입되었지만 실질적인 적용은 제한적이었다. 3인 이상 중대선거구는 처음부터 설계된 것보다 훨씬 소규모로 시행된 데다가 점차 2인 선거구가 확대되면서 그나마도 줄어들어 버렸다. 제3당의 의석분점을 꺼린 거대 양당의 짬짜미로 3인 이상 선거구를 2인 선거구로 바꾸었기 때문이다. 이 과정을 통해 거대 양당은 2인 선거구의 의석을 나눠먹으면서 기초의회를 양분해버렸다. 이에 대한 비판이 고조되어왔고 기초의원 중대선거구제 전환은 시기마다 정치개혁과제 중 하나로 제기되어왔다.

거대 양당의 담합구조에 대한 비판의 분위기 속에서, 제8회 지방선거를 앞두고 국회 정치개혁특별위원회에서는 선거구 조정을 통한 중대선거구 시범 도입을 제시했다. 다당제 정치개혁을 요구하며 정의당의 의원이 국회본관에서 단식농성을 진행하고 이에 대해 정치개혁공동행동 등 단체들이 동조하는 과정에서 제시된

안이었다.

국회는 시범 도입을 법제화하기 위해 『공직선거법』 제26조 제4항을 개정하여 4인 이상 중대선거구를 2개 이상의 지역구로 쪼갤 수 있도록 했던 규정을 삭제했다. 더불어 광역의원 정수를 38명, 기초의원 정수를 48명 증원하기로 하였다. 한편 국회의원 선거구를 기준으로 전국 11곳에 3~5인 선거구를 시범 도입하기로 했다. 기초의회 의원 선거구로 세분하면 모두 30곳에 중대선거구가 도입되는 셈이다.*

이처럼 국회까지 나서서 중대선거구제 도입을 본격화하는 양상을 보이는 가운데, 각 시·도 선거구획정위원회가 선거구 획정안을 마련했다. 그런데 선거구 획정의 열쇠를 쥔 각 시·도 의회는 상당한 편차를 보이면서 선거구 획정의 결과를 달리했다. 4월 28일 마무리된 선거구 획정의 결과는 다음 표와 같았다.

지역별 선거구 획정 결과

지역	획정 시기	선거구 수				계
		2인	3인	4인	5인	
서울	획정위 안	98	50	2	4	154
	획정 결과	98	50	3	3	154
부산	획정위 안	18	27	10	0	55
	획정 결과	39	25	1	0	65
대구	획정위 안	6	20	7	1	34
	획정 결과	18	20	1	1	40

---

* 국회 보도자료, "6월 1일 지방선거에 기초의원 중대선거구제 시범도입하는 「공직선거법」 일부개정법률안 처리", 2022.4.15.

인천	획정위 안	16	20	3	1	40
	획정 결과	14	24	2	0	40
광주	획정위 안	2	16	1	1	20
	획정 결과	1	18	1	0	20
대전	획정위 안	4	13	2	0	19
	획정 결과	4	13	2	0	19
울산	획정위 안	14	4	1	0	19
	획정 결과	14	4	1	0	19
경기	획정위 안	84	71	3	3	161
	획정 결과	87	69	5	1	162
강원	획정위 안	8	41	3	0	52
	획정 결과	8	41	3	0	52
충북	획정위 안	27	19	2	0	48
	획정 결과	27	19	2	0	48
충남	획정위 안	25	24	6	1	56
	획정 결과	31	24	3	1	59
전북	획정위 안	38	31	1	0	70
	획정 결과	38	31	1	0	70
전남	획정위 안	36	33	11	0	80
	획정 결과	38	33	10	0	81
경북	획정위 안	68	37	1	0	106
	획정 결과	68	37	1	0	106
경남	획정위 안	54	34	6	0	94
	획정 결과	57	32	6	0	95

서울, 대전, 울산, 강원, 충북, 전북, 경북은 선거구획정위의 안을 그대로 수용했다. 인천과 광주는 선거구획정위의 안보다도 2인 선거구를 더 줄이는 동시에 4인 이상 선거구를 줄이면서 3인 선거 구를 늘렸다. 반면 부산과 대구는 선거구획정위의 안보다 각각 2 배에서 3배로 2인 선거구를 늘려놓았다. 경기, 충남, 전남, 경남도

3인 선거구 또는 4인 이상 선거구를 줄이면서 2인 선거구를 소폭 늘렸다. 그 결과 애초 전국 각 시·도 선거구획정위원회가 제시한 2인 선거구 444개소는 485개소로 더 늘어나 버렸다.

2018년 제7회 지방선거와 비교하면 2인 선거구가 줄어들긴 했다. 하지만 경기, 충북, 충남, 전북, 전남은 오히려 지난 지방선거 때보다 2022년 지방선거에서 2인 선거구가 늘어났다. 전반적인 결과를 보면, 선거구 획정에 있어서는 별다른 진전이 없었고, 오히려 후퇴했다. 정치개혁 운운하는 목소리의 크기에 비해 결과는 앙상함을 알 수 있다. 지역구 기초의회 3인 이상 선거구를 획기적으로 늘려서 군소정당의 제도권 진입장벽을 낮추고 정치적 다양성을 보장하겠다는 취지는 허언으로 그쳤다.

문제는 이러한 선거구 획정이 가져온 결과다. 2인 선거구가 늘어났는데, 무투표 당선자를 발생시킨 선거구는 거의 대부분 2인 선거구였다. 3인 선거구에서는 극히 일부 지역구에서 무투표 당선이 나왔다. 4인 이상 선거구에서는 단 한 곳에서도 무투표 당선이 발생하지 않았다.

기초의원 지역구 선거 정수별 무투표 당선 선거구 비율

선거구	전체선거구 수	무투표 당선 선거구 수	무투표 당선 선거구 비율
2인	543	137	25.2
3인	438	6	1.4
4인	43	0	0
5인	6	0	0

특기할 점은 무투표 당선된 후보의 소속 정당이 모두 더불어민주당 아니면 국민의힘이었다는 것이다. 무투표 당선자가 나온 선거구에 더불어민주당과 국민의힘을 제외한 제3 정당의 후보가 출마하지 않았기 때문에 가능한 일이었다. 무투표 당선자가 나온 2인 선거구에 더불어민주당과 국민의힘 양당이 후보를 어떻게 배치했는지를 보자.

무투표 당선 2인 선거구 후보 공천 현황

지역	무투표 당선 선거구 수	2인 선거구	
		양당 각 1인 공천	양당 중 한 정당 모두 공천
서울	50	50	0
부산	15	15	0
인천	10	10	0
대전	3	3	0
울산	2	2	0
경기	25	25	0
충북	2	2	0
충남	5	5	0
전북	15	0	15
전남	2	0	2
경북	4	1	3
경남	4	4	0
합계	137	117	20

표에서 확인할 수 있듯, 무투표 당선자가 나온 2인 선거구는 기본적으로 더불어민주당과 국민의힘이 서로 한 석씩을 사이좋게 나눠 갖고 있다. 소위 '지역감정'의 영향을 받는 영남과 호남을 제

외한 지역에서 더불어민주당과 국민의힘의 의석 나누기에 일종의 황금률이 작동하고 있음을 알 수 있다. 서울, 인천, 경기의 2인 선거구에서는 양당이 각 1인의 후보를 내고 모두 당선시켰다. 수도권 지역임에도 이들 지역에서는 제3의 정치세력이 출마조차도 고려할 수 없는 상황이었던 것이다.

그나마도 힘의 균형이 깨진 곳에서는 1당의 독점현상이 나타났다. 예컨대 전북과 전남의 2인 선거구 무투표 당선 지역구에서는 아예 더불어민주당만 후보를 냈고, 경북도 4개 선거구 중 3곳에서 국민의힘만 후보를 냈다. 특히 전북은 1곳의 3인 선거구에서도 더불어민주당 후보만 출마해 무투표 당선됨으로써 무투표 당선자 18명 모두 더불어민주당 소속이었다.

또 하나 흥미로운 점은 기초의원 비례선거 무투표 당선이다. 현행 『공직선거법』상 비례 기초의원의 무투표 당선은 근거가 없다. 지역구 의원과 자치단체장에 대해서는 법률이 무투표 당선을 규정하고 있는 것에 반해 비례대표는 해당 규정이 존재하지 않는다. 다만 공직선거관리규칙 제108조에서 규정하고 있는 별지 제58호 서식의 당선증에 비례대표 당선인임을 표기하도록 규정되어 있을 뿐이다. 그럼에도 지금까지 선거관리위원회는 기초의원 비례선거에 무투표 당선을 인정해왔다. 비례대표는 정당에 대한 지지율을 근거로 민주적 정당성을 확보한다. 그런데 헌법적 및 법률적 근거도 없고, 유권자의 정치적 의사를 반영할 수 있는 절차도 없이, 정당명부투표의 결과를 확인하기도 전에 비례대표의 당선을 확정한다는 것은 위헌의 소지가 충분하다.*

법적 근거가 없다는 제도적 측면의 문제뿐 아니라 정치적 다양성을 배척한다는 측면에서도 비례대표 무투표 당선은 심각한 문제를 가지고 있다. 비례대표 무투표 당선 역시 현실적으로 거대 양당의 후보에게만 가능한 일이기 때문이다. 그 이유는 기초의회의 구성에 있다. 대도시 일부를 제외한 대부분의 시군구 의회에서 선출하는 비례대표는 한두 명에 불과하다. 따라서 비례후보를 선출하기 위해 정당명부에 투표하고 그 득표율에 따라 의석을 배분하기 위해 복잡한 계산을 할 필요가 없다. 그냥 지지율이 가장 높은 정당의 후보가 당선되는 것이다.

사정이 이렇기에, 비례대표에서 무투표 당선이 나올 수 있는 가능성은 오직 하나뿐이다. 비례대표 후보를 내는 정당이 하나 혹은 둘밖에 없고, 명부에 오른 비례대표 후보의 수가 정수 이내일 때이다. 예를 들어 A군의 기초의회에는 비례대표가 1명이라고 하자. 이 지역은 B당의 독점적인 영향권에 있는 지역이다. 여기에 B당이 정당명부에 1명의 비례대표 후보를 올렸다. B당 외의 다른 정당은 어차피 후보를 내더라도 정당지지율이 B당에 미치지 못한다는 것을 알고 정당명부를 제출하지 않았다. 이렇게 되면, 후보등록이 마감되는 시점에 이미 B당의 후보가 당선인으로 확정되며 별도의 정당명부 투표가 불필요해지는 것이다. 비례대표가 2명인 기초의

---

* 공직선거에서 비례대표의 무투표 당선이 함의하고 있는 헌법적 및 법률적 문제점에 대해서는, 김래영, 「공직선거법상 무투표당선과 관련한 몇 가지 쟁점」, 『법과사회』 58호, 2018, 151쪽 이하.

회일 경우에는 해당 지역의 1순위, 2순위 정당이 각 한 명씩 비례대표 후보를 명부에 올리면 이들 두 당의 후보가 당선된다.

　2022년 제8회 지방선거에서는 386명의 비례 기초의원 중 81명이 무투표로 당선되었다. 기초 비례의원이 무투표로 당선된 선거구는 모두 1인 내지 2인의 비례의원을 뽑는 곳이었다. 지역구 2인 선거구와 마찬가지로, 당선인은 모두 더불어민주당 아니면 국민의힘 소속이었다. 어차피 비례의원 한두 명을 뽑는 선거구에서 정당지지율에 의한 당선 가능성이 전혀 없는 제3당으로서는 정당명부를 제출할 유인이 없기 때문이다. 그 결과 기초의회에서 거대 양당 중심의 편향은 더욱 심해진다. 제3의 정치세력에 의한 기초지방자치단체의 견제 또는 다수 정당의 경쟁을 통한 다양한 지역정치의 전개라는 교과서적 당위는 현실에 존재하지 않는다.

냉소하는
유권자

　　지방선거에서 나타난 무투표 당선 양상은 한국 정치가 거대 양당에 의해 분할 점유되어 있다는 사실을 극명하게 드러낸다. 고착화된 양당구조가 정치적 경직을 유발하고 있는 것이다. 거대 양당의 정치지배가 얼마나 견고한지, 그리고 이들의 존재가 군소정당을 비롯한 제3의 정치세력에게 얼마나 거대한 진입장벽으로 기능하는지는 이번 중대선거구제 시범 도입 선거구의 선거 결과를 통해 확실하게 알 수 있다.

　　중대선거구제 시범지역으로 선정된 30개 선거구에서 모두 109명의 당선자가 나왔다. 당선자의 소속 정당은 거의 정확하게 더불어민주당 아니면 국민의힘이었다. 시범 선거구 중 26개 선거구를 국민의힘과 더불어민주당이 양분했다. 더불어민주당 당선자가 55명, 국민의힘 당선자가 50명이었다. 양당 합쳐 시범 선거구 당선자의 96%를 점유한 것이다.

　　30개 시범 선거구 중 12개 선거구에서는 국민의힘과 더불어민주당 외에 제3당 후보가 출마하지 않았다. 시범 선거구 중 제3당의 후보가 출마한 지역은 18곳이었고, 이 중 군소정당의 당선자가 나온 곳은 4곳이다. 정의당의 후보 2명은 광주 광산구 마 선거구와 인천 동구 가 선거구에서, 진보당의 후보 2명은 광주 광산구 다 선거구와 라 선거구에서 당선되었다.

이런 결과가 발생한 원인은 우선, 3인 이상 선거구에 거대 양당이 정수 범위 안에서 여러 명의 후보를 출마시켰기 때문이다. 예를 들어 4~5인 선거구인 서울의 성북구 가·나 선거구, 동대문구 마·바 선거구의 경우, 더불어민주당과 국민의힘이 2~3명씩의 후보를 내고 그 수만큼 서로 의석을 나눴다. 다른 지역에서도 상황은 매일반이었고, 역시 마찬가지로 더불어민주당과 국민의힘이 낸 복수의 후보자들이 거의 당선되었다.

중대선거구제를 확대하자는 논의가 시작될 당시부터 우려했던 점이었다. 각 당의 출마자 수를 제한하지 않는 한 거대 양당이 복수 출마자를 내지 않을 리가 없고, 다양한 정치세력의 활동을 보장하기는커녕 오히려 양당의 의석수만 늘려줄 것이라는 우려가 그것이었다. 그렇다고 해서 각 정당이 의석 이상의 후보를 내지 못하게 막는 것은 정치적으로 또는 제도적으로 적절하지 않다. 만일 출마 후보를 한정하는 입법을 한다면 곧바로 위헌 논란이 이어질 것이다. 이처럼 거대 양당을 견제하지 못하는 구조 안에서 기껏 당선자 3~5인 규모의 중대선거구제는 그 효과를 발휘하지 못한다.

이러다 보니 군소정당이나 제3의 정치세력의 활동이 보장되는 '다당제 민주주의'는 요원할 뿐이다. 선거 전 중대선거구 시범지역 설정과 『공직선거법』 관련 규정 개정이 결정되자, 당시 정의당의 여영국 대표는 "이 성과가 다당제 민주주의를 실현하는 데 소중한 출발점이 될 수 있도록 최선을 다하겠다"며 희망을 표시한 바 있다.* 그러나 정작 선거 결과를 목도하게 되자 그 역시 거대 양당에 의한 독점적 구조에 절망했다. 다당제 민주주의의 출발이 되리라던 그의 희망은 산산이 깨졌다. 이런 결과에 대해 여영국 대표가 할 수 있었던 일은 시범실시 지역이 "생색만 내는 수준"이었다고 볼멘소리를 내는 것뿐이었다.**

어차피 두 당이 독식할 것이 뻔한 상황에서 제3당 또는 제3의 정치세력이 굳이 출마할 이유가 없다. 군소정당이 당선 가능성이 있거나 경합이 이루어질 수 있는 지역 이외에 후보출마를 자제하는 현상은 2022년 제8회 지방선거에서 두드러지게 나타났다. 제8회 지방선거 기초의원 지역구에 출마한 각 정당의 후보를 집계해 보면, 총 4,424명이 출마한 가운데 더불어민주당의 후보가 1,675명, 국민의힘의 후보가 1,663명이었다. 이 두 당의 후보가 전체 출마자의 75.5%를 점유한다. 양당 친화적 경향이나 공천 과정의 문제 등이 다수 포함되어 있는 무소속 출마자 848명을 제외하면, 제3당의 후보자는 겨우 238명에 그쳤고, 전체 출마자의 5.4%에 불과했다.

당선자의 소속 정당 또한 소속 정당별 출마자의 숫자에 비례했다. 더불어민주당이 1,218명, 국민의힘이 1,216명으로 양당

---

* 〈매일노동뉴스〉, "기초의원 중대선거구제 11곳 시범실시", 2022.4.15.

** 〈레이더피〉, "[랭킹쇼] 예견된 실패 기초의회 중대선거구제 실험", 2022.6.3.

이 93.6%를 점유했고, 제3당이라고 할 수 있는 정의당과 진보당은 합쳐서 불과 23석, 점유율 0.9%에 머물렀다. 출마자의 구성은 당연히 무투표 당선자 구성에 영향을 미쳤다. 2022년 지방선거에서 나온 총 489명의 무투표 당선자 가운데 군소정당의 당선자는 단 한 명도 없다. 일종의 규모의 경제가 선거에서도 작동한 것이다. 정치적 지배력을 가진 기득권 정당에서는 될 수 있는 한 많은 후보를 내고, 그렇지 못한 군소정당은 될 수 있는 한 최소한의 후보를 냈다. 당의 규모도 작고 세력도 적은 군소정당은 낙선이 뻔한 지역에 억지로 후보를 내어 당력을 소모할 필요가 없기 때문이다.

유권자도 내가 찍든 안 찍든 당선될 사람이 뻔한 선거에 참여하고픈 생각이 날 리가 없다. 앞서 제4회 지방선거에서부터 무투표 당선자가 눈에 띄게 급감했음을 언급한 바가 있다. 공교롭게도 바로 그 선거에서부터 지방선거 투표율은 꾸준히 증가해왔다. 그러던 것이 이번 제8회 지방선거에서 급감했다. 역대 지방선거에서 투표율 추이와 무투표 당선자 증감현황은 다음 표와 같다.

역대 지방선거 투표율 추이와 무투표 당선자 증감현황

	제1회 (1995)	제2회 (1998)	제3회 (2002)	제4회 (2006)	제5회 (2010)	제6회 (2014)	제7회 (2018)	제8회 (2022)
투표율	68.4%	52.6%	48.9%	51.6%	54.5%	56.8%	60.2%	50.9%
전체 무투표 당선자 수	323	738	496	48	124	195	84	489

투표율의 추이와 무투표 당선자 숫자의 추이가 의미 있는 상관

관계로 나타나는 것은 아니다. 그러나 투표율의 저하는 선거에 대한 기대와 욕구를 포기하는 유권자들이 늘어났음을 의미한다. 정치에 대한 환멸과 냉소가 커지는 것이다. 선거의 결과는 유권자들의 심기가 매우 불편하다는 것을 숫자로 입증한다. 2022년 지방선거에서 광역의원 지역구 선거에서 발생한 무투표 당선자의 규모와 투표율을 비교하면 쉽게 이해될 것이다.

제8회 지방선거 광역의원 지역구 선거 지역별 무투표 당선 비율 순위와 투표율

순위	지역	제8회(2022) 지선 결과				제7회(2018) 지선 투표율
		의원정수	무투표 당선자 수	무투표 당선자 비율	투표율	
1	대구	29	20	69.0%	43.2%	57.3%
2	전북	36	22	61.1%	48.7%	65.3%
3	광주	20	11	55.0%	37.7%	59.3%
4	전남	55	26	47.3%	58.5%	69.3%
5	경북	55	17	30.9%	52.7%	64.8%

전국 투표율이 50%를 겨우 상회한 상황에서 광주는 유일하게 시도 단위에서 투표율 40% 이하를 기록했다. 제7회 지방선거에 비해 20% 포인트 이상 투표율이 하락했다. 제8회 지방선거에서 전남은 58.5%로 가장 높은 투표율을 보였지만, 지난 지방선거와 비교하면 투표율이 매우 크게 떨어졌다. 이러한 현상은 대구와 경북에서도 마찬가지로 확인되는데, 이들 지역 역시 전남과 마찬가지로 지난 선거보다 확연하게 유권자들의 참여가 우려할 정도로

줄었다.

드라마틱한 투표율 하락세를 보여준 광주의 경우, 시·군·구 단위 투표율에서도 저조한 투표율을 보였다.

광주 각 지역별 투표율 현황

광주 각 지역	광산구	북구	서구	남구	동구
투표율	33.3%	38.0%	39.7%	39.7%	42.5%

이러한 현상은 예견된 것이었다. 선거를 하기도 전에 누가 당선이 될지 뻔한 상황에서 높은 투표율을 기대할 수는 없다. 광주는 광역의원 절반 이상이 투표 전에 더불어민주당 소속 후보들로 확정된 상황이었다. 광산구는 기초단체장의 무투표 당선이 확정된 상태였다. 광산구의 투표율이 33.3%로 최하위를 기록한 데는 이런 배경이 있었다.

광주만의 문제가 아니다. 2022년 지방선거에서 보수 양당이 정치적 자원을 반분하는 현상이 얼마나 심각한지를 보여주는 사례가 있다. 대구·경북과 광주·전남이 단체장 3명, 광역의원 37명으로 똑같은 무투표 당선자를 배출한 것이다. 양당이 정치적 패권을 자행하고 있는 지역에서는 어슷비슷한 일들이 벌어지고 있음을 의미한다.

대구는 선거도 치르기 전에 광역시 의원 지역구 29곳 중 20곳에서 무투표 당선이 확정되었다. 광주가 더불어민주당의 독식이었다면 대구는 국민의힘의 독식이라는 차이가 있을 뿐이었다. 2022

년 지방선거에서 대구시의회는 32명의 시의원이 선출되었는데, 국민의힘이 31명이고 더불어민주당은 비례의원 1석에 머물렀다. 그 외 군소정당이나 제3의 정치세력은 전무하다. 이런 결과가 뻔히 보이는 상황에서 유권자들의 선거 참여 의욕을 고취하기는 어려울 것이다.

2인 선거구에서 발견되는 다수의 무투표 당선, 이를 가능하게 하는 양당 각 1인의 후보 출마, 이 구조 속에서 출마 엄두조차 내지 못하는 제3당의 한계. 이 모든 상태는 한국 정치가 더불어민주당과 국민의힘이라는 두 거대 정당의 정치적 담합에 좌지우지되고 있음을 보여준다. 영남과 호남의 정치적 자원은 각각 국민의힘과 더불어민주당이 지역적 패권을 장악하면서 싹쓸이한다. 이 틀 안에서 유권자의 한 표는 거대 양당의 민주적 정당성을 확보해주는 알리바이에 머문다. 선거가 무의미할 정도로 후보로 공천만 되면 당선이 확정되는 상황에서 선출직 공직자들은 각 당의 임명직으로 전락한다. 거대 양당의 공천은 그 자체가 당선증의 교부와 다르지 않다.

그렇다고 이러한 현상이 빨간색의 당(국민의힘)이나 파란색의 당(더불어민주당)에게 바람직하다고 할 수도 없다. 패권을 장악하고 있는 지역의 투표율이 떨어진다는 건 해당 지역 패권정당의 민주적 정당성을 뒤흔들어버릴 위험조차 있다. 심각한 투표율 하락세를 보여줬던 광주와 관련하여 더불어민주당의 이낙연 전 대표는 지방선거 직후 페이스북을 통해 "광주 투표율 37.7%는 민주당에

대한 (광주 시민의) 정치적 탄핵"이라고 탄식했다.* 더불어민주당의
송갑석 광주시당 위원장은 "광주 시민들의 낮은 투표율의 의미를
매섭게 받아들이겠다"며 자세를 낮추었다.** 하지만 이들 일부 정
치인들의 입에 발린 소리만 들려왔을 뿐 정치관계법의 제도적 정
비는 이어지지 않았다.

---

* 〈한겨레〉, "광주 '37.7%' 최저 투표율···이낙연 "민주당에 대한 정치적 탄핵"",
  2022.6.2.

** 『시사저널』1757호, "'반성 없는' 민주당에 회초리 든 광주 민심···"아예 투표장 안
  가"", 2022.6.2.

다 가진 양당,
더 가질 욕심

　　지금까지 2022년 제8회 지방선거에서 발생한 무투표 당선의 문제를 짚어봤다. 얼핏 보면 무투표 당선의 문제는 제도적 문제이고 따라서 제도 개선으로 얼마든지 해소가 가능할 것처럼 보인다. 예를 들어 5인 이상 선거구를 대폭 확대한다거나, 당선인 수의 범위 내에서만 후보가 출마했을 때 각 후보에 대한 찬반투표를 진행하는 등의 방식도 생각해볼 수 있다.

　하지만 무투표 당선은 제도가 잘못되어 있다는 차원을 넘어서는 근본적인 문제가 있음을 상징한다. 무투표 당선에서 발견할 수 있는 모든 문제점은 투표가 진행된 선거에서도 그대로 발견된다. 무투표 당선의 만연은 한국의 정치구조 전반이 심각한 위기 상태에 직면해 있음을 보여주는 징후일 뿐이다.

　현 정치구조는 거대 양당을 제외한 어떤 정치세력도 한국사회에 정치적 영향력을 끼치지 못할 정도로 폐쇄적이다. 더불어민주당과 국민의힘이라는 거대정당이 정치적 자원을 양분하고 있는 상태에서 제3의 정치세력은 발흥할 여지가 없다. 투표가 버젓이 이루어진 곳에서조차 양당의 독식현상은 예외 없이 나타난다. 제8회 지방선거에서 각 당이 각 선거에서 확보한 당선자수를 비교하면 거대 양당이 어느 정도로 한국 정치를 양분하고 있는지 알 수 있다.

제8회 지방선거 각 당 당선자수 비교

	더불어민주당	국민의힘	정의당	진보당	무소속	합계	양당 점유율
광역단체장	5	12	0	0	0	17	100%
광역의원	322	540	2	3	5	872	98.85%
기초단체장	63	145	0	1	17	226	92.03%
기초의원	1,384	1,435	7	17	144	2,987	94.38%
총계	1,774	2,141	9	21	156	4,102	95.44%

* 광역의원과 기초의원의 숫자는 지역구 의원과 비례 의원을 합친 것임

표에서 볼 수 있듯, 광역단체장의 경우 더불어민주당과 국민의힘을 제외한 다른 어떤 정치세력도 당선하지 못했다. 양당은 광역의원의 98.9%, 기초단체장의 92.0%, 기초의원의 95.4%를 나눠 가졌다. 당선자 중 양당과 무소속을 제외한 제3정당의 비율은 정의당과 진보당을 다 합쳐서 0.7%에 불과하다. 모든 정치적 자원이 거대 양당에게 포획되어버린 상황이라고 해도 과언이 아니다.

양당이 정치적 자원을 독식하고 있음은 지방선거의 결과에서만 확인되는 것이 아니다. 대통령 선거나 국회의원 총선거의 추이 또한 한국의 정치를 거대 양당이 양분하고 있음을 보여준다. 87년 헌정체제가 출범한 이후 지금까지 대통령은 거대 양당 세력이 번갈아 가며 당선자를 배출하고 있다. 이 두 정당(세력) 외의 어떤 정치세력의 도전도 성공한 적이 없다. 국회 역시 여전히 이 두 당이 장악하고 있다. 역대 국회는 양당 세력이 언제나 80% 이상의 점유

율을 유지하고 있다. 특히 21대 국회의 양당 점유율은 95%를 넘어서고 있다. 선거 당시 함께했던 위성정당들의 의원들과 자의반 타의반으로 무소속이 된 의원들을 제외하고도 이 정도다. 세간의 표현처럼, 한국의 정치는 빨간색(국민의힘) 아니면 파란색(더불어민주당)만 존재하는 것이다.

양당의 폐쇄적 담합구조로 일관된 정치행태는 유권자의 선출직 권력에 대한 민주적 통제권을 박탈하고, 유권자를 정치적으로 소외시키는 효과를 유발하며, 결국 정치에 대한 무관심 내지 냉소와 혐오를 조장한다. 정치적 냉소는 정치인에 대한 감시를 이완시키고 이로 인해 정치인들끼리 그들만의 리그를 유지 강화하는 데 유리한 조건을 형성한다. 그러한 조건 속에서 정치인들은 또다시 담합으로 자신들의 기득권을 확대 강화하며 주권자에게 돌아갈 정치적 몫을 탈취한다. 악순환이 반복되는 것이다. 이 악순환 속에서, 다양한 정치세력의 건전한 경쟁을 통한 민주적 정치구조의 발전이라는 건 애초에 기대할 수가 없다.

이 구조에서 가장 피해를 보는 건 바로 지역정치이다. 지역정치가 중앙정치의 부속물로 전락했다는 비판은 매우 오래전부터 제기되어왔다. 2022년 제8회 지방선거는 이러한 비판이 적실한 것임을 적나라하게 보여주었다. 물론 지방선거 자체가 대통령 선거나 국회의원 총선거보다 전국적 집중도가 높지 않은 경향도 있는 데다가, 하필 이번 지방선거에서 선거율이 급격히 낮아진 데에는 지방선거가 대통령 선거 이후 불과 석 달도 되지 않아 치러져 소위 '후광효과'로 인해 선거의 유인이 떨어진 탓도 없진 않을 것이다.

하지만 바로 이것이 중앙정치의 상황에 따라 휩쓸릴 수밖에 없는 우리 지역정치의 현실이다. 이러한 현상들이 우리 지역정치의 기반이 매우 허술하며, 중앙정치와 대자적 위치에서 독자적으로 작동하지 못하고 있다는 증거다. 오늘날 지방선거는 말 그대로 거대 양당 소속의 공직자를 '임명'하는 절차로 전락했다. 당연히 임명의 주체는 거대 양당이며, 따라서 중앙정치에 얼마나 충성하느냐에 따라 공천이 좌우된다. 그로 인해 줄세우기가 만연하고 '전략공천'이라는 명목으로 지역에서 별다른 공헌도 하지 않은 사람들이 낙하산을 타고 등장한다. 지역구 국회의원의 마름 역할이라도 충실히 수행해야 그나마 한자리한다는 인식이 팽배하다. 이와 관련하여 지방선거 시기에 대통령의 지지율에 따라 거대 양당의 후보자 당선양상이 어떻게 변화하는지 살펴보자.

역대 지방선거 양당 점유율 및 대통령지지율과의 관계

연도	회차	직위	전체	국힘계	더민계	양당 점유율	당시 대통령 지지율
1995	제1회	광역단체장	15	5	4	60%	김영삼 28%
		기초단체장	230	69	84	66.5%	
		광역의회의원	975	335	390	74.4%	
		기초의회의원	-	-	-	-	
1998	제2회	광역단체장	16	6	6	75%	김대중 62%
		기초단체장	232	74	84	68.1%	
		광역의회의원	690	253	303	80.6%	
		기초의회의원	-	-	-	-	

2002	제3회	광역단체장	16	11	4	93.8%	김대중 26%
		기초단체장	232	140	44	79.3%	
		광역의회의원	682	467	143	89.4%	
		기초의회의원	-	-	-	-	
2006	제4회	광역단체장	16	12	3	93.8%	노무현 20%
		기초단체장	230	155	39	84.3%	
		광역의회의원	733	557	132	94.0%	
		기초의회의원	2,888	1,621	906	87.5%	
2010	제5회	광역단체장	16	6	7	81.3%	이명박 49%
		기초단체장	228	82	92	76.3%	
		광역의회의원	761	288	360	85.2%	
		기초의회의원	2,888	1,247	1,025	78.7%	
2014	제6회	광역단체장	17	8	9	100%	박근혜 51%
		기초단체장	226	117	80	87.2%	
		광역의회의원	789	416	349	97.0%	
		기초의회의원	2,898	1,413	1,157	88.7%	
2018	제7회	광역단체장	17	2	14	94.1%	문재인 62%
		기초단체장	226	53	151	90.3%	
		광역의회의원	824	137	652	95.8%	
		기초의회의원	2,926	1,009	1,640	90.5%	
2022	제8회	광역단체장	17	12	5	100%	윤석열 53%
		기초단체장	226	145	63	92.0%	
		광역의회의원	872	540	322	98.9%	
		기초의회의원	2,987	1,435	1,384	94.4%	

* 양당의 명칭은 현재(2023년)를 기준으로 하였으며, 이전의 정당명은 생략함
* 1990년대 자유민주연합, 2000년대 민주노동당 등 제3 정당은 제외
* 대통령 지지율은 갤럽 여론조사 결과(2014년 박근혜 지지율만 리얼미터)
* 김영삼~이명박 조사는 6월, 박근혜~윤석열 조사는 6월 첫 주 통계
* 2006년 더불어민주당계는 민주당+열우당
* 기초의회의원 정당공천은 제4회 지방선거부터 실시

우선 이 표에서 확인할 수 있는 것은 한국의 정치가 해를 거듭할수록 양당구조로 고착화되고 있다는 점이다. 1990년대까지는 그나마 충청도를 중심으로 세력을 형성했던 자유민주연합이 양당의 독식을 일정하게 견제하는 역할을 했지만, 자유민주연합이 해체된 2000년대 들어오면서 양당의 지방선거 싹쓸이는 거침없이 전개되었다.

제3회 지방선거 이후 지역의 선출직 공직자는 양당이 거의 나눠 가지다시피 하고 있다. 이 표의 결과물조차 선거관리위원회에 후보등록을 할 때 소속해 있던 정당만을 가지고 확인한 것일 뿐이다. 무소속으로 출마한 사람 중 상당수는 공천 과정의 문제 등으로 인해 원래 소속 정당으로부터 탈당하여 무소속 후보로 선거를 치렀다. 이 가운데 선거에서 당선된 사람들이 원래 소속 정당으로 복당하거나 그 정당과 보조를 맞춰 활동하는 사례가 상당하다. 이런 경우를 포함하면 양당의 실질적 점유율은 훨씬 높아진다.

예를 들어 2018년 제7회 지방선거에서 원희룡 제주도지사 후보는 무소속으로 출마했다. 그리고 유일한 무소속 후보로 광역단체장에 당선되었다. 원희룡 도지사는 당시 원래 소속이던 자유한국당을 탈당하여 무소속으로 출마했던 상태였다. 원희룡 도지사가 비록 무소속이라고는 하나 어느 정당으로부터도 자유롭고 중립적인 인사였다고는 생각할 수 없을 것이다.

이 표에서 중점적으로 들여다봐야 할 점은 지방선거가 치러질 당시 대통령의 지지율이 지방선거에 어떤 영향을 미쳤는가이다. 예를 들어 김대중 대통령 집권기에 치러진 제2회 지방선거와 제

3회 지방선거에서 단체장과 지방의회의원 당선자 수를 비교해보자. 선거 당시 대통령이 62%의 지지율을 얻고 있었던 제2회 지방선거에서 여당이었던 더불어민주당계의 전신 새정치국민회의는 국민의힘계의 전신이었던 한나라당보다 상대적으로 많은 당선자를 보유하고 있었다. 그러나 대통령 지지율이 26%에 머물렀던 제3회 지방선거에서는 야당인 한나라당이 여당인 새천년민주당보다 압도적인 상대적 우위를 보이고 있다.

이러한 경향은 다른 대통령 집권기에도 유사한 유형으로 이어진다. 노무현 대통령의 지지율 20%대에서 치러진 제4회 지방선거에서 여당인 민주당은 치욕스러울 정도의 참패를 당하였다. 이 당시 실질적 여당이었던 열린우리당과 민주당의 성적을 합쳐도 한나라당에 미치지 못하는 수준이었다. 반대로 문재인 대통령의 지지율이 62%로 대단히 높을 때 치러졌던 제7회 지방선거에서 여당인 더불어민주당은 야당인 자유한국당에게 압도적인 승리를 거뒀다. 이처럼 대통령의 지지율과 여당 소속의 후보들이 지방선거에서 당선되는 비율이 비례하여 연동하는 현상은 지역정치가 중앙정치에 휘둘리는 양상을 그대로 드러내는 장면이라고 할 수 있다.

양당이 패권을 장악하고 있는 지역에서는 양당의 공천이 곧 당선인 상황, 양당이 경합하는 지역에서는 대통령을 중심으로 하는 중앙정치에 대한 대중적지지 경향에 따라 지방선거의 향방이 달라지는 상황에서 지역의 생존을 지역의 자치를 통해 도모할 수 있도록 계기를 만드는 지역정치는 힘을 쓸 수가 없다.

지난 문재인 정부에서는 연방제에 준하는 분권형 지방자치를 선언하면서 이를 헌법에 담겠다는 의지까지 표명한 바가 있다. 지방소멸이라는 절망적인 상황을 극복하는 방법 중 하나로 자치분권의 강화는 반드시 지향해야 할 과제임은 분명하다. 하지만 중앙정치에 예속된 지역정치, 중앙정부의 입김에 휘둘리는 지방정부가 지방소멸에 대응할 수 있을지는 의문이다. 현재의 지방자치가 분권으로 확대 발전을 도모하는 단계에까지 왔다고 이야기하기에는 낯부끄러울 지경이다. 이것이 우리의 풀뿌리가 멈춰 서 있는 한계이기도 하다.

 그리하여 유권자들은 요식행위에 불과한 지방선거를 신뢰하지 않게 된다. 오히려 중앙정치만 바라보는 당선자들에게 지역의 문제를 해결할 의지가 있을지 의심하게 된다. 자신의 문제에 관심을 가져주는 대표자를 찾아볼 수 없는 상황에 분노하게 된다. 이제 유권자들은 복잡하고 요란한 '정치'는 필요 없고, '행정'이나마 효율적이고 체계적으로 하라고 요구하게 된다. 지방의 자치와 분권은 여기에서부터 그 의미조차 모호하게 변색되어 버린다. 지역에 꼭 필요한 풀뿌리들이 말라 죽어가는 동안 풀뿌리 민주주의라는 말만 요란하다.

 풀뿌리 민주주의를 살려야 한다는 말은 풀뿌리 정치, 다시 말해 지역의 정치를 살려야 한다는 말과 같다. 그런데 정치라는 말은 익숙한 것 같은데 지역정치라고 하면 갑자기 어색해진다. 정치는 그게 뭔지 어렴풋이나마 알 것도 같은데, 지역정치는 매우 생소하다. 문제는 여기서 출발한다. 지역정치는 왜, 언제부터 우리에게 생소한 개념이 되어야 했을까? 지역정치라는 실타래가 꼬이기 시작한 그 연원부터 추적해보자.

제4장

1962년 정치체제

지역정치 압살의 제도적 기원

정당에 대한 현행 헌법의 규율과 『정당법』의 규제는 1961년 박정희 쿠데타 직후 등장했다. 쿠데타에 성공한 군부는 기존에 설치되었던 민주주의적 기관들을 일제히 해산시키고 자신들의 집권에 방해가 되는 정치세력을 억압하는 동시에 조직적이고 체계적인 집권계획을 수립했다. 군부는 이 과정에서 민주적 정당성을 확보하기 위한 일련의 제도정비 작업을 진행하였으며, 특히 1962년에 들어와 『정치활동정화법』, 헌법, 『정당법』을 축으로 한 법규 정비를 완료하였다.

군부독재의 집권을 위해 만들어지고, 반민주적 정치활동 규제의 원리가 체계화된 이 정치체제를 '1962년 체제'라고 명명할 수 있을 것이다. 이 법제 구축을 통해 군부는 장기 독재의 발판을 만들었으며, 이 군부독재의 구조 안에서 풀뿌리 민주주의를 근간으로 하는 지방자치는 완전히 붕괴되었다. 문제는 이때 형성된 정치활동에 대한 규제의 틀이 군부독재가 청산되고 민주화가 진행된 오늘날에까지 작동하고 있으며, 자치분권을 위한 지역정치의 활성화를 방해하고 있다는 점이다.

1962년 체제의 등장 배경과 전개 과정, 관련 법제의 정비 속에 우리의 풀뿌리 민주주의가 오늘날 감당하고 있는 문제의 원인이 숨어 있다.

기원
박정희 쿠데타와 군부의 득세

　　4·19 혁명으로 건설된 민주정부를 전복하면서 등장한 박정희 군부는 부패하고 무능한 구정권의 폐단을 해결할 수 있는 유일한 주체가 자신들이라고 주장했다. 군부는 자신들의 행위를 '혁명'이라 강조했다. 박정희는 아예 장면 정권이 4·19 의거의 정신을 구현하기는커녕 민주주의를 가장한 부패세력이었다고 규정하면서, 5·16 쿠데타야말로 4·19의 연장이라고 주장했다.* 쿠데타를 혁명으로 둔갑시킨 군부는 반공 국시 강화 등을 내용으로 하는 〈혁명공약〉을 발표했다. 그 내용은 다음과 같다.

혁명공약
1. 반공을 국시의 제일의로 삼고 지금까지 형식적이고 구호에만 그친 반공태세를 재정비 강화한다.
2. 유엔 헌장을 준수하고 국제협약을 충실히 이행할 것이며 미국을 위시

---

*　4·19의 연장으로서 쿠데타를 강변한 박정희 군부의 행태에 대해선, 김지형, 「5·16 군정기 박정희 통치이념의 근거」, 동아시아문화연구 제53집, 2013, 233쪽.

한 자유우방과의 유대를 더욱 공고히 한다.

3. 이 나라 사회의 모든 부패와 구악을 일소하고 퇴폐한 국민도의와 민족정기를 다시 바로 잡기 위하여 청신한 기풍을 진작시킨다.

4. 절망과 기아선상에서 허덕이는 민생고를 시급히 해결하고 국가자주경제 재건에 총력을 경주한다.

5. 민족적 숙원인 국토통일을 위하여 공산주의와 대결할 수 있는 실력배양에 전력을 집중한다.

6. (군인) 이와 같은 우리의 과업이 성취되면 참신하고도 양심적인 정치인들에게 언제든지 정권을 이양하고 우리들 본연의 임무에 복귀할 준비를 갖춘다.

(민간) 이와 같은 우리의 과업을 조속히 성취하고 새로운 민주공화국의 굳건한 토대를 이룩하기 위하여 우리는 몸과 마음을 바쳐 최선의 노력을 경주한다.

〈혁명공약〉 중 제3항에서 군부는 "모든 부패와 구악을 일소"하겠다는 의지를 천명하였다. 동시에 제6항에서 "과업이 성취되면 참신하고도 양심적인 정치인들에게 언제든지 정권을 이양"하겠다고 선언했다. 이 논리 구성에 따르면, 기성 정치인들이야말로 부패와 구악으로서 "양심적" 군인들이 쿠데타를 일으키도록 만든 원흉이었다. 따라서 기성 정치인들은 일소의 대상이 되며, 이들을 일소하는 건 쿠데타 세력의 과업이 된다.

군부는 과업 완수 시 언제든 참신하고도 양심적인 민간의 정치인들에게 권력을 이양하겠다고 선언하고 있다. 이로써 쿠데타 이후 정치 분야에서 군부가 진행할 과업의 도식이 그려진다. 우선 군부는 부패와 구악일 뿐인 기성 정치인을 숙청한다. 다음으로 군부가 주도하여 참신하고 양심적인 정치인들을 발굴한다. 마지막으로 군부는 새롭게 발굴된 정치인들에게 권력을 이양하고 본업으로 돌아갈 시기를 결정한다. 결과적으로 군부는 이러한 도식을 충실히 이행했다.

쿠데타 당일, 군부가 구성한 '군사혁명위원회'는 〈포고 제1호〉 비상계엄 선포를 비롯해 8개의 포고령을 공포했다. 그중 〈포고 제4호〉는 군부가 정권을 인수하는 동시에 국회를 해산한다는 내용이었다.

군사혁명위원회 포고 제4호

1. 본 군사혁명위원회는 4294년 5월 16일 오전 7시를 기하여 장면 정부로부터 일체의 정권을 인수한다.
2. 참의원, 민의원 및 지방의회는 4294년 5월 16일 오후 8시를 기하여 해산한다. 단 사무요원은 존속한다.
3. 일체의 정당 및 사회단체의 정치활동을 금한다.
4. 장면 정부의 국무위원 및 정부위원은 체포한다.
5 국가기구의 일체는 혁명위원회가 이를 정상적으로 집행한다.
6 모든 기관 및 시설의 운영은 정상화하고 여하한 폭행 행위도 이를 엄단한다.

〈포고 제4호〉는 국회의 해산뿐만 아니라 아예 정당 및 사회단체 일체의 정치활동을 금지했다. 쿠데타의 성공을 위한 요건 중 하나는 군부에 대한 도전세력을 제어하는 것이었다. 이를 위해 정당과 사회단체가 군부의 의도와 부합하지 않는 여론을 형성할 여지를 차단할 필요가 있었다. 그래서 나온 조치가 〈포고 제4호〉였다. 군부는 이마저도 부족하다고 판단했는지, 군사혁명위원회의 명칭을 '국가재건최고회의'로 바꾼 직후인 5월 23일 〈포고 제6호〉를 공포했다.

국가재건최고회의 포고 제6호

모든 정당사회단체는 단기 4294년 5월 23일을 기하여 이를 해체한다. 단, 정치성이 없는 구호단체, 학술단체 및 종교단체, 기타 국가재건최고회의에서 별도 허가하는 단체는 소정의 절차에 의하여 재등록을 단기 4294년 5월 31일까지 실시하라.

이전의 〈포고 제4호〉에서는 정당 및 사회단체의 활동을 금지하는 선에서 그쳤지만 이젠 아예 이들 조직을 해체해버린 것이다. 다만 정치적 목적을 가지지 않는 단체는 국가재건최고회의의 승인을 받는 전제로 활동을 허용하였다. 이것은 군부 외에 정치적 요소를 가진 모든 조직을 없앰으로써 기성 정치세력 일체를 소멸시키겠다는 의도를 공공연하게 드러낸 것이었다. 동시에 군부의 통치에 협조하거나 더 나아가 군부의 집권에 도움이 될 수 있는 조직을 양성하겠다는 목적이 분명한 조치였다.

쿠데타의 성공이 기정사실이 된 상태에서 군부는 본격적으로 입법, 행정, 사법 전 분야에 걸친 독점적 권력 행사를 시도하였다. 1961년 6월 6일, 쿠데타를 실행한 지 불과 20일 만에 군부는 국가재건최고회의의 의결로『국가재건비상조치법』을 제정·공포했다. 이 법은 입법·사법·행정의 전반을 군부가 장악하도록 규정하였다.

우선『국가재건비상조치법』은 민정이양 전까지 국가재건최고회의가 국가의 최고 통치기관임을 선언(법 제2조)하였다. 법은 이 최고 통치기관인 국가재건최고회의로 하여금 국회의 권한을 행사하고(법 제9조), 대통령의 권한 대행(법 제11조), 행정권의 행사와 내각의 역할 수행(법 제12조~제16조), 사법행정의 통제와 사법부의 조직 및 관리(법 제17조~제19조)를 하도록 규정하였다. 권력의 분립을 통한 국가기관 간 견제와 균형을 추구함으로써 국민의 기본권을 보호하려는 민주주의의 일반적인 원리는 그대로 폐기처분되었다.

이 법은 그러잖아도 허약했던 지방자치의 싹을 아예 밟아버렸다. 법은 도지사와 서울시장 및 인구 15만 이상 시의 장은 국가재건최고회의가 임명하고, 하부 행정 단위의 자치단체장은 도지사가 임명하도록 하였다(법 제20조). 군사혁명위원회〈포고 제4호〉를 통한 지방의회 해산과 더불어 이 규정으로 인해 풀뿌리 민주주의의 싹은 완전히 제거되었다.

『국가재건비상조치법』이 과연 법률인가라는 문제는 여전히 남아 있다. 법의 제정은 의회의 고유 권한이다. 그런데 이 법은 의회가 해산된 상태에서 국가재건최고회의가 스스로 만든 최고회의령에 불과하다. 일개 기관의 영, 그것도 헌정질서 안에서 법률에 의해 구성된 기관이 아닌 쿠데타 세력의 영일 뿐인 규정이 법률의 효력을 발동하게 된 것이다. 게다가 이 법은 아예 헌법을 무력화시킨다는 의지를 명문의 규정으로 적시하고 있었다. 헌법의 규정 중 이 비상조치법에 저촉되는 규정이 있다면 헌법을 무시하고 이 법을 따르도록 규정한 것이다(법 제24조). 헌법 위의 법이 과연 법으로서 적절한 지위에 있는 것인지 의심하지 않을 수 없다.

이 법은 마치 2차 세계대전 전 독일 나치의 『수권법(Ermächtigungsgesetz, Enabling Act)』을 연상케 한다. 1933년 총선에서 하원을 장악한 나치는 행정부에 입법권을 위임하는 『수권법』을 의회에 상정하였다. 나치는 총선 전 조작한 의사당 방화사건을 빌미로 공산당과 사회민주당을 제어하고, 친위대(SS)를 동원해 의사당을 둘러싸는 등 온갖 공작과 위협을 통해 『수권법』이 통과될 수밖에 없는 조건을 만들었다. 반발할 수 있는 정당은 억누르고 기타 정당들은 회유하면서 표결에 부쳐진 『수권법』은 압도적 표차로 가결되었고, 이로써 나치는 권력의 정점에 올라설 수 있었다.

그런데 나치의 『수권법』은 적어도 의회의 표결을 통해 법안이 통과됨으로써 제정되는 형식적 절차를 거친 법이었다. 반면 『국가재건비상조치법』은 군부가 임의로 만든 영에 지나지 않는다. 군부가 의회를 해산하여 법률 제정을 위한 절차 진행이 불가능한 상황을 만들어놓은 후의 일이었다. 더구나 이 당시 군부는 1961년 헌법을 건드리지 않고 그대로 유지하고 있었다.

어떻게 보더라도 『국가재건비상조치법』은 헌정질서 자체를 무력화한 위력시위였다. 헌법은 그대로 둔 채, 의회에 의한 법률 제정이라는 헌법이 정한 절차는 무시한 만행이었다. 나치가 『수권법』을 제정할 때조차 형식적으로 의회의 권위를 빌렸던 것과 달리 박정희 군부는 법적 절차 따위는 염두에 두지 않았던 것이다. 박정희 군부와 나치 중 누가 더 나은가를 따지는 일은 부질없는 일이지만, 박정희 군부의 행태는 이렇게나 앞뒤가 없는 것이었다.

국가권력 일체를 장악한 군부는 6월 12일, 『사회단체 등록에 관한 법률』을 제정하여 구호단체, 학술단체, 종교단체 외에 국가재건최고회의에서 허가하는 단체를 별도로 규정하였다. 국가재건최고회의의 허가를 받아 활동할 수 있는 단체는 (i) 반공정신을 선양, 계몽하는 것을 목적으로 하는 단체, (ii) 신생활과 국민도의 앙양을 목적으로 하는 단체, (iii) 국제적 유대를 가진 민간외교단체, (iv) 혁명과업수행에 필요하다고 인정되는 단체이다(법 제2조 제5항 각호).

이 규정들을 혁명공약에 대조하면 군부가 쿠데타 초기부터 집권을 위한 구체적 시나리오를 가지고 있었음을 확인할 수 있다. 군부는 스스로의 집권을 위해 군부 이외의 정치세력을 초기화(reset)하고, 그 빈자리를 어용으로 채워 넣었다. 『사회단체 등록에 관한 법률』의 허가 가능한 단체의 기준은 혁명공약의 각 구호들과 정확하게 일치한다. 다시 말해 군부의 권력의지에 부응할 수 있는 조직들만을 공인된 단체로 인정하고 이들의 호위를 바탕으로 여론을 장악하는 수순을 법률로써 공인한 것이다.

군부는 쿠데타와 동시에 발표한 혁명공약을 통해 자신들의 집권과 통치가 '혁명과업'을 달성하기 위해 일시적으로 필요한 조치일 뿐이며, 따라서 혁명과업이 완수되면 민정에 권력을 이양하겠다고 선언했다. 이와 관련하여 1961년 8월 12일 박정희가 발표한 '8·12 성명'은 혁명과업 완수와 민정 이양 공약의 구체적 이행에 관한 사항을 분명히 하였다. 8·12 성명의 핵심은 1963년 3월 이전에 새로운 헌법을 만들고, 그 헌법에 따라 5월에 총선을 실시한 후 여름 중에 민정이양을 단행하겠다는 것이었다.*

그런데 이 성명에는 헌법으로 구성될 국가기관의 형태에 관한 구상이 포함되어 있었다. 이에 따르면 군부가 구상하는 정부형태는 대통령제였고, 국회는 단원제였다. 또한 성명에는 부패 정치인의 정계진출을 막기 위한 입법조치를 하겠다는 의지도 포함되어 있었다. 이러한 구조는 4·19 혁명으로 탄생했던 직전 정부의 구성을 완전히 뒤집는 것이었다. 쿠데타 이전의 국가기구 구성은 국회는 양원제였고, 정부형태는 의원내각제였다. 이 성명의 행간을 통해 군부가 국가기구의 구성은 물론 그 인적 구성에 이르기까지 이전 정부의 어떠한 유산도 남기지 않겠다는 의지를 가지고 있었음을 알 수 있다.

8·12 성명에서 밝힌 구상은 곧장 구체적인 기획으로 이어졌다. 군부의 주요 인사들과 법률 전문가들로 구성된 소위 '정책연구실'

---

* 소위 '8·12 성명'의 구체적 내용과 의미에 대해서는, 조동은, 「1962년 헌법제정론과 헌법개정론의 논쟁에 대한 연구」, 전북대학교 법학연구소 법학연구 통권 제49집, 2016, 63쪽 이하.

의 집권시나리오 수립이 그것이다. 김종필이 주동이 되어 언론계와 학계의 주요 인사들로 구성한 정책연구실은 군부 인사들이 주축이 되는 정당조직을 사전에 결성하고, 국가체계를 구성할 수 있는 기본적인 법률들을 정비하는 두 가지 방향의 작업을 수행했다. 이 과정에서 『정치활동정화법』, 헌법, 『정당법』, 『선거법』 등 이후 군부 집권에 필요한 각 법률의 초안이 작성되었다. 또한 군부세력의 민정참여가 외형적으로나마 민주적 정당성을 확보하기 위한 방안으로 정당 창당의 방향과 절차 등을 기획한 '8·15 계획서'를 기안하였다.*

8·15 계획서의 핵심은 ① 군인들이 혁명과업을 계속하기 위해서는 예편한 뒤 대통령과 국회의원 선거에 출마하여 승리한 후 군정 이후에도 정권을 장악해야 한다. ② 선거에 국민의 지지를 얻어 승리하기 위해서 군인들이 참여할 정당을 만들어야 한다. ③ 정당의 창당을 위해 때 묻지 않은 민간인들의 협조가 필요하다. ④ 구정치인들의 도전을 물리칠 방법을 강구해야 한다. ⑤ 이러한 목표를 달성하기 위해 새 헌법과 선거제도를 고안해야 한다는 것이었다.**

이처럼 군부는 쿠데타 초기부터 자신들의 집권을 위한 일련의

---

*　한국정신문화연구원 편, 『내가 겪은 민주와 독재』, 2001, 337-340쪽(강성원 편). 다만, 이 진술에 등장하는 '8·15 계획서'는 공화당 창당 직전 군부의 내분 중에 소실되었다고 한다.

**　이완범, 「박정희 군사정부 '5차헌법개정' 과정의 권력구조 논의와 그 성격: 집권을 위한 '강력한 대통령제' 도입」, 『한국정치학회보』 34집 2호, 2000, 177쪽.

제도정비를 집요하게 추진했다. 집권 의지를 명확히 한 박정희가 8·12 성명에서 밝힌 기본적인 구상은 이후 그 내용을 현실화하는 각종 법률의 제정으로 이어졌다. 쿠데타 다음 해인 1962년, 군부는『정치활동정화법』을 필두로 이후 집권의 향방을 좌우할 법률들의 개정과 제정, 즉 헌법 개정과『정당법』제정 등의 작업을 수행했다. 바야흐로 '1962년 체제'의 시작이었다. 그리고 이 1962년 체제는 한국 지방자치와 지역정치를 수십 년간 공백으로 만들어 버리는 장치가 된다.

전야
풀뿌리 민주주의의 전면 폐지

우리의 헌정사(憲定史)를 살펴보면 지방자치는 제헌헌법에서 명문으로 규정된 이래 현행 헌법에 이르기까지 9차에 걸친 개헌 과정에서 단 한 번도 삭제된 적이 없다. 지방자치의 핵심이 지역민의 자주적이고 자발적인 정치에 있음을 상기할 때, 정부수립 이후 지금까지 우리의 헌법체계는 원칙적으로 지역정치를 보장해왔음을 알 수 있다.

하지만 우리의 지역정치는 오랜 기간 침잠해 있었다. 한국 지역정치의 굴곡된 역사의 연원은 해방 직후 전국에서 우후죽순처럼 솟아났던 인민위원회로 거슬러 올라갈 수 있다. 인민위원회는 새로운 국가건설이라는 시대적 과제를 주체적이고 자율적인 자치를 통해 완수하고자 하는 근대 시민적 의지의 소산이었다. 그러나 미군정이 시작되면서 사회주의 세력으로 몰린 인민위원회는 짧은 시간 안에 일소되었다. 인민의 자발적인 자치조직이 시대적 격동의 파고를 견디지 못한 채 이념 대립의 제물로 산화했던 것이다.

제헌과 함께 출발한 이승만 정부에서 지방자치는 제도적 기초를 갖추기 시작했다. 제헌헌법에는 지방자치를 규정하고 법률로 그 근간을 마련하도록 했다(제헌헌법 제96조 및 97조). 이에 따라 1949년『지방자치법』이 제정되었다. 새 법에는 일제 강점기였던 1917년과 1930년 도입된 읍·면 단위 기초행정체계가 계승되었다. 이 법에 따르면 각 도에는 군을, 서울특별시 및 인구 50만 이상의 시에는 구를 두고(법 제145조) 기초지방자치단체는 시·읍·면이, 동과 리가 그 하부행정구역으로 구획되었다.

제정『지방자치법』에는 읍·면에 자치사무를 관장할 자치단체를 구성하는 동시에 읍·면 단위에 의회를 두도록 규정하고 있었다. 읍 의회의원은 인구 3만 명 미만인 때에는 15인을 기본으로 하여 인구가 3천 명이 넘을 때마다 1명씩 추가하도록 규정하였다. 면 의회는 인구 5천 명 미만인 때에는 10인의 의원을 두되, 인구 5천 명 이상 1만 명 미만일 때에는 1천 명당 1명, 1만 명 이상일 때에는 인구 2천 명당 1명을 추가하여 의원의 정수를 정하도록 규정하였다(이상 법 제13조).

특히 제정『지방자치법』은 시·읍·면장을 각 지방의회에서 무기명 투표로 선출하도록 규정하였다(법 제98조). 제헌헌법이 대통령과 부통령을 국회의원의 투표로 선출하였기에(제헌헌법 제53조) 이를 그대로 법률에 반영한 것이다. 흥미로운 점은 같은 조에서 도지사와 서울특별시장을 대통령이 임명하도록 규정하고 있다는 것이다. 광역지방자치단체의 장은 대통령이 임명하고 있음에도 시·읍·면장은 주민이 선거를 통해 구성한 의회에서 선출하도록 한 것은 지방자치에 대한 의지가 해방 직후의 혼란기에도 매우 강했음을 보여주는 것이라 여겨진다.

한편 기초지방자치단체인 시·읍·면에는 하부 행정구역으로 동·리를 두도록 했다. 동과 리에는 따로 회의체를 구성하는 규정을 두지는 않았다. 그러면서 독특하게도 2년 임기의 동장과 리장은 동·리 주민의 직접선거로 선출하도록 규정하고 있었다(법 제146조). 읍의 인구 기준이 2만 명 이상이었으므로(법 제5조 제1항) 면 단위 이하 동·리는 각 주민이 몇십, 몇백 명에서부터 많아도 1천 명 안팎인 규모로 본다면 말 그대로 풀뿌리 정치가 이루어지는 공간이 동·리였다고 할 수 있다.

이렇게 법적인 기초를 갖추었지만 1950년 6·25의 발발로 인해 지방자치의 본격적인 출범은 미루어지게 되었다. 그나마 전란이 한창이었던 1952년부터 읍·면 자치를 시행했으나 과도한 중앙정부 개입 등의 이유로 표류하다가 1961년 군부의 쿠데타로 인해 중단되기에 이르렀다. 정권을 찬탈한 군부는 국정 전반의 민주적 작동구조를 정지시키는 작업을 진행했고, 여기에는 지방자치의 전면적인 중단이 포함되어 있었다.

집권을 위한 정치적 기반을 만드는 과정에서 군부는 지방자치의 근본적인 틀 자체를 바꿔버렸다. 지방자치와 관련하여 군부는 9월 1일 『지방자치에 관한 임시조치법』을 제정하였다. 이 법은 지방자치의 기초단위를 시와 군으로 확대하였다. 따라서 기존 읍·면 단위는 군의 하부행정구역으로 전환되었다(법 제2조). 동시에 각 단위 의회의 선출에 의하던 읍·면장을 군수가 임명하는 것으로 하고, 주민의 직선으로 선출하던 동·리장은 읍·면장 또는 구청장이 임명하도록 규정하였다(법 제9조).

그런데 이『지방자치에 관한 임시조치법』은 당시 시행되고 있었던『지방자치법』을 그대로 존치한 상태에서 제정되고 시행되었다. 임시조치법은『지방자치법』과 충돌할 경우 이 법이 우위에 있음을 명문으로 규정함으로써(법 제11조) 군부의 강제력 행사를 합법화했다. 이러한 구조는『국가재건비상조치법』이 헌법보다 우위에 있음을 규정한 것과 비슷한 구조이다. 그렇다면『지방자치법』이 현존하고 있는 상황에서『지방자치에 관한 임시조치법』으로 행정구역 변경을 강행하고 각급 단체장을 임명직으로 전환한 이유는 무엇이었을까?

애초『지방자치법』의 구조에 대해서는 지방자치가 시작됐던 1952년부터 많은 비판이 제기되고 있었다. 당시 상황에 대한 연구에 따르면, 특히 읍 · 면 인구의 큰 편차로 인한 균형적 지방자치의 곤란, 여기에 행정능력과 재정자립의 취약성, 이로 인한 지방행정 사무의 능률과 효과가 저하된다는 점이 가장 큰 비판 지점이었다. 지방자치단체의 사무도 원래 지방자치의 취지에 부합하기보다는 국가사무의 처리를 대행하는 수준에 그쳤고, 재정에 있어서도 국가에 대한 의존도가 커서 자체적인 주민복리사업은 할 수 없는 상황에 처해 있었다. 게다가 읍 · 면 단위에서 치러지는 자치의회의원 선거와 단체장 선거에서 발생한 여러 잡음이 지방자치에 대한 회의를 일으키기도 했다.

이러한 문제에 대하여 기초지방자치단체의 범위와 규모를 변경하는 것을 중심으로 하는 대안이 제시되고 있었다. 읍 · 면 통폐합을 통한 대 읍 · 면 단위 구성이라든가, 동 · 리 통폐합 이후 기초자치단체를 동·리로 전환한다는 등의 안이 있었다. 이 가운데는 일제 강점기에 구획된 행정구역이 아니라 조선시대 군현 구역을 복원한 새로운 행정구역을 설정하자는 안도 있었다. 이들 안 중의 하나는 『지방자치법』상 규정되어 있는 군에 법인격을 부여하면서 이를 기초자치단체로 하고 읍·면·동·리를 그 하부 행정구역으로 존치하자는 안이었다.[*]

사실 따지고 보면, 해방 직후의 사회 혼란과 6·25 전쟁의 와중에 지방자치가 시행된 만큼 이러한 혼란은 어쩌면 어쩔 수 없는 것이기도 했다. 기존 읍·면 단위 자치가 여러 측면에서 비효율적인 한계를 노정한 바도 있어 이에 대한 대안이 필요한 것은 분명했다. 그런데 박정희 군부는 가장 급진적인 안이라고 평가되었던 군을 기초자치단체로 하는 안을 채택하였고, 그 내용을 기준으로 『지방자치에 관한 임시조치법』을 강행했다. 군사정부의 입장에서는 중앙집중적 관리통제의 효율성이 제고될 수 있는 방식이 필요했고, 그러한 배경에서 시·군 단위 자치를 획정했던 것이다.

군부는 풀뿌리 민주주의의 중요한 기관인 자치의회를 해산했다. 그리고 풀뿌리라고 하기엔 과도하게 큰 규모인 군으로 기초자치단체를 확장했다. 동시에 국가와 광역자치단체와 기초자치단체를 명령 하달이 용이한 수직구조로 편재해버렸다. 게다가 자치단체장을 모두 상급 기관장에 의한 임명직으로 바꿨다. 이로써 실질

---

[*] 이상의 내용에 대해서는, 이기우·조성호, 「풀뿌리자치를 위한 읍·면자치의 도입 방안」, 『GRI연구논총』 2021년 제23권 제4호, 2021, 299-300쪽.

적으로 지방자치는 와해되었다. 자치단체의 각 기관을 구성하던 주민의 자발적이고 주체적인 참여과정을 전부 없애버림에 따라 지역정치는 고사당하고 말았다.

『지방자치에 관한 임시조치법』은 그 목적을 혁명과업의 조속한 성취를 위한 것임을 분명하게 밝히고 있다(법 제1조). 비록 지방자치행정의 건전한 토대를 마련하고자 한다는 부연을 하고 있지만, 이들에게 지방자치는 오로지 지휘계통에 따라 움직이는 효율적인 행정에 불과했으며, 이러한 효율성을 저해하는 풀뿌리 민주주의와 지역정치는 혁명과업 성취의 방해물일 뿐이었다. 풀뿌리 자치가 시민을 길러내는 시민학교임을 감안하면, 민주적 정당성을 결여한 쿠데타세력이 집권을 도모하기 위해서는 풀뿌리 정치라는 시민학교를 폐쇄하고 "민주주의적 구원(救援)"*을 배제해야 한다는 점을 군부는 명확히 알고 있었다고 봐야 할 것이다.

---

* 　이기우 · 조성호, 앞의 논문, 316쪽.

출발
『정치활동정화법』

　　　　군부는 말 그대로 주변 정리를 위한 법 절차를 마련했다. 대대적인 정치인 물갈이를 추진하는 데 필요한 법률을 준비하고 있었다. 부패한 구정치인의 정계진출을 방지한다는 명목으로 마련된 입법조치였다.

　1962년 3월 16일, 국가재건최고회의는 두 가지 중요한 법률을 내놓았다. 하나는 최고회의에 정치활동의 규제에 관한 입법권한을 부여한 『국가재건비상조치법』 제22조 제3항의 신설이었다. 다른 하나는 바로 이 비상조치법 신설 규정에 따라 『정치활동정화법』을 제정하고 시행하는 것이었다. 이 두 법률의 주요 규정은 다음과 같다.

『국가재건비상조치법』

[시행 1962.3.16.] [국가재건최고회의령 제0호, 1962.3.16. 일부개정]

제22조 (특별법, 혁명재판소와 혁명검찰부) ③국가재건최고회의는 정치활동을 정화하고 참신한 정치도의를 확립하기 위하여 5·16 군사

혁명 이전 또는 이후에 특정한 지위에 있었거나 특정한 행위를
한 자의 정치적 행동을 일정한 기간 제한하는 특별법을 제정할
수 있다. <신설 1962. 3. 16.>

『정치활동정화법』

[시행 1962. 3. 16.] [법률 제1032호, 1962. 3. 16. 제정]

제1조　(목적) 본 법은『국가재건비상조치법』 제22조 제3항의 규정에
의하여 정치활동을 정화하고 참신한 정치도의를 확립함을 목적
으로 한다.

『국가재건비상조치법』을 개정하면서 제정 당시에 없었던 제22
조 제3항을 신설한 이유는『정치활동정화법』을 제정하기 위한 근
거를 마련하기 위해서였다. 군부가 정권을 장악하기 위해서는 장
래 진행될 정치 일정에 군부의 인물 또는 군부에 동조하는 인물이
부각될 수 있어야 했다. 동시에 군부의 집권에 방해가 될 수 있는
정치세력이 등장하지 않도록 최대한의 조치를 취할 필요가 있었
다. 이를 위해 제정한 법이『정치활동정화법』이었으며, 이러한 특
별법을 제정하기 위한 근거가『국가재건비상조치법』의 신설 규정
이었던 것이다.

『정치활동정화법』은 우선 정치활동의 정의를 규정하였다. 이 법
에서 정치활동이라고 함은 주로 정당의 조직과 그 활동에 참여,
공직선거 후보자가 되거나 선거운동을 하는 행위, 정치적 집회를

주최하거나 발언하는 일, 그 외 정당이나 정치단체 및 정치인을 후원하거나 방해하는 일을 말한다(법 제2조). 그리고 이러한 정치활동을 하고자 하는 사람 중 이 법에 규정된 특정한 기준에 적용되는 사람은 반드시 정치정화위원회의 적격심판을 거쳐야 했다(법 제3조 제1항). 그런데 이 법률은 광범위한 적격심판 대상을 규정하면서 이 대상에 군부가 말했던 '부패한 구정치인'이라고 볼 수 없는 사람들까지 포함하고 있었다.

정화 대상에는 우선 군부 이전의 정부에서 활동하던 '구정치인'이 올랐다. 이제는 해산된 전 국회의 의원들은 당연하고(법 제3조 제1항 제3호), 전 정부의 국무총리와 국무위원 및 외교관 등 주요 공직자들이 대상이 되었다(동 제4호). 여기에 더해 민주당과 신민당의 주요 정치인과 간부(동 제5호 가목), 통일사회당 등 군소정당의 중앙조직과 지역조직의 관련자들이 포함되었다(동 제5호 나목). 한편 광역자치단체의 장과 광역의회의원 및 검경의 장까지도 『정치활동정화법』에 따른 적격심판 대상이었다(동 제6호 가목).

다음으로 '부패'의 범주에 들 수 있는 사람으로서는 3·15 부정선거 등에서 반민주적 행위를 하여 반민주행위자공민권제한법의 규제를 받던 인물들과(동 제1~2호) 부정축재처리법 대상자들이 포함되었다(동 제7호). 또한 이 각 규정에 해당되지 않더라도 이전 정부 기간 중 정치적 부패에 현저한 책임이 있다고 인정되는 사람을 대상에 올리고 있었다(동 제8호 전단).

그런데 이 법에 의해 정화 대상이 된 사람들에는 정치인이라고 하기에는 애매하고 부패와 직결된다고 하기에도 그 연관성이 직관적으로 납득되지 않는 부류가 있다. 먼저 이 법은 각종 사회단체나 학생단체의 구성원들도 적격심판의 대상으로 포함하고 있었다. 예를 들면, '전국피학살자유족회', '한국영세중립평화통일추진위원회', '전국학생련맹반민주악법반대투쟁위원회' 등의 단체들이 명시되어 있었던 것이다(동 제5호 나목). 이 규정에 적시된 단체들은 정치적 성격을 가진 단체로서 특히 이승만 정권의 입장과 배치되는 강령과 활동방향을 가지고 있었고, 장면 정부에서 활발한 활동을 하던 단체들이었다.

더불어 이 법은 당시 주요 공기업의 장을 역임한 사람들에게도 정치활동을 하고자 하면 적격심판을 받도록 규정하고 있었다. 해당 규정은 한국은행, 조폐공사, 대한문교서적주식회사, 대한조선공사, 농업협동조합중앙회 등 28개 공기업 명단을 구체적으로 열거하고 있다(동 제6호 나목). 공기업의 장은 정부와 밀접한 관계가 있고, 따라서 구정권의 영향이 있었기에 적격심판의 대상이 되었겠으나, 결국 이들 공기업은 향후 군부가 반드시 장악해야 할 대상이기도 했다.*

---

* 정치활동정화법 제3조 제1항의 5호와 6호는 다음과 같이 규정되어 있었다.
  5. 1960년 7월 1일부터 1961년 5월 15일까지의 기간 중 다음의 직위에 있었던 자
  가. 민주당의 대표최고위원, 최고위원, 총재, 중앙위원회의장, 부의장, 중앙당부간사장, 기획위원, 총무위원장, 조직위원장, 선전위원장, 선거대책위원장, 당기위원장, 정책위원장, 중앙위원, 중앙당부각부장, 서울특별시 및 도당부정부위원장, 핵심당부정부위원장 또는 이에 준하는 신민당의 간부직
  나. 통일사회당, 민족통일당, 삼민당, 영세중립화통일총련맹, 이주당, 창사당, 사회대중당, 사회당, 혁신당, 공화당, 한국독립당, 홍사단, 조국통일민족전선, 민주민족청년동맹, 로농당, 독립로농당, 민주혁신당, 통일민주청년동맹, 민족건

또한, 주목할 만한 사항은 이 법이 적격심판의 대상으로 "1961
년 5월 16일을 전후하여 혁명과업의 수행을 방해하였다고 인정되
는 자"를 규정하고 있다는 점이다(동 제8호 후단). 이 규정은 명백하
게 군부의 군정 및 향후 집권에 방해가 될 수 있는 사람의 정치활
동을 용인하지 않겠다는 의지를 표방한 것이었다. 정치활동을 하
고 싶으면 알아서 처신하라는 강력한 신호였고, 군부의 집권 과정
에 문제가 될 소지가 있는 사람을 최대한 추려내겠다는 경고였다.
  이 법의 핵심 문제는 반드시 받아야 할 적격심판 대상의 기준이
무엇이냐였다. 법 제3조 제1항의 제1호부터 제7호까지는 나름의
명확한 기준이 있었다. 각 규정에 해당하는 사람들은 전부 일정한
직위에 있었던 자 또는 법률의 저촉이 확인된 자였다. 그런데 제3

양회, 전국피학살자유족회, 혁신동지총련맹, 대한교원노동조합총연합회, 범혁
신동지회, 사회혁신당통합추진위원회, 민족통일연구회, 민족성개주련맹, 한국
영세중립화통일추진위원회, 악법반대전국학생투쟁위원회, 전국학생혁신련맹,
전국학생련맹반민주악법반대투쟁위원회, 민족자주통일중앙협의회, 평화통일
협의회, 평화통일옹호위원회, 민족통일련맹, 내외문제협의회, 전국민족자주통
일학생련맹의 중앙조직의 부장급이상(中央委員包含) 및 서울특별시 또는 도
조직의 정부책임자
6. 1960년 8월 20일부터 1961년 5월 15일까지의 기간 중 다음의 직위에 있었던 자
가. 서울특별시장, 도지사, 서울특별시 및 도의 의회의원, 특별재판소장, 특별검찰
   부장, 검찰총장, 내무부치안국장
나. 한국은행, 한국산업은행, 농업은행, 한국조폐공사, 대한문교서적주식회사, 대
   한해운공사, 대한조선공사, 조선기계제작소, 충주비료운영주식회사, 호남비
   료주식회사, 대한중공업공사, 대한철광주식회사, 대한석탄공사, 대한중석광업
   주식회사, 한국미곡창고주식회사, 한국운수주식회사, 삼성광업회사, 한국무
   진주식회사, 조선전업주식회사, 경성전기주식회사, 남선전기주식회사, 대한주
   택영단, 농업협동조합중앙회, 대한농지개발영단, 대한수리조합연합회, 대한산
   림조합연합회, 한국마사회 및 대한수산중앙회의 장

조 제1항 제8호에서 말하는 "1960년 2월 4일부터 1961년 5월 15일까지의 기간 중 정치적 부패에 현저한 책임이 있다고 인정되는 자"와 "1961년 5월 16일을 전후하여 혁명과업의 수행을 방해하였다고 인정되는 자"를 판별하는 기준은 법률의 규정만으로는 알 수가 없었다.

게다가 이 법에는 처분의 기준이 모호한 규정이 또 하나 들어 있었다. 법률상 심사 대상이 되는 사람들의 명단은 공개되는 것이었고, 명단을 공고한 후 15일 이내에 반드시 심사를 받아야만 했다(법 제3조 제1항). 만일 심사를 받지 않거나 적격판정을 받지 못하면 정치활동을 1968년까지 할 수 없도록 법률로 못을 박았기 때문에(법 제8조) 정치활동을 재개하고자 하는 사람은 울며 겨자 먹기로 심사를 받을 수밖에 없었다. 그런데 명단에 들어 있는 사람 중 적격심판을 청구하지 않았거나 심지어 청구는 했으나 적격판정이 나지 않은 사람일지라도 "혁명과업수행에 현저한 공헌이 있다"고 인정되면 정치활동을 허용하겠다는 규정이 존재했다(법 제9조).

이처럼 무엇이 "부패에 현저한 책임"인지 또는 어떻게 해야 "혁명과업의 수행을 방해"한 것인지도 모호하려니와, 뭐가 "현저한 공헌"인지를 법으로는 알 수 없었다. 결국 심판기구의 판단에 모든 것을 맡겨야 하는 상황이 벌어졌다. 이러한 판단을 위한 기구로 법률은 '정치정화위원회'를 두도록 규정하였다. 정치정화위원회는 국가재건최고회의의 의장이 임명하는 위원장 1인과 위원 6인으로 구성되는 기구였다. 그런데 정치정화위원회의 위원 전원은 국가재건최고회의의 최고위원들로 채워졌으며, 여기에 외부인사가 개입될 여지는 없었다(법 제4조 제2항). 군부의 입장이 관철될 수밖에 없는 조직이었던 것이다.

결국 이 법이 무엇을 목적으로 제정되었는지는 법률의 구조만으로도 충분히 인지할 수 있다. 이 법이 열거하고 있는 여러 적격심판 대상은 일종의 예시에 불과했다. 모든 적격심판 대상은 결국 '혁명과업'의 수행에 도움이 되고 군부의 집권에 기여할 수 있는지의 여부에 따라 적부심의 결과가 결정될 것이었다. 그리고 실제로 이후 이 법에 따라 진행된 적격심판의 결과는 우려했던 일들이 현실로 드러난 것에 불과했다.

법률 공포 후 국가재건최고회의는 심사대상자의 명단을 발표했다. 심사대상으로 공고된 사람이 무려 4,369명에 달했다. 이들 중 2,958명이 적격심판을 청구하였는데, 그 가운데 1,336명이 적격판정을 받았다. 적격여부를 판정할 기준도 불명확했던 데다가 이들이 적격으로 인정된 이유도 불명확했으며 어떤 기준이 적용되었는지조차 제대로 알려지지 않았다. 관련 연구에 따르면, 이때 해금된 대상자들은 주로 ① 군사정부에 지지와 협력을 약속한 구정치인 ② 반민주행위자공민권제한법 적용 대상자로서 자유당 정권과 관련 있는 자들이었다. 특히 두 번째 그룹에는 선거부정과 부패에 연루된 경찰, 반공청년단이 대거 포함되어 있었다고 한다. 다시 말해 군부의 향후 집권계획에서 역할을 할 수 있는 인적 자원들이 정치활동을 허가받았다는 것이다.*

---

* 김현주, 「5·16 군사정부의 『정치활동정화법』 제정과 운용」, 『대구문학』 제124호,

『정치활동정화법』은 다른 차원에서 군부의 집권계획을 성공하도록 만드는 효과를 발휘했다. 군부는『정치활동정화법』상 적격심판을 받도록 정한 기한 이후 세 차례에 걸쳐 최고회의 의장의 직권으로 심사대상자 거의 전부에 대해 전면적인 해금조치를 실행했다. 그중에서도 가장 대규모로 해금이 이루어진 것은 1963년 2월 27일 제3차 직권 해제조치였다. 이 조치를 통해 앞서 2차에 걸친 직권 해제조치 이후에도 남아 있던 대상자 중 일부 실정법 위반자를 제외한 2,322명이 정치활동을 보장받게 되었다. 그런데 이 조치가 이루어지기 하루 전인 1963년 2월 26일, 향후 박정희를 대통령 후보로 추대하는 민주공화당이 창당됐다.

결과적으로『정치활동정화법』은 공화당이 창당될 때까지 군부의 계획에 걸림돌이 될 수 있는 사람들의 발을 묶기 위한 장치로 역할했다. 본 법률의 제정과 시행은 소위 '8·15 계획서'에 따른 정당의 창당과 선거 준비과정의 일환이었다. 실질적으로 법이 있건 없건 군부는 자의적으로 주요 정치인들의 정치활동 시기를 조절하는 데 이 법을 활용했다. 그러면서 이승만 정권에 부역했던 전력이 있더라도 군부의 집권에 기여하고 충성을 다할 수 있는 자들을 포섭하기 위한 공식적인 창구로 이 법을 이용했던 것이다.

『정치활동정화법』은 군부의 집권전략이 성공할 수 있는 토대를 만드는 데 충분한 기여를 했다. 정치활동을 의욕하는 사람들 중 상당수를 군부에 동조하도록 유인했으며, 많은 정치인들이 군부

2016, 16-19쪽.

와 타협하지 않을 수 없는 분위기를 조성했다. 특히 이 과정에서 야권은 군부와 대치할 역량을 소실했다. 군부의 허락을 받아야 정치를 할 수 있는 상황에서 야성(野性)이 형성될 수 없었고, 따라서 조직적이고 실질적인 야당의 결성에 곤란을 겪을 수밖에 없었다. 이러한 정치적 상황은 그대로 대중들의 실망과 무관심으로 이어졌고, 그 틈에서 군부는 집권전략을 위한 다음 수순을 밟을 수 있었다. 바로 헌법의 개정과 『정당법』의 제정이었다.

기반
쿠데타 헌법(제5차 개헌)

박정희 군부가 기초한 1962년 헌법은 한국 헌정사에서 매우 독특하면서도 중요한 헌법이라고 할 수 있다. 크게 두 가지 측면에서 그 중요성을 파악할 수 있는데, 첫 번째 측면은 이 헌법이 제정헌법인지 개정헌법인지의 문제이고, 두 번째 측면은 이 헌법이 한국 헌정사에 미친 영향이 어느 정도인가 하는 것이다.

첫 번째 측면을 검토하자. 1962년 헌법은 명목상 제5차 개정헌법으로 지위가 부여되어 있다. 그러나 과연 이 헌법이 이전 헌정질서를 승계하는 성격의 것인지, 아니면 완전히 다른 국체를 형성하는 것인지에 대해선 1962년 당시부터 많은 논란이 있었다.

물론 헌법 이론상 헌법의 제정과 개정의 실질을 판단한다는 것은 면밀한 학문적 검토를 요하는 것이긴 하다. 하지만 단순화의 위험을 무릅쓰고 도식화하자면, 근본적으로 헌법이 국가의 실체를 선언한 규범이라고 할 때, 헌법을 만든다는 것, 즉 제헌은 새로운 나라를 만드는 것과 같은 의미가 된다. 반면 개헌은 새로운 나라를 만드는 데까지 가지 않고 기존의 국체를 그대로 이어가는 대신 현실의 변화에 맞춰 헌법의 일부를 손본다는 것을 의미한다.

1962년 헌법은 이러한 원리에 비추어 단지 구헌법의 개정이라고 볼 수 있는지 의문이다. 무엇보다도 헌법의 형성 과정이 이전 헌법이 정하고 있는 헌정질서 안에서 이루어진 것이 아니었다는 점에 문제가 있다. 헌법은 그 안에 헌법개정에 관한 일정한 절차를 규정하고 있다. 예를 들어 직전의 헌법인 1960년 헌법은 제98조에 헌법개정 절차를 규정하고 있었다. 이 규정에 따르면 대통령과 양원의 의원, 그리고 선거권자가 헌법개정안의 제안자가 될 수 있었고, 대통령의 개정안 공고, 양원의 투표에 의한 개정안 의결 등 절차를 규정하고 있었다. 그러나 1962년 헌법이 등장하는 과정에는 이러한 절차를 수행할 대통령이나 국회의원도 없었으며, 헌법안이 선거권자에 의해 제시된 것도 아니었다.

더욱 결정적인 것은, 이 헌법의 형성은 군부의 쿠데타로부터 출발하여 기존 헌정질서를 실질적으로 폐지한『국가재건비상조치법』하에서 국가재건최고회의라는 초법적 기구에 의해 추진된 것으로서, 국가의 권력 기구가 완전히 달라진 상황에서 이루어졌다는 점이다. 또한, 새 헌법은 민주공화국이라는 국체를 그대로 인정하고 있을 뿐 그 외 각 국가기구의 구성 일체를 이전 헌법과 달리한다는 점에서도 이를 헌법개정의 한계 내에서 이루어진 것이라 할 것인지 논란이 되었다. 이러한 사정을 감안할 때, 1962년 헌법의 성립은 비록 명목상으로는 헌법개정이라고 할지라도 실질적으로는 제정이었다고 볼 수 있을 것이다.

하지만 이러한 학술적 측면의 문제점보다 더 중요한 특수성은 이 헌법이 이후 한국 헌정질서에 끼친 영향이다. 1962년 헌법이 출현한 이래 우리 헌법은 4번의 개정을 겪었다. 그런데 1987년 6월 항쟁과 7·8·9 노동자 대투쟁을 거쳐 군사정권을 종식시키고 탄생한 현행 제9차 개정헌법에서조차 1962년 헌법에서 확립한 정치구조의 기본적인 틀이 그대로 유지되었다. 대통령 중심제와 대통령 직선제, 그리고 정당규정이 그것이다. 1972년 유신헌법(제7차 개헌)과 1980년 전두환 정권 헌법(제8차 개헌)은 대통령 간선제를 택했지만, 대통령 중심제와 정당규정이 바뀐 적은 없다. 이 틀은 이후 논의할『정당법』과 함께 정치구조의 1962년 체제를 장장 60년이 넘는 기간 동안 유지하는 기반이 되었다. 이 틀이 어떻게 형성되었는지를 좀 더 구체적으로 살펴보자.

1962년 7월 16일, 국가재건최고회의는 그 산하에 헌법심의위원회를 설치했다. 심의위원회는 9명의 심의위원과 헌법의 이론을 구성하고 헌법안을 기초할 21명의 전문위원으로 구성되었다. 심의위원회의 인적 구성을 살펴보면, 심의위원은 전원 국가재건최고회의의 간부로 채워졌다. 또한 헌법학자, 정치학자를 중심으로 꾸려진 전문위원 중 국가재건최고회의의 내각 구성원이 고문 등 직간접적으로 관련된 인사의 3분의 2 이상 위촉되었다. 인적구성만 보더라도 이 헌법심의위원회의 운영방향이 어디를 향할 것인지가 분명했다.*

헌법심의위원회는 헌법의 구조와 각 규정들을 구체적으로 성안

---

* 최호동, 「1962년 헌법상 정치제도의 형성과정에 관한 고찰」, 『공법연구』 제50집 제1호, 2021, 105쪽.

했다. 겉으로는 주요 의제에 대하여 공청회 등을 통해 여론을 수렴하고 이에 따라 헌법의 조문을 정비했지만, 실질적으로는 군부가 원하는 국가의 형태를 체계화하는 과정으로 진행되었다. 특히 정치제도 분야에서는 8·12 성명에서 제시된 정치구조의 골간(대통령 중심제, 단원제, 군부친화적 정치구조 안착)을 명료하게 만드는 작업이 추진되었다. 이미 3월부터 『정치활동정화법』을 시행함으로써 헌법개정논의가 시작되기 이전에 기존의 정치세력 및 군부의 집권 시나리오 가동에 방해가 될 수 있는 세력을 일체 배제해놓은 상태에서, 헌법심의위원회는 외부의 견제 없이 오로지 내부적 논의만으로 새로운 헌법의 틀을 구상할 수 있었다.

1962년 헌법의 특유한 점 중 하나는 제7조의 정당규정이다. 바로 이 규정이 1962년 체제의 근원이었다. 그런데 정당에 관한 규정이 헌법에 등장한 건 군부 쿠데타 헌법이 최초는 아니다. 직전 정부에서 이루어진 제3차 헌법개정(1960년 헌법)에도 정당규정이 삽입되어 있었다. 그렇다면 도대체 왜 1962년 헌법의 정당규정은 문제가 되는가?

애초 제헌헌법에는 정당에 대한 규정이 들어 있지 않았다. 헌법에 정당에 관한 별도의 규정을 두지 않는 대신 법률로 정당의 등록과 활동에 대한 규정을 두고 있을 뿐이었다. 이러한 헌법의 태도는 이승만 정부 내내 유지되었다. 그러다가 4·19 혁명을 통해 설립된 장면 정부에 들어와 헌법이 개정되면서 최초로 정당규정이 삽입되었다. 그 내용은 다음과 같다.

> **1960년 헌법(제3차 개정헌법)**
>
> 제13조 (제1항 생략) 정당은 법률의 정하는 바에 의하여 국가의 보호를 받는다. 단, 정당의 목적이나 활동이 헌법의 민주적 기본질서에 위배될 때에는 정부가 대통령의 승인을 얻어 소추하고 헌법재판소가 판결로써 그 정당의 해산을 명한다.

주목할 부분은 제3차 개헌헌법의 정당규정이 기본권의 장에 포함되어 있었다는 점이다. 즉 정당의 창당 및 그 활동의 보장은 언론·출판·집회·결사의 자유의 한 내용을 이루고 있었다. 정당의 설립과 그 활동의 자유를 집회·결사의 자유와 같은 위상으로 두고, 이를 국가가 보호하고 보장해야 할 기본권으로 확인한 것이다.

이러한 헌법개정의 배경에는 1958년 이승만 정권이 행정명령을 이용해 진보당을 해산시킨 것에 대한 반성이 있었다. 집권세력의 자의적인 권력 남용에 의해 합법적 정당이 공중분해 당한 사건은 사회에 큰 충격을 주었다. 정당의 설립 및 활동의 자유를 기본권으로 보장하는 헌법개정은 이러한 폐단의 재발을 막고자 함이었다.

그러나 군부는 이러한 틀을 왜곡하는 방향으로 헌법개정을 시도했다. 군부는 이전 헌법에서 기본권의 장에 있던 정당에 관한 규정을 총강의 장으로 위치 이동시켰다. 그러면서 내용에도 일부 수정을 가했다.

> **1962년 헌법(제5차 개정헌법)**
>
> 제7조 ① 정당의 설립은 자유이며, 복수정당제는 보장된다.
>
> ② 정당은 그 조직과 활동이 민주적이어야 하며, 국민의 정치적 의사형성에 참여하는데 필요한 조직을 가져야 한다.
>
> ③ 정당은 국가의 보호를 받는다. 다만, 정당의 목적이나 활동이 민주적 기본질서에 위배될 때에는 정부는 대법원에 그 해산을 제소할 수 있고, 정당은 대법원의 판결에 의하여 해산된다.

정당규정이 그 위치를 바꾼 데에는 중요한 함의가 있다. 우선, 기본권으로 창당의 자유, 정당활동의 자유를 규정하였을 때는 주권자인 국민의 자발적 조직으로서 정당의 성격을 인정하고 보장하려는 취지가 강하다. 반면 국체의 골격을 규정하는 총강의 일부에 정당이 포함됨에 따라 이제 정당은 주권자의 자발적 조직이기 이전에 국가의 기능 일부를 담당하는 국가기관의 성격을 갖추게 된다. 그리하여 기본권으로서 보장될 때와는 달리 정당의 조직과 활동양식이 정당 외적 요인에 따라 결정되고 제도적 강제성에 종속되었다.

규정의 내용상 1960년 헌법과 1962년 헌법에 큰 차이는 없는 것처럼 보인다. 더구나 군부의 헌법은 제1항에 정당설립의 자유와 복수정당제 보장을 천명하고 있어 더욱 명확하게 정당에게 자유를 보장하는 것처럼 보인다. 그러나 맹점은 제2항에 있다. "국민의 정치적 의사형성에 참여하는데 필요한 조직"을 정당의 표지로 설정한 것이다. 이로부터 일정한 조직적 형태가 존재하지 않으면 정당으로 볼 수 없다는 근거가 확보된다. 헌법이 정당은 구체적인 조직을 가져야 한다고 규정하였으므로 이제 그 내용은 법률에 의하여 명확하게 제시되어야 한다.

엄밀히 보면, 제1항과 제2항은 모순관계에 있다. 제1항이 정당 설립의 자유를 보장한다고 할 때, 그 자유에는 정당의 구성, 당 조직의 형식을 정당의 자유에 맡긴다는 의미가 있다. 복수정당제 역시 그러한 의미에서야 비로소 제 가치를 갖게 된다. 하지만 제2항이 등장하면서 제1항은 그 존재의의에 위협을 받게 된다. 헌법이 정당은 "국민의 정치적 의사형성에 필요한 조직"을 가져야 한다고 원칙을 정했으니 당연히 정당은 이에 따라야 한다. 결국 정당조직의 기본적 구성은 입법에 의해 결정되며 모든 정당이 이에 따라야만 한다. 법에 정한 조직형태를 부정하게 되는 순간, 해당 정당은 헌법의 원칙을 부정하는 정당이 된다.

헌법에 이런 모순이 발생한 이유는 군부가 관리에 효율적인 정당구조를 설계하면서 이에 정당성을 부여하기 위해 헌법의 규정을 마련했기 때문이다. 헌법의 원리를 담보하기 위해 법을 정비하는 것이 아니라 입맛에 맞는 법을 만들기 위해 헌법을 조립한 것이다. 이러한 정황은 헌법의 다른 규정과 헌법 성안 과정에서 이루어진 헌법심의위원회의 논의를 통해 확인할 수 있다.

1962년 헌법에는 국회의원(제36조 제3항)이나 대통령(제64조 제3항) 후보가 되려는 자는 "소속 정당의 추천을 받아야 한다"는 규정이 삽입되었다. 이 규정에 따르면 국회의원이나 대통령이 되고자 하는 사람은 무소속 출마가 불가능하며, 반드시 어떤 정당의 당원이어야만 했다. 그리고 그 정당은 마땅히 헌법의 규정에 부합하는 정당이고, 향후 제정될 『정당법』의 구성요건을 충족하는 정당이어야 했다.

그렇다면 굳이 헌법에 이런 규정을 둔 이유는 무엇일까? 선거제도와 관련하여 새로운 헌법이 관심을 집중시킨 사안은 바로 "입후보 난립"의 방지였다.* 그런데 당시 어떤 기준으로 '난립'의 여부를 판단할 수 있었는지에 대해선 확인할 수가 없다. 설령 '난립'이라고 할 정도로 수많은 사람이 입후보를 할지라도, 그것은 다만 선거관리의 곤란함이라는 행정상의 어려움을 야기할 뿐이다. 민주주의 사회에서 많은 사람이 선거에 뛰어드는 것이 과연 방지되어야 할 사안인지는 의문이다. 하지만 당시 이 사안은 꽤나 중요한 의제로 다루어졌다. 부정부패한 사람의 입후보를 방지하고, 후보의 난립을 막고, 당선된 의원의 부패를 방지하기 위한 제도적 장치의 마련은 '혁명정부'의 사명으로 부각되었다.

무엇보다도 헌법이 논의되고 있었던 시점까지 이전 정부에서 활동했던 기성 정치인들의 발목이 묶여 있었고, 이들의 정치활동을 허용할지 여부는 오로지 국가재건최고회의의 결정에 맡겨져 있었기에 공직후보의 정당소속 의무화는 군부의 집권전략을 위한 중요한 장치가 될 수 있었다. 더불어 헌법에 근거하여 정당을 규율

---

* 후보 난립의 방지를 무소속 출마 금지와 정당의 규제를 통해 구축하려 한 시도에 대해서는, 최호동, 앞의 논문, 116-118쪽.

하는 입법을 함으로써 정부에 의한 정당통제가 가능해지고, 정당의 통제를 통하여 입법부를 구속할 수 있는 수단을 확보하게 되었다. 결국 제5차 개정헌법의 정당 규정은 군부의 집권을 용이하게 하고, 집권 이후 안정적 권력유지를 도모할 수 있도록 하기 위한 의도로 만들어졌다는 비판을 피할 수 없다.

이처럼 헌법에 정당조직의 국가규율에 관한 근거를 마련한 군부는 당연하게 다음 수순으로 『정당법』을 제정하였다.

완성
『정당법』

　　정당의 등록과 관리에 관한 제도는 정부수립 이전부터
존재하고 있었다. 해방 직후 미군정은 군정법령 제55호로『정당에
관한 규칙』을 공포하였다. 이 규칙에 따라 정치활동을 목적으로
하는 단체는 정당으로 등록하여야 했다(규칙 제1조). 이때 '정치활
동'이라 함은 정부의 정책, 대외관계와 국민의 권리, 의무 등에 대
하여 통치와 관련하여 영향을 미치는 경향이 있는 활동이라고 정
의되었다(규칙 제1조 가항).

　동 규칙에 의한 정당등록의 조건은 매우 단출했다. 정치활동 목
적의 3인 이상 조직이면 정당등록이 가능했다(규칙 제1조 가항). 지
역에 대한 규제도 크지 않아 2개 도 이상에 걸쳐 활동하는 정당은
서울의 군정청 공무국에 직접 등록하도록 하였고, 1개 도에서만
활동하는 경우에는 각 도청에 등록토록 했다(규칙 제1조 나항). 즉
이 당시에는 전국단위로 활동하든 지역(도)단위로 활동하든 활동
지역의 범위에 제한을 따로 두지 않았다.

　미군정은 존재할 수 있는 모든 정치조직을 관리범위 안에 두고
자 했다. 이 규칙은 그 목적을 달성하는 데 적합한 간명하면서도

효과적인 도구였다. 실질적으로 미군정의 방침은 미군정의 필요와 목적에 부합하는 정당·조직·사회단체는 장려하고, 그렇지 않을 때는 폐지하는 것이었다. 이러한 방침은 좌익에 대한 탄압으로 현실화했는데, 그 명분은 규칙에 따른 정당등록을 하지 않았다는 것이었다.

반면 미군정의 관리체계를 벗어나지 않는다면 정당의 설립과 활동은 제법 자유로울 수 있었다. 관리차원에서도 동 규칙은 등록된 주된 소재지를 신고 없이 변경할 때 해산 조치하는(규칙 제2조 가항) 것 외에 별도의 해산규정을 두고 있지 않았다. 실질적으로는 미군정의 이해에 따라 선별적으로 정치조직에 대한 처우를 달리했지만, 형식적으로는 미군정 시기에 정당의 창당과 활동은 큰 제한을 받지 않았던 것으로 보인다.

이승만 정권은 집권 이후 정당에 관한 법을 제정하지 않은 채 미군정의 규칙을 그대로 계승하여 적용했다. 미군정의 규칙은 행정청의 권한만을 정한 절차규정에 불과하지만, 규칙의 간소함으로 인해 정당의 등록과 관리감독에 행정적 부담이 적었다. 또한 법률을 제정하는 과정에서 발생하는 국회의 통제를 피할 수도 있었다.

그러나 정당의 창당과 활동의 관리를 일개 행정청의 처분에 맡기는 것은 정치적으로 적절하지 않을 뿐만 아니라 위헌적이기까지 했다. 제2대 국회 시기였던 1952년 『정치운동에 관한 법률』이 제정된 것은 이러한 비판의 결과였다. 이 법은 정치적 격변기에 정당활동을 방해한 자를 처벌하는 한편(법 제10조), 정치에 관한 의사 발표를 강요한 공무원의 처벌(법 제9조) 등을 내용으로 했다.

하지만 이승만 정권은 이 법이 국회에서 통과되자 공포를 거부하는 한편,* 법률폐지안을 상정하기까지 했다. 이에 대해 의회는 공포도 되지 않고 시행도 되지 않은 법을 폐지하라는 정부의 폐지법률안을 위헌적이라 비판하면서 법률의 공포를 계속 요구했다.** 결국『정치운동에 관한 법률』은 이승만 정권이 물러날 때까지 끝내 시행되지 못했다. 국회는 국회법과 선거법 등 정치관계법의 개정 등을 통해 정당의 역할을 제도적으로 보장하기 위한 방안을 모

---

* 이승만은 법률의 흠결 내지 하자에 대한 언급 없이 "국가사회를 소란케 할 우려가 있다"는 이유로 이 법의 공포를 거부하였다. 전형철·함성득, 「한국 대통령의 법률안 거부권에 관한 연구: 영향요인을 중심으로」, 서울대학교 한국행정연구소, 『행정논총』 43권 4호, 2005, 73쪽.

** 『정치운동에 관한 법률』은 처음에는 '정치운동규제법(안)'이라는 제목으로 발의되었다. 법률안은 국회 본회의의 윤독과정에서 합의를 통해 동 법률 제목으로 변경되었다(국회회의록 제2대 제12회 제46차 국회본회의 속기록 제46호, 1952.4.16.). 당시 회의에서는 법률안의 2회독을 끝내고 자구수정을 법제사법위원회로 일임하기로 하였다. 그런데 회의 안건으로 동 법률의 폐지에 관한 긴급동의안이 상정되어 있었다. 이에 대하여 태완선 의원은 공포도 되지 않은 법률의 폐지안을 결의하는 것이 적절하지 않다고 지적하였다(같은 속기록, 17-19쪽.). 논의 끝에 동 폐지안은 다수결로 폐기되었다. 그러나 이후 정부는 지속적으로 법률폐지안을 제안했다. 국회가 4월 16일 회의를 거쳐 의결한 법률을 정부는 반려하였고, 국회가 다시 5월 30일 재의결하였으나 정부는 그 직후인 6월 18일 법률 폐지안을 제안했다(의안번호 020351, 제안일자 1953.6.18., 제안자 정부). 이에 대해 법제사법위원회는 6월 27일 폐지법안에 대하여 심사보고서를 제출했고, 6월 30일 제13차 본회의에서 폐지안은 반려되었다. 이때 법제사법위원회는 "법률의 폐지에 관한 법률안은 그 폐지의 목적으로 법률의 현실적 구속력을 제거함을 목적으로 하는 것인바, … 법률의 폐지에 관한 법률이 제안됨에는 그 폐지대상이 될 법률이 공포·시행되어 있음을 전제하나 이 법률안은 그 폐지대상이 될 법률이 없으므로 국회에 상정할 수 없으며"라고 하여 이를 반려한다고 보고하였다(법제사법위원회 심사보고서, 1953.6.27.). 이후에도 정부는 같은 내용의 폐지안을 여러 차례 제안하였으나 전부 국회의 회기불계속으로 폐기되었다.

색함으로써 이승만 정부에 대응했다.

4·19 혁명으로 이승만 정권이 물러나고 새로운 정부가 구성된 다음에 비로소 정당에 관한 법률이 제정되었다. 이 당시 정당에 관한 내용을 규정한 법률은 『신문 등 및 정당 등의 등록에 관한 법률』이었다. 1960년 헌법은 정당의 자유를 언론·출판·집회·결사의 자유와 같은 위상의 기본권으로 정하고 있었다. 『신문 등 및 정당 등의 등록에 관한 법률』은 이러한 헌법의 원칙에 따라 기본권을 구체화하기 위해 제정된 법률이었다. 이 법은 정당을 등록할 때에 서류에 기재되어야 할 명칭, 정강, 정책, 당헌 등 기본규칙, 사무소의 소재지, 대표자 등 간부의 주소와 성명, 조직연월일(법 제3조) 외 다른 조건을 부가하지 않았다. 즉 이 법은 정당의 조직구성, 형식, 활동지역 등에 대한 어떠한 제한도 설정하지 않고 있었다.

또한 국회는 정당에 관한 법률을 제정함과 동시에 이승만 정권이 승인하지 않고 버텼던 『정치운동에 관한 법률』을 제정, 시행했다. 이렇게 함으로써 헌법이 보호하는 기본권으로서 정당설립의 자유, 정당활동의 자유가 법으로 보장될 수 있었다.

그러나 정당이 헌법과 법에 의해 자유로이 보장되는 기간은 길지 않았다. 새롭게 만들어진 법률들은 제 이름도 알려지기 전에 군홧발에 짓밟혔다. 쿠데타를 일으킨 박정희 군부는 기존 정당 및 정치활동 관련 법률의 효력을 모두 정지시켰다. 군부는 집권 로드맵의 추진에 걸림돌이 될 수 있는 기존의 제도를 대체할 『정당법』의 제정을 구상하고 있었다. 군부는 계획된 절차에 따라 개헌을 통해 정당규제에 관한 헌법적 근거를 마련한 후 "국민의 정치적 의사형성에 참여하는 데 필요한 조직"의 구체적인 기준을 『정당법』에 규정하였다.

제정된『정당법』의 기본적 골격은 이미 군부가 제정하여 시행하고 있었던『사회단체 등록에 관한 법률』에 구현되어 있었다. 군부가 국가재건최고회의 포고 제6호로 모든 사회단체를 해산한 후 자신들의 관리체계 안에 사회단체들을 재조직하기 위해 만든『사회단체 등록에 관한 법률』은 사회단체의 등록절차(법 제3조), 등록심사(법 제4조), 주무장관의 등록증 교부(법 제5조)를 규정하였다. 조문이 그다지 많지 않고 그 내용 또한 매우 간명하지만, 국가재건최고회의의 승인을 얻어 등록을 하기 위해서는 매우 상세한 단체의 조직구성과 재정내역 등을 신고해야 했다.

구체적인 신고사항은『사회단체 등록에 관한 법률』제3조에 따르는 별표 제1호 서식인 사회단체등록신청서에 기재되어 있었다. 이 신청서는 (i) 단체의 명칭 (ii) 주소 (iii) 대표자의 주소, 성명, 연령 및 직업, (iv) 대표자 대리의 신상명세 (v) 창립연월일 (vi) 본부 및 지부의 각 회원수 (vii) 부속서류를 기재 또는 첨부하여 제출하도록 하였다. 신청서와 함께 제출하여야 할 부속서류는 재등록 관련 서류를 제외하고 모두 16개가 열거되어 있었다. 그 가운데에는 창립취지문, 회칙 또는 규약, 사업계획서와 같이 단체의 성격을 확인할 수 있는 서류는 물론, 간부들의 명단과 각 이력서, 호적등본 등 주요 구성원의 인적사항, 재산목록과 출연자 명단 등 세세한 재정내역까지 포함되어 있었다.

이처럼 세세한 내역을 모두 신고한 후에야 비로소 심사를 받을 수 있었고, 등록된 사회단체가 될 수 있었다. 이렇게 등록을 해서 활동을 하더라도 그 활동상황이 반국가적, 반민족적이거나 허위 신고를 했다고 판단되면 단체는 해산되었다(법 제6조). 『사회단체 등록에 관한 법률』이 가지고 있었던 단체의 등록과 심사, 등록을 위한 신고사항, 등록허가와 취소라는 기본적인 골격은 제정되는 『정당법』에 그대로 반영되었다.

이와 함께 군부는 『사회단체 등록에 관한 법률』보다 매우 까다로운 설립 기준을 『정당법』에 설정하였다. 우선 정당은 중앙당과 지구당으로 구성해야 했다(법 제3조 제1항). 중앙당은 반드시 수도에 두어야 하며(법 제3조 제1항) 국회의원 지역구 총수의 3분의 1 이상에 해당하는 숫자의 지구당을 두고 있어야 했다(법 제25조). 한편 지구당은 5개 이상의 시·도에 분산되어 있어야 하며(법 제26조) 각 지구당은 50인 이상의 당원이 있어야만 했다(법 제27조). 복수당적은 금지되며(법 제19조 제2항) 당원은 지구당이 있는 지역 안에 거주하고 있음을 증명해야 한다(법 제21조).

군부가 제정한 『정당법』에 의한 정당 등록의 요건은 직전 정부는 물론, 미군정이나 이승만 정권에서 규율했던 기준과 비교할 수 없을 정도로 강화된 것이었다. 가장 핵심적인 변화는 오로지 전국 정당의 창당만이 가능하다는 점이었다. 기존 군정법령 제55호나 『신문 등 및 정당 등의 등록에 관한 법률』은 사무소의 소재지를 신청서에 기재토록 했으나, 그 사무소가 반드시 서울에 있을 것을 강제하지 않았다. 또한 전국 각처에 일정한 지역 거점을 두고, 각 거점마다 일정한 규모의 구성원이 충원되어 있을 것을 요구하지도 않았다.

제정된 『정당법』은 전국적 조직망을 갖춘 일정한 규모의 정당으로서 중앙집권적 관리체계를 보유한 정당이 아니면 정당으로 인정해주지 않겠다는 취지를 분명하게 드러내 보였다. 더불어 정당의 창당과 활동에 강력한 규제를 가함으로써 군소정당의 난립을 막고 궁극적으로는 보수적 성향의 양당체제로 정당구조를 견인하는 효과를 노렸다. 이로써 정당은 사실상의 허가제로 정부의 통제에 놓이게 되었다.

1962년 『정당법』처럼 강력한 정당규제법은 지금도 그렇지만 제정 당시에도 독보적인 것이었다. 비교법적으로도 제정 『정당법』은 전례가 없는 형식이었다. 정치학자인 서복경의 연구에 따르면, 1962년 당시 군부가 『정당법』을 제정하는 과정에서 참조할 수 있는 유사한 법률을 가진 나라는 아르헨티나가 유일했다. 다시 말해 그때까지 아르헨티나를 제외한 세계 모든 국가가 별도로 『정당법』을 두지 않았었다는 것이다.

1949년에 『정당법』을 제정하고 1956년 개정하여 시행하고 있던 아르헨티나 『정당법』은 군부가 제정한 『정당법』과 유사한 구조를 가지고 있었다. 아르헨티나의 『정당법』이 1962년 제정된 군부 『정당법』의 모델인지는 확인되지 않았다. 하지만 엄격한 정당등록 요건과 사실상의 허가제 운용, 특히 일정한 당원 수의 충족이 승인 요건인 점 등에서 두 법제의 유사성이 보인다. 그럼에도, 중앙당의 설치, 중앙당 수도 소재, 지부와 당원의 최소 기준 등을 명확하게 한 규정 등을 검토하면 한국의 제정 『정당법』이 아르헨티나의 『정당법』보다 더 구체적이고 강력한 것이었음을 알 수 있다.*

박정희 군부는 2년 7개월의 국가재건최고회의 운영 기간 동안 집권의 기반을 조성하였다. 군부는 집요하면서도 체계적으로 집권에 이르는 경로를 순차적으로 설계하고 실행에 옮겼다. 군부는 쿠데타 성공 후 국회를 비롯한 각종 의회기구의 해산,『국가재건비상조치법』을 통한 입법·행정·사법의 장악,『지방자치에 관한 임시조치법』의 시행 등 조치를 통해 모든 민주적 사회구조의 작동을 정지시켰다. 이 일련의 조치들은 집권에 필요한 제도를 정비하기 위한 사회적 여건을 형성하는 과정이었다.

『정당법』을 화룡점정으로 하여 '1962년 정치체제'는 완성되었다.『정치활동정화법』-『(개정)헌법』-『정당법』의 경로로 형성된 이 흐름을 통해 군부는 두 가지 정치적 효과를 획책했다. 하나는 정적의 도전 자체가 근절된 상태에서의 기민하고 확실한 집권이었고, 다른 하나는 형식적으로나마 민주적인 절차를 통한 집권의 정당성 확보였다.

물론 법적 절차를 밟았다는 것으로 군부의 반민주적 반역행위 자체가 정당화될 수는 없다. 그러나 이들이 만들어놓은 법적 틀에 따라 이후의 정치적 일정이 진행됨으로써 대중들의 저항을 규범체제 안으로 어느 정도 돌려놓는 효과는 충분히 만들어낼 수 있었다. 1962년 체제에 맞춰 군부는 공화당을 창당했으며, 군복을 벗

---

* 서복경,「한국 정치결사 제한체제의 역사적 기원」,『동향과 전망』 90호, 한국사회과학연구회, 2014, 135-137쪽.

은 박정희가 공화당의 대통령 후보로 추대되었고, 민간인 신분으로 대통령에 당선되었다. 이 과정은 전부 유권자들이 참여하는 투표를 통해 진행되었다. 이 절차의 진행을 통해 군부가 민주적 정통성을 획득했던 것이다. 이로써 군부가 공언했던 '민정이양'이라는 '혁명공약'은 완수되었다.

　문제는 여기서 1962년 체제의 위력이 종료된 것이 아니라는 데에 있다. 1962년 체제는 이것이 구성된 당대는 물론이려니와 이후 지속적으로 그 위력을 과시했다. 박정희의 18년 통치 이후 다시 쿠데타를 일으킨 전두환의 신군부는 1962년 체제를 그대로 이어받았다. 1987년 제9차 개헌으로 현행 헌법 체제가 가동하기 전까지 장장 27년간의 군사독재가 이어지는 데에는 이 1962년 체제가 혁혁한 공헌을 했다.

효과
지역정치의 말살

1962년 체제의 악몽 중 하나는 지방자치와 지역정치를 고사시켰다는 점이다. 이 체제 아래서 지방자치와 지역정치는 중앙정부에 의해 완벽하게 통제되었고 통제의 강도는 갈수록 강해져 갔다. 1972년 유신헌법은 아예 지방의회를 '통일 이후'에나 구성하라고 못을 박았다(부칙 제10조). 전두환 헌법에서는 지자체의 재정자립도에 따라 지방의회를 순차구성한다고 규정했다(부칙 제10조). 당연한 듯이, 박정희 정권과 전두환 정권 내내 지방의회는 어느 한 곳도 성립하지 못했다. 이들 헌법의 규정은 풀뿌리 민주주의의 근간이 되는 지방의회를 인정하지 않겠다는 군부정권의 의지를 선언한 것에 불과했다.

군사독재정권은 사회의 저변에서부터 이루어지는 광범위한 민주주의의 학습과 실천이 자신의 권력을 위협하는 근간이 될 것임을 직시하고 있었기에 그 싹을 아예 잘라버리려 했던 것이다. 군사정권의 연장이었던 노태우 정권이 물러가고 나서야 본격적으로 지방자치 시대의 막이 열렸음을 상기해 보면 군부의 지방자치에 대한 우려가 얼마나 큰 것이었는지를 짐작해볼 수 있다.

6월 항쟁과 7·8·9 노동자 대투쟁을 통해 헌법이 개정되어 현행 헌정질서의 기틀이 마련되었다. 민주화의 진척에 걸맞은 형식과 내용으로 상당한 범위에서 헌법에 변화가 있었다. 그런데 현행 헌법에서도 정당에 관한 규정은 박정희 군부가 기초한 그대로 유지되고 있다. 조문의 번호만 바뀌었을 뿐 내용은 똑같은 것이다.

87년 헌법 개정 당시 이 규정의 문제에 대한 구체적이고 집중적인 논의는 없었던 것으로 보인다. 민주정의당, 통일민주당, 신한민주당, 한국국민당의 4개 주요 정당이 제출한 헌법 개정시안에서 정당규정을 어떻게 바꿔야 하는지에 대한 의견은 제시되지 않았다. 본격적인 여야의 개헌 협상 과정에서 민주정의당과 통일민주당 각 4명의 의원으로 구성된 '8인 정치회담'이 개헌안에 대한 논의를 했지만,* 이 논의 중에 정당규정에 대해선 위헌정당해산제도를 삭제할 것인지에 대한 논의만 있었을 뿐이었다.

이후 국회에 설치된 헌법개정특별위원회에서도 마찬가지로 정당규정에 대한 구체적 논의는 없었다. 오히려 민주화세력조차도 '정당난립으로 인한 정국의 혼란'을 우려하였으며, 궁극적으로 안정적 양당체제, 즉 정권의 교대가 가능한 보수연합체제를 지향했다. 이러한 발상은 처음 1962년 체제를 구상했던 군부의 아이디어

---

* 여당인 민주정의당에서는 권익현, 윤길중, 최영철, 이한동 의원, 야당에서는 김대중계에서 이용희, 이중재 의원, 김영삼계에서 박용만, 김동영 의원이 선임되었다. 이 8인 정치회담에서 논의된 주요 쟁점 중 정당규정 관련 내용은 위헌정당해산제도를 유지하느냐일 뿐이었고, 기타 정당 관련 규정에 대해선 논의가 없었던 것으로 보인다.

와 전혀 다를 바가 없는 것이었다.

『정당법』역시 박정희 군부가 만들어 놓은 구조를 지금까지 그대로 유지하고 있다. 지구당을 근간으로 하는 지역조직이 광역당부인 시도당으로 바뀐 것과, 지구당에 최소인원을 두던 규정이 각 시도당별 1천 명 이상의 당원을 두도록 개정되는 등 약간의 변주가 있을 뿐이다.

그 결과 여전히 웬만한 인적·물적 자원을 갖추지 못한 정치세력이 정당을 창당하기는 어렵다. 다양한 정당이 각종의 이해관계를 놓고 정치적 경쟁을 하는 다원적 민주주의의 양상은 이『정당법』체계에서는 성립될 수 없다. 더구나 일정 규모 이상의 조직을 갖춘 전국정당만을 허용하는 현행『정당법』에서는 지역정당이나 부문정당, 의제정당, 특히 지역거점을 별도로 두지 않는 온라인 정당은 합법적인 정당활동을 할 수 없다.

1962년 체제는 형식만 유지되는 것이 아니라 실질적으로도 그 소기의 목적을 달성하고 있다. 군부가 소망했던 미래는 기득권에 대한 도전이 거세된 안정된 양당체제 바로 그것이었다. 앞서 살펴본 제8회 지방선거의 결과는 바로 이 1962년 체제를 기획했던 이들이 구상했던 미래였다. 지방선거만이 아니다. 대통령 선거든 국회의원 선거든 다를 바가 없다. 대통령 선거에서는 당연한 듯 두 당 중의 한 당에서 당선자가 나온다. 21대 국회는 양당이 95%의 의석을 점유하고 있다. 한국의 정치에는 빨간색과 파란색 단 두 가지 색깔만 존재한다. 정치적 다양성은 존재하지 않으며, "그놈이 그놈"이라는 회의가 팽배해지면서 주권자들의 정치혐오는 심화된다.

　민주화가 일정하게 진척된 지금까지도 1962년 체제가 공고하게 유지될 수 있는 비결은 바로 이 1962년 체제가 현존하는 거대 양당의 기득권을 철저하게 지켜주고 있기 때문이다. 군사정권의 그림자로부터 자유롭지 못한 현 국민의힘은 물론이려니와 스스로 민주화 운동의 적자를 자처하는 더불어민주당조차도 1962년 체제의 시혜를 만끽하고 있다. 이들은 군사정권이 만들어놓은 적폐를 공유하는 공범으로서 자족한다.

　거대 양당의 담합으로 인해 "정당의 설립은 자유이며, 복수정당제는 보장된다"는 헌법의 선언은 공염불이 되고 만다. 『정당법』이라는 하위 법률이 법 위의 법인 헌법의 머리 꼭대기에 앉아 있는 위헌적 상황이 지속되고 있는 것이다. 지역정당을 꿈도 꾸지 못하게 함으로써 지역정치를 말살하면서 말이다.

제5장

지역정당을
가로막는
『정당법』의 문제점

1962년 체제의 연속을 보장하는 법률이 『정당법』이다. 현행 『정당법』은 박정희 쿠데타 세력이 기획한 초기의 틀을 거의 원형 그대로 유지하고 있을 뿐만 아니라, 불순했던 제정의 의도를 여전히 살아 있게 만들어주고 있다. 이것은 1962년 체제를 구성했던 다른 법률이 폐지되거나 헌법 규정의 성격이 변화된 것과 전혀 다른 양상이다.

　1962년 체제의 시발점이었던 『정치활동정화법』은 2008년 말이 되어서야 비로소 폐지되었다. 하지만 이 법은 박정희 정권이 출범한 직후부터 사실상의 효력을 상실했다. 법의 기능이 박정희 정권의 시작과 동시에 불필요해졌기 때문이다. 민주화가 진행된 이후에도 무려 20년 동안 법이 존속된 것은 국회의 게으름 때문이겠지만, 이 법은 이제 1962년 체제의 유지와는 아무런 상관이 없는 역사가 되었다.

　헌법의 정당 규정은 그 구조와 형식이 그대로 남아 있기는 하다. 하지만 1987년 제9차 헌법개정 이후 수차례에 걸쳐 헌법재판소 등에 의해 민주주의적 원칙에 입각한 유권해석이 제법 이루어진 바가 있다. 이 과정을 거치면서 이론상으로는 물론이고 실질적으로도 군부가 기도했던 국가의 정당 통제기능은 대부분 부정되었다. 물론 2014년의 통합진보당 해산 과정에서 헌법의 해당 규정이 오도될 위험이 여전히 상존하고 있음이 확인되었지만,* 적어도 1962년 체제의 한 축으로서 설정되었던 위상은 거의 소멸했다고 보는 것이 적절할 것이다.

그러나 『정당법』만은 그 기본적인 성격과 구조가 전혀 변화하지 않은 채 시행되고 있다. 풀뿌리 민주주의를 고사시키고 지역정치를 황폐하게 만든 이 법체계가 그대로 유지된다는 것은 결국 풀뿌리 민주주의와 지역정치의 상태가 1962년에서 그다지 벗어나지 못하고 있음을 의미한다. 구체적으로 어떤 규정이 어떻게 지역정치의 발목을 잡고 있으며, 특히 지역정당의 설립을 원천적으로 봉쇄하고 있는지 확인해보자.

---

* 통합진보당의 이석기 의원이 참여한 수련회에서 나온 발언들을 빌미로 2013년 8월, '내란음모사건'이 제기되면서 이 의원 등 관련자들을 내란음모·선동 및 국가보안법상 반국가 단체 찬양 등 혐의로 기소하는 한편, 통합진보당에 대해서는 강령 목적이 헌법의 자유민주주의적 기본질서에 반하는 북한식 사회주의 추구를 내용으로 하고 있으며, 이 의원 등이 포함된 핵심세력인 혁명조직(소위 RO)이 북한의 대남혁명 전략에 따른 내란음모 활동을 전개했다는 취지로 정부에 의해 위헌정당심판 청구가 이루어졌고, 이 청구를 헌법재판소가 인용함으로써 (2014.12.19. 2013헌다1) 통합진보당이 해산되었다.

전국정당만을 전제한
독소조항

지역정당을 원천적으로 부정하는 현행『정당법』의 조문은 다음과 같다.

제3조(구성) 정당은 수도에 소재하는 중앙당과 특별시·광역시·도에 각각 소재하는 시·도당(이하 "시·도당"이라 한다)으로 구성한다.

제4조(성립) ① 정당은 중앙당이 중앙선거관리위원회에 등록함으로써 성립한다.

② 제1항의 등록에는 제17조(법정 시·도당 수) 및 제18조(시·도당의 법정당원 수)의 요건을 구비하여야 한다.

제9조(시·도당의 창당승인) 시·도당의 창당에는 중앙당 또는 그 창당준비위원회의 승인이 있어야 한다.

제17조(법정 시·도당수) 정당은 5 이상의 시·도당을 가져야 한다.

제18조(시·도당의 법정당원수) ① 시·도당은 1천인 이상의 당원을 가져야 한다.

이상의 조문을 검토하면 현행『정당법』은 오로지 전국정당의 설립만을 허용하고 있음을 알 수 있다. 정당은 반드시 일정한 규모를 충족하고 있어야만 한다. 특히 두 가지 조건의 하한을 만족해야 하는데, 하나는 5개 이상의 광역당부(시·도당)를 확보해야 한다는 것이며(법 제17조), 다른 하나는 각 광역당부마다 최소한 1천 명 이상의 당원을 가져야 한다는 것이다(법 제18조). 이 두 규정에 따르면, 적어도 정당이라고 하려면 총 5천 명 이상의 당원이 있어야 하며, 어느 한 지역에 당원이 몰려 있어서도 안 되고, 전국적으로 고루 분포되어 있어야만 한다.

게다가 정당으로 인정받기 위해서는 중앙당을 설치해야 한다. 더욱 강력한 규제는 중앙당은 반드시 수도, 즉 서울에 두어야만 한다는 규정이다(법 제3조). 중앙당의 등록신청이 있을 때 구비요건이 충족되었다고 확인되면 중앙선거관리위원회가 이를 수리함으로써 정당은 정식으로 등록되어 활동을 보장받는다. 요컨대 현행『정당법』에서 상정하는 정당의 구조는 수도에 있는 중앙당을 정점으로 각 광역당부가 배치되는 중앙집권적 지도체제가 되어야 하는 것이다.

현행『정당법』이 정하고 있는 이 구조는 전 세계적으로도 아주 독특한 것이다. 실제 많은 나라들이『정당법』을 제정하지 않고 있으며,『정당법』을 시행하고 있는 국가 중 우리와 유사한 형태의『정당법』을 가진 나라는 손에 꼽을 정도이다. 특히 OECD 당사국을 비롯해 안정된 대의제와 이를 뒷받침하는 정당정치를 추구하고 있는 선진 각국 중 이처럼 고도로 규제일변도인『정당법』을 가진 나라는 존재하지 않는다. 예를 들어 독일『정당법』은 정당의 구성에 관한 여러 규정을 두고 있으나, 등록에 관한 사항은 선거법에 의한다. 다만, 정당의 등록취소와 관련하여 정당이 연방선거 또는 주의회 선거에 6년 동안 참여하지 않으면 정당으로서 법적 지위를 상실한다고 규정하고 있을 뿐(법 제2조 제2항)이다.

OECD 국가의 느슨한 규제보다는 상대적으로 우리의 현행『정당법』과 유사한 수준의 강력한 규제를 정한『정당법』을 가지고 있는 나라들이 있다. 알제리, 우즈베키스탄, 우크라이나, 이라크, 카자흐스탄, 캄보디아, 케냐 등이다. 이들 각국의『정당법』은 당원의 수를 정해놓거나 지역조직의 숫자를 확보하도록 하는 규정이 있다. 그중에는 우리『정당법』과 유사하거나 더 강한 조건을 두는 국가도 있다. 예를 들어 이라크『정당법』은 2천 명 이상의 당원을 보유해야 한다고 규정하고(법 제11조), 우크라이나『정당법』은 자치구 3분의 2 이상 선거구에서 1만 명 이상의 선거권자를 당원으로 보유해야 한다는 규정이 있기도 하다(법 제10조).

그에 비해 중앙당의 수도 소재 규정은 비교법적으로 매우 희귀한 사례이다. 우리의『정당법』처럼 중앙당 또는 정당의 본부는 수도에 소재하고 있어야 한다는 것을『정당법』으로 규정한 나라는 튀르키예다. 튀르키예의『정당법』제8조는 정당의 본부는 수도인 앙카라(Ankara)에 있어야 한다고 규정하고 있다. 이 외의 국가 중 어느 국가의『정당법』에도 중앙당을 수도에 설치해야 한다는 규정은 현재까지 확인하기 어렵다. 정당의 지역적 소재지를 한정하는 규정을 둔 경우로는 카자흐스탄『정당법』있다. 그러나 이『정당법』에서 역시 정당의 조직은 카자흐스탄 공화국의 영토 안에 있어야 한다는 규정을 두고 있을 뿐(법 제5조), 중앙당을 수도인 아스타나(Астана)에 두도록 규정하고 있지는 않다.

이처럼 비교법적으로도 전례를 찾기 힘든 강력한 등록요건, 즉 중앙당은 반드시 수도에 두어야만 하며, 일정한 지역조직과 일정한 당원을 확보해야 한다는 현행 『정당법』의 구조는 1962년 『정당법』이 제정될 당시 이미 구축되어 있었다. 이들 각 규정은 시기별로 조금씩 내용이 바뀌긴 했지만, 군부 집권기는 물론이려니와 민주화 이후 오늘날에 이르기까지 기본적 골격을 바꾼 적이 없다. 1962년 이후 『정당법』의 주요 개정과정에서 문제의 각 규정이 어떻게 변천했는지를 살펴보면 다음 페이지 표와 같다.

1962년 제정 『정당법』은 군부의 안정적 집권을 도모하고 장기적으로 정당의 난립을 막아 양당제를 구현하기 위한 목적으로 만들어졌다는 것은 앞에서 살핀 바와 같다. 1987년 현행 헌법이 등장한 이후에도 여전히 『정당법』의 구조에 변화가 없다는 것은 군부가 획책했던 목적의식이 지금도 그대로 유지되고 있음을 의미한다. 결과적으로 이러한 『정당법』 구조 속에서는 결코 지금의 전국정당과는 다른 형태의 정당, 예를 들어 지역정당과 같은 정당은 만들어질 수가 없다.

1962년 이후 『정당법』의 주요 개정사항

연도/조문	제3조 (구성)	제25조 (법정지구당 수)	제26조 (지구당의 분산)	제27조 (지구당 당원 수)
1962년 (제정)	① 수도에 중앙당/국회의원 지역구 단위 지구당 ② 서울, 부산, 각 도·시·군에 당지부	국회의원 지역구 총수의 3분의 1 이상	서울시, 부산시와 도 중 5 이상에 분산	50인 이상
1969년	위와 같음	국회의원 지역구 총수의 2분의 1 이상	위와 같음	100인 이상
1972년	수도에 중앙당과 국회의원 지역구 단위 지구당. 서울, 부산, 각 도·시·군에 당연락소	국회의원 지역구 총수의 3분의 1 이상	서울시, 부산시와 도 중 3 이상에 분산	50인 이상
1980년	위와 같음	국회의원 지역구 총수의 4분의 1 이상	① 서울시, 부산시와 도 중 5 이상에 분산 ② 1항 각 지역 지구당 수는 지구당 총수의 4분의 1 이하	30인 이상
1989년	수도에 중앙당과 국회의원 지역구 단위 지구당. 서울, 부산, 각 도에 당 지부/구, 시, 군, 읍, 면, 동에 당연락소	국회의원 지역구 총수의 5분의 1 이상	위와 같음	30인 이상
1993년	위와 같음	국회의원 지역구 총수의 10분의 1 이상	위와 같음	30인 이상
2004년	수도에 중앙당/광역시·도당	5 이상의 시·도당	(삭제)	시·도당은 1천인 이상의 당원
2005년	위와 같음	(제17조로 변경) 위와 같음	(해당 규정 없음)	(제18조로 변경) 위와 같음

정치 주체에 대한 차별적 처우

　　좀 더 구체적으로 지역정당과 관련한 『정당법』의 문제점을 짚어보자. 먼저, 문제가 되는 각 규정은 지역적 규모에 따라 정치 주체를 구별하여 지위를 달리 부여함으로써 차별적 효과를 유발하고 있다. '중앙당'을 '수도'에만 두도록 하는 규정은 수도, 즉 서울을 중앙으로 보고 다른 지역은 변방으로 배척하는 현재의 정치구조를 그대로 드러낸다. 서울이 정치적 자원을 빨아들임에 따라 지역을 중심으로 활동하는 정치세력의 주변화가 초래된다. 이 규정은 정치적 차원에서 서울과 서울 외의 지역을 차별하는 결과를 낳는다.

　　『지방자치법』 등 지방행정 관련 법제에 따를 때, 지역정당은 활동하게 될 지역의 규모에 따라 광역정당이나 기초정당 등의 형태로 설립될 수 있을 것이다. 서울시나 강원도 등 광역지방자치단체 규모의 지역적 활동공간을 가지는 정당은 광역정당, 각 시·군·구를 지역적 활동공간으로 한정하는 정당은 기초정당이라고 할 수 있다. 그런데 이러한 형태의 정당은 현행 『정당법』에 의한 등록 정당이 될 수 없다. 현행 『정당법』에 따르면 이런 형식의 지역정당은 애초에 만들 수가 없기 때문이다.

예를 들어, 경기도 양평군을 정치활동의 지역적 공간으로 설정한 기초정당을 창당하였다고 하자. 이 정당은 지방선거에서 양평군 기초의회의 의원 및 기초단체장인 양평군수 후보를 내고자 한다. 하지만 현행『공직선거법』은 등록정당만이 후보를 낼 수 있으며, 그렇지 않을 경우에는 무소속으로 출마할 수밖에 없다. 또한 무소속으로 출마할 경우 후보는 지지정당을 표방할 수도 없으며, 자기가 속한 정치조직의 후보가 될 수도 없다. 정당의 후보로써 출마하고자 할 때, 자신이 속한 정당은 중앙선거관리위원회에 등록된 정당이어야만 한다.

그러므로 양평군에서 활동하는 기초정당의 후보로 출마하고 싶다면, 후보가 속한 해당 정당은 등록절차를 밟아야 한다. 그러기 위해서는 비록 이 기초정당이 경기도 양평군에 한정된 정치활동을 한다고 하더라도『정당법』에 따라 중앙당을 서울에 두어야 하며 5개 이상의 광역자치단체마다 1천 명 이상의 당원을 가지고 있어야 한다. 이 조건을 충족하지 못함에 따라 양평군의 기초정당은 만들어질 수 없다. 하지만 경기도 양평군에서 정치활동을 할 뿐인데 왜 중앙당을 두어야 하며 광역당부를 5개씩이나 설치해야 하는가?

광역자치단체 단위를 활동영역으로 하는 지역정당을 만들 때도 마찬가지의 문제가 발생한다. 광역자치단위인 시·도별 인구의 규모는 매우 편차가 심하다. 예컨대 서울의 인구는 약 980만 명이며, 경기도는 1천 300만 명을 넘어선다. 이에 비해 경상북도는 270만 명이고 울산시는 110만 명 정도에 불과하다. 이러한 인구편차를 감안하여 각 광역자치단체 단위의 정당을 설립하는 데 필요한 당원의 수를 인구비례에 따라 달라지게 할 수도 있다.

예를 들어, 서울시에서 활동하는 당을 만들 때 1천 명 당원이 그 기준이라면, 인구비례에 맞춰 경기도에서 활동하는 당은 약 1,330명, 경상북도에서 활동하는 당은 280명, 울산시에서 활동하는 당은 120명 당원을 확보하도록 보정하는 것이다. 물론 이러한 인구비례 방식이 정치적으로 적절한지는 검토가 필요하다.

하지만 현행 『정당법』은 이러한 차이를 무시한 채 일률적으로 전국 단위의 광역 당부와 서울 소재 중앙당을 강요하면서 각 시·도당에는 1천 명 이상의 당원을 가지도록 하고 있다. 이것은 지역적 편차에 따라 다른 형태로 구성할 수 있는 다양한 지역 정치세력을 배척하는 것으로 지역 차별, 지역 주민 차별의 효과를 유발한다. 광역정당 역시 기초정당과 마찬가지로 기준을 충족하지 못하는 한 만들어질 수 없다.

보다시피 지역정당에 대한 논의는 모두 무용지물이다. 애초에 지역정당이 허용되지 않기 때문이다. 현행 『정당법』 각 규정의 기계적인 법 적용으로 인해 '국민'의 의사형성에 기여하는 전국정당은 전국단위 선거는 물론이려니와 지방선거에 이르기까지 모든 영역에서 피선거권을 보장받는다. 반면 일정한 지역 안에서 해당 지역의 '주민'들이 주체가 되어 지역적 사안을 중점적으로 다루고자 하는 지역정당은 피선거권은 고사하고 아예 창당 자체가 불허된다. 정치적 주체를 기계적으로 '국민'이냐 '주민'이냐로 갈라놓고 주민으로서의 정치적 기본권 행사는 막아버리는 차별적 처분을 하고 있는 것이다.

정당설립의 자유 및 공무담임권 침해

한편, 헌법 제8조 제1항은 다양한 정치세력이 정당을 설립할 자유를 보장하고 있다. 동시에 이 규정은 누구나 국가의 간섭을 받지 않고 자유롭게 정당 가입 및 탈퇴를 할 수 있도록 보장하며, 정당 안에서 정견에 따라 활동할 수 있는 자유를 동시에 보장하는 것이기도 하다. 즉 정당의 자유는 정당설립의 자유, 정당가입의 자유, 정당활동의 자유는 물론, 정당이 그 조직 형태 등을 자율적으로 선택할 자유를 내용으로 한다.

또한 헌법 제8조 제1항의 원칙은 헌법 제21조 제1항에 의하여 보장되는 정치적 표현의 자유 및 결사의 자유와 밀접한 관련이 있다. 즉, 정당을 통한 각종 정치활동은 정치적 표현 자유의 조직적 작동방식이다. 1962년 헌법 이래 정당규정이 헌법의 제1장 총강의 한 규정으로 자리 잡았지만, 바로 이런 의미에서 1961년 헌법에서는 결사 자유의 중요한 내용으로서 기본권으로 보장했던 것이다.

현행『정당법』은 헌법정신에 따라 제1조에 "정당이 국민의 정치적 의사 형성에 참여하는 데 필요한 조직을 확보하고 정당의 민주적인 조직과 활동을 보장함으로써 민주정치의 건전한 발전에 기여함"을 그 목적으로 정하고 있다. 이 목적에 따라『정당법』이 보호하고 그 조직과 활동을 보장하는 '정당'은 오직 전국정당에 한한다. 지역정당은 정당으로서 기능을 하더라도『정당법』의 규율대상에서 제외되는 것이다.

지역정당 역시 정당이므로 "국민의 이익을 위하여 책임 있는 정치적 주장이나 정책을 추진"하는 조직이며, 공직선거에 "후보자를 추천 또는 지지"하는 활동을 할 수 있다. 전국정당과 마찬가지로 "국민의 정치적 의사형성에 참여"하고, 이러한 모든 활동은 국민의 "자발적 조직"을 통해 이루어진다. 그런데『정당법』각 규정은 지역을 중심으로 하는 지역정당을 배척함으로써 헌법 제8조 제1항 및 제21조 제1항의 원리를 부정하고,『정당법』의 목적조차 부정하는 동시에『정당법』이 보장하고자 하는 정당설립 및 활동의 자유를 침해하고 있다.

정치적 자유의 침해와 밀접하게 연관해서 발생하는 문제가 있다. 정당을 통한 공직 출마와 직무수행에 제한을 받는다는 점이다. 즉 공무담임권의 침해다. 공직에 참여하고자 하면 반드시 전국적 사안에 대해서만 참여해야 한다는 의무가 따로 있는 것은 아니다. 누구든 자신이 살고 있는 지역에 한해 자신의 역량을 발휘하고자 의욕할 수 있고, 이러한 욕구는 마땅히 기본적 권리로서 보장되어야 한다. 그런데 공직 활동의 영역이 전국이 아니라 일부 지역으로 한정된다고 할지라도, 개인적 역량을 넘어서 조직적인 조력과 지원을 받아야 할 필요성이 있다. 이 필요성을 충족할 수 있는 가장 정치적인 조직이 바로 정당이다.

정치적 의제의 발굴과 정책의 수립은 정당의 중요한 기능이자 책무이다. 정당은 자당 소속의 공직자에게 당이 수립한 정책을 제공하고 그 정책의 실행에 조력함으로써 정책의 효용을 만들어 당적 결과물로 수용한다. 이렇게 될 때, 정당이 중심이 되는 책임정치가 발현되며 정책의 성공에 따르는 보상, 즉 유권자의 지지를 받을 수도 있고, 그 과오에 대한 책임, 즉 유권자의 심판을 받을 수도 있다.

하지만 현행『정당법』에 의하면 반드시 전국정당의 당원일 때에만 이러한 정당의 기능에 힘입을 수 있다. 지역의 사안에 대해서는 전국정당의 지역조직보다 오히려 그 지역에 천착하는 지역정당이 훨씬 더 효과적으로 대응할 수 있음에도 불구하고, 원천적으로 지역정당은 등록이 불가능해 지역정당 소속의 공직자는 등장할 수가 없는 것이 현실이다.

"나는 전국정당의 후보가 되어서 지방선거에 출마하고 싶지는 않다"고 생각한 사람은 현행법에 따르면 무소속으로 출마할 수밖에 없다. 만일 무소속 출마를 거부하고 지역정당의 이름으로 출마를 하면 법률 위반으로 처벌받게 된다. 현행『정당법』은 정당으로 공식 등록되지 않은 단체 등이 정당이라는 명칭을 사용하지 못하도록 규정하고 있으며(법 제41조 제1항), 이를 위반할 경우 1년 이하 징역 또는 100만 원 이하 벌금에 처해진다(법 제59조 제2항). 또한 『공직선거법』 제84조(무소속후보자의 정당표방제한), 제89조(유사기관의 설치금지), 제93조(탈법방법에 의한 문서·도화의 배부·게시 등 금지) 등을 위반하게 되므로 위법한 선거운동이 되어 처벌받는다.

결국 지역정당 소속으로 공직후보가 되거나 선출직 공직자가
되어 지역의 문제를 직접 해결하고자 하는 사람은 그 꿈을 고스란
히 접어야 한다. 이는 당사자의 피선거권과 공무담임권을 침해하
는 것인 동시에, 기존의 전국정당이 아닌 지역정당 후보에게 투표
하고자 하는 유권자의 선거권마저 침해하는 것이다.

헌법 제37조 제2항
과잉금지의 원칙 위배

    우리 헌법 제37조 제2항은 "국민의 모든 자유와 권리는 국가안전보장·질서유지 또는 공공복리를 위하여 필요한 경우에 한하여 법률로써 제한할 수 있으며, 제한하는 경우에도 자유와 권리의 본질적인 내용을 침해할 수 없다"고 규정하고 있다. 이 규정이 정한 원칙을 '과잉금지 원칙'또는 '비례의 원칙'이라고 한다. 법학에서는 기본권 제한의 원리로서 매우 중요하게 다루어지는 원칙이다.

  이 원칙의 내용을 이루는 네 가지 세부 원칙에 따라 기본권의 제한이 헌정질서 안에서 용인될 수 있는지를 판별한다. 헌법재판소는 이 원칙과 관련하여, 국민의 기본권을 제한하려는 법률은 (i) 그 입법목적이 헌법 및 법률의 체제상 정당해야 하고(목적의 정당성), (ii) 그 목적달성을 위한 방법이 효과적이고 적절하여야 하며(수단의 적합성), (iii) 해당 조치가 입법목적의 달성을 위한 여러 방법 중 기본권의 제한을 최소한도의 범위에 그치게 하는 것이어야 하며(침해의 최소성), (iv) 그 입법으로 보호하려는 공익과 침해되는 사익을 비교 형량할 때 보호되는 공익이 더 커야 함(법익의 균형성)을 밝힌 바 있다(1992.12.24. 92헌가8).

　현행『정당법』은 헌법이 천명하고 있는 이 원칙에 부합하는가? 아니면 지역정당의 설립을 봉쇄함으로써 정당설립 및 정당활동의 자유라는 기본권을 부당하게 침해하고 있는가? 각 세부 원칙에 따라 간략하게 검토해보자.

목적의 정당성-"민주주의를 위해
정당 난립을 막는다"는 목적은 정당한가?

　　헌법이 밝힌 정당 활동의 자유는 정당이 그 조직 형태를 자율적으로 구성할 자유까지 포함하고 있다.『정당법』의 제정과 시행의 목적은 헌법이 밝히고 있는 이 원칙들을 담보하는 것이어야 한다. 또한『정당법』의 제정과 시행이 국가안전보장·질서유지·공공복리를 위한 것이어야 한다. 과연 현행『정당법』은 이러한 목적에 부합하는가?

　현행『정당법』은 정당이 등록을 위하여 준비해야 할 사항을 꼼꼼히 열거하고 있다. 창당 단계별로 창당준비위원회, 중앙당, 시·도당에 관한 사항을 규정하는가 하면, 정당의 명칭, 사무소의 소재지, 주요 간부의 인적사항, 강령과 당헌 등을 신고하도록 규정하고 있다.『정당법』이 이러한 신고사항을 강제할지라도 이러한 규정들이 헌법의 원칙을 담보하고 헌법체계에 부합하면 된다. 그러기 위해서는 형식적 요건 외에 그 실질적 조직과 운용을 정당이

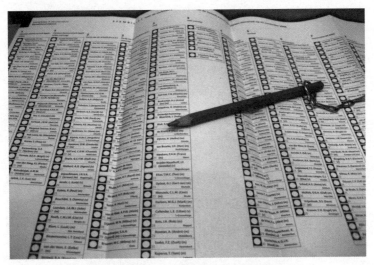
네덜란드 투표용지의 수많은 정당(출처: 위키피디아)

자율적으로 정할 수 있도록 보장해야 한다.

하지만 현행 『정당법』은 여기서 한 발 더 나가 중앙당을 설치할 것, 중앙당은 반드시 서울에 둘 것, 5개 이상 시·도당을 설치할 것, 각 시·도당별 1천 명 이상 당원을 보유할 것이라는 강력한 제한규정을 두고 있다. 이것은 5개 이상의 광역당부를 설치할 능력이 없거나 최소 5천 명 이상의 당원을 확보할 수 없거나 또는 경제적 사정이든 뭐든 여하한 이유로 인해 중앙당을 서울에 두기 어려운 정치결사는 정당으로 인정하지 않겠다는 취지이다. 특히 전국단위가 아닌 특정 지역에 한정된 정치활동을 하는 정치결사에 이를 배제한다는 선언이다.

그렇다면 도대체 『정당법』은 왜 이렇게 강력한 규정을 두고 있는 것인가? 이에 대해 법무부는 2006년 관련된 헌법소원 심판에서 다음과 같은 의견을 제시한 바 있다.

"이 사건 법률조항은 선거 때마다 우후죽순처럼 생겨나는 수많은 선거단체 및 특정 지방의 의사 형성만을 중심으로 하는 소규모의 지역정치단체들이 특권만을 노리고 정당으로 무분별하게 편입되는 것을 막아 올바른 국민의 정치의사형성을 가능하게 하자는 데 그 입법목적이 있다. … 이 사건 법률조항은 무분별한 선거단체 등의 정당으로의 편입 방지 및 그로 인한 정당정치의 올바른 실현 등 중대한 법익을 추구하고 있다."*

군소정당들이 난립함으로써 발생할 수 있는 의사형성의 왜곡을 방지하는 것이 현행 『정당법』의 입법목적이라는 것이다. 그런데 이 의견서에는 그 의미를 명확하게 확인해야 할 개념들이 몇 개 있다. "선거 때마다 우후죽순처럼 생겨나는"이라고 표현된 '난립'의 의미, "특정 지방의 의사 형성만을 중심으로" 한다는 의미, "올바른 국민의 정치 의사 형성"의 의미가 그것이다.

우선 군소정당의 난립 문제다. 여기서 난립의 기준은 무엇인가? 다시 말해 정당이 몇 개 이상이면 난립이고, 몇 개 미만이면 난립이 아닌가? 중앙선거관리위원회에 등록된 정당의 숫자를 살펴보자. 상시적으로 40~50개의 정당이 등록되어 있고, 창당준비위원회로 등록된 것까지 따지면 언제나 50개 이상의 정당이 중앙선거

---

* 2006.3.30. 2004헌마246. 당 헌법소원 심판에 제출된 법무부 장관의 의견서.

관리위원회에 의해 관리되고 있다.* 국회에 의석을 가지고 있거나 언론에 노출되는 빈도가 상대적으로 높은 몇 개 정당만이 국민에게 알려져 있지만, 늘 50개 전후의 정당이 등록되어 있다. 그렇다면 50개 정도의 정당이 존재하는 이 상태는 난립이 아니라 안정적인 상태인가?

다음으로 지역정당이 "특정 지방의 의사 형성만을 중심으로" 할 것이라는 예상이다. 그런데 이 가정의 근거는 무엇인가? 이러한 가정은 지역의 중요 사안이 된 의제가 실제로는 전국적인 중요 사안이 될 수 있다는 정치의 작동양식에 대한 무지를 드러내는 발상에 지나지 않는다.

현실 세계에서 지역의 주요 사안이 온전하게 해당 지역 내부의 문제로 국한되는 일은 거의 없다. 충청남도 태안과 당진의 석탄화력발전소에서 발생하는 온실가스와 분진 등 오염물질은 태안과 당진에 국한된 사안인가? 이 문제는 태안이나 당진 또는 충청남도만이 끌어안고 해결할 수 있는 범위를 초월한다. 바람을 타고 이동하는 온실가스와 오염물질은 태안과 당진이라는 행정구역의 경계를 넘어 전국으로 비산한다. 심지어 이 문제는 최근 지구온난화와 관련하여 국제적 문제로 비화한다.

지역 차원에서 석탄화력발전소 문제는 또 다른 양상으로 전개된다. 기후위기에 대응하여 제출된 대안 중에는 석탄화력발전소

---

* 2023년 3월 기준, 중앙선거관리위원회에 등록되어 있는 정당은 47개이며, 창당준비를 신고한 정당은 3개이다. 중앙선거관리위원회 홈페이지 참조.

의 폐쇄가 포함되어 있다. 석탄화력발전소를 폐쇄하면 곧장 공공서비스인 전기요금 인상 문제가 터지고 해당 사업장에서 근로하고 있는 노동자의 실업 문제가 발생한다. 해당 사업장에서 일하는 노동자들은 석탄화력발전소가 문을 닫게 되면 전직을 하거나 일자리를 잃게 된다. 당장 노동자 본인과 그 가족의 생계 문제가 발생할 뿐만 아니라, 이들이 살고 있는 지역의 경제는 큰 타격을 입게 된다. 석탄이라고 하는 상대적으로 싼 연료가 다른 원자재로 대체되면 전기료는 오를 수밖에 없다. 전기료 인상은 국민의 경제적 부담으로 작용하게 된다. 이것은 지역적 사안인가, 전국적 사안인가?

이러한 사안은 여러 부문에서 발견된다. 지역 간 분쟁의 원인이 되고 있는 각종 현안들, 예를 들면 쓰레기 처리장이나 소각장의 문제, 송전탑 설치 문제처럼 직관적으로 인식할 수 있는 문제뿐만 아니라, 서울에서 강남과 그 외 지역 간, 또는 경기 남북부 지역 간 생활격차 문제, 지방에서 흔하게 발생하는 도농 지역 간 소득격차 문제, 부산과 경상남도의 신공항 분쟁, 심지어 지방소멸의 위기에 이르기까지, 지역의 사안이지만 이를 지역차원에서 해결하기 곤란한 문제들이 산재해 있다. 이 문제들은 결코 "특정 지방의 의사 형성만을 중심으로" 해결되지 않는다.

그런데 지역정당이 존재하지 않는 지금, 오히려 법무부가 지적한 "특정 지방의 의사 형성만을 중심으로" 사고하는 정치세력이 현존하고 있다. 바로 특정 지역을 패권의 근거로 두고 있는 거대 양당이다. 앞서 열거한 각종 지역문제 혹은 전국적인 사안들에서, "특정 지방의 의사"를 강조하거나 심지어 여야의 위치가 바뀔 때마다 말을 바꿔가며 문제의 해결을 지연시켜왔던 정치세력은 다름 아닌 더불어민주당과 국민의힘 양당이었다. 이 두 당은 자신들의 정치적 자양분인 지역패권을 유지하는 방편으로 "특정 지방의 의사"에 기대거나 혹은 "특정 지방의 의사"를 빙자하여 국민의 의사형성을 왜곡해왔다. 법무부의 의견은 거대 양당이 만들어 놓은 국가적 폐단을 있지도 않은 지역정당에게 떠넘기고 있는 것이다.

법무부의 우려와는 반대로, 지역정당이 생긴다면 자기 지역의 문제를 자신의 문제로 받아들이면서, 깊고 꾸준한 대안의 구성과 실현을 통해 본질적으로 문제를 해결할 방안을 만들 수 있다. 이 과정에서 지역사안을 전국사안으로 승화시키거나 혹은 전국사안을 지역사안으로 받아안는 역할을 지역정당이 할 수 있다. 지금까지 전국정당이 "특정 지방의 의사 형성만을 중심으로" 민의를 왜곡해왔다면, 지역정당이 활동할 수 있을 때 비로소 이러한 왜곡을 시정할 수 있는 단초가 형성될 수 있다.

게다가 거대 양당이 왜곡한 지역의 사안은 원상회복 자체가 불가능한 경우가 더 많다. 새만금 사업이나 4대강 사업 등 거대 국책사업들이 두고두고 지역의 경제·문화·사회를 교란하고 있는 현황을 보라. 이 사업들이야말로 지역의 의견은 방치한 채 집권을 위한 매표(賣票)의 일환으로 "특정 지방의 의사 형성만을 중심으로" 사고한 거대 전국정당들의 이전투구가 낳은 결과들이다. 반면 활동의 한계를 국지적으로 분명히 하는 지역정당은 그 활동 과정에서 발생한 문제가 부당하게 확대되지 않도록 정리할 가능성이 전국정당에 비해 상대적으로 더 많다.

한편, 부가적으로 고려해야 할 정치철학적 문제가 남아 있다. 즉, "올바른 국민의 정치 의사"가 과연 무엇인지, 더 간명히 말하면, 무엇이 "올바른" 것인지가 문제다. 신공항을 부산에 유치해야 한다는 부산시민의 "정치 의사"는 올바른 것인가? 그렇다면 경상남도에 유치해야 한다는 경상남도 도민의 "정치 의사"는 올바르지 않은 것인가? 더 나아가 부산시민이나 경남도민이 아닌 그 외 지역의 국민들이 더 이상의 신공항 건설은 무의미하거나 심지어 해롭다고 주장한다면, 그것은 과연 올바른 의사인가 올바르지 않은 의사인가?

이렇게 볼 때, 저 법무부 장관의 의견은 현실 세계에서 발발하고 있는 정치적 분쟁들에 내재해 있는 지역적 관계성을 인식하지 못한 상태에서 이루어진 것이라고 할 수 있다.

그런데 헌법재판소는 현행 『정당법』의 제 규정들이 목적의 정당성을 만족하고 있다고 판단했다. 헌법재판소는 법무부 장관의 의견을 그대로 인용하는 동시에, 다음과 같이 설시하였다.

"우리 헌법의 대의민주적 기본질서가 제 기능을 수행하기 위해서는 의회 내의 안정된 다수세력의 확보를 필요로 한다는 점에서, 군소정당의 배제는 그 목적의 정당성이 인정될 수 있다."(2006.3.30. 2004헌마246)

먼저 헌법재판소의 이러한 판단은 지역정당과는 전혀 상관이 없

는 것이다. 헌법재판소가 "안정된 다수세력의 확보"가 필요하다고
한 곳은 국회다. 이 판단에는 지역정당의 특수성에 대한 고려가
전혀 개입되어 있지 않다. 한정된 지역 안에서 정치활동을 우선 과
제로 하는 지역정당은 단독으로는 전국적 선거에 참여하지 않는
다는 특수성이 있다. 따라서 지역정당의 설립과 활동이 국회 안에
서 필요한 "안정된 다수세력"의 체계를 흔들 위험은 애초에 존재
하지 않는다. 이러한 헌법재판소의 견해는 『정당법』의 각종 규제
가 기본권 제한을 위한 한계에 부합한다는 논리를 맞추려다 보니
지역정당과는 관련 없는 국회를 끌어들이는 무리수를 두게 된 것
이라 여겨진다.

그런데 헌법재판소의 해석에서 정작 더 심한 문제는 따로 있다.
"헌법의 대의민주적 기본질서가 제 기능을 수행"하기 위해서는
"의회 내의 안정된 다수세력의 확보"가 필요하다는 논리다. 헌법
재판소가 제시하는 양자의 인과관계는 적절한가?

헌법재판소는 정작 중요하다고 강조한 "대의민주적 기본질서"
의 실체를 밝히지 않고 있다. 그렇다면 이론적 측면에서 대의민주
주의 본연의 의미를 반추해 보자. 앞에서 우리는 대의민주주의의
한계와 그 보완책으로서 풀뿌리 민주주의를 검토했다. 이때 대의
제의 여러 장점을 살펴보았는데, 대표적인 장점이 전문적 역할의
분담과 포퓰리즘에 휩쓸리지 않는 안정된 의사결정의 지향이었
다. 무엇보다도 구성원 모두가 참여함으로써 발생하는 시간과 자
원의 소비를 줄이고 결정의 효율성을 높일 수 있다는 것에 대의민
주주의의 쓰임새가 있었다.

반면 대의민주주의의 현실적 적용 과정에서 다수의 문제가 발견되었다. 대의에서 배제되는 주체들이 생기거나, 숙의를 통한 의사결정보다는 속도전에 치우쳐 일부의 의사가 과잉대표되거나 과소대표되는 등의 문제가 그것이다. 이렇게 보면 헌법재판소가 말하는 "대의민주적 기본질서가 제 기능을 수행"한다는 의미는 대의민주주의의 장점은 극대화하되 단점은 최소화한 상태를 의미한다고 보아야 할 것이다.

그런데 대의민주주의가 이렇게 바람직한 상태를 유지하기 위해 "의회 내의 안정된 다수세력"이 있어야 한다고 헌법재판소는 판단한다. 이에 대해서도 헌법재판소는 "다수세력"의 의의가 무엇인지, 다수세력이라고 불리는 어떤 세력이 하나여야 하는지 아니면 둘 이상일 수 있는지, 다수세력의 부피가 어느 정도 되어야 "안정"이라고 할 수 있는지 등에 대해선 어떤 기준도 제시하지 않고 있다.

그러다 보니 당연히 헌법재판소는 대의기구를 장악하는 "다수세력"이 유발할 수 있는 문제, 즉 과잉대표 또는 과소대표의 문제에 대해서는 전혀 고려하지 않는다. 이러한 논리구조를 염두에 두면, 헌법재판소가 말하는 "대의민주적 기본질서"라는 것은 의회 안에서 별다른 분쟁 없이 의사결정이 이루어지는 상태만을 의미하는 것에 불과하다. 대의가 이루어지는 과정에서 의회의 안팎에서 발생할 수 있는 각종 이해관계의 첨예한 대립과 합의의 과정은 생략되어 있는 것이다. 따라서 여전히 특정한 정치세력이 "의회 내의 안정된 다수세력"으로 안착하는 것이 바람직한 것인지, 다시 말해 그러한 비대칭적 의사결정구조의 형성이 "대의민주적 기본질서"의 바람직한 상태인지는 의문으로 남게 된다.

이 대목에서 이론을 넘어 현실로 돌아와 보자. 오늘날 거대 양당이 독식하고 있는 정치질서는 "대의민주적 기본질서가 제 기능을 수행"하고 있는 상태로 보아도 부족함이 없는가? 21대 국회의 의석 300석 중 180석을 하나의 정당이 장악하여 "다수세력의 확보"가 이루어졌을 때 "대의민주적 기본질서가 제 기능을 수행"하고 있었는가?

21대 국회에서 300석 의석 중 180석을 가져갔던 더불어민주당은 특정한 정치세력으로 이루어진 "안정된 다수"가 의회를 과점하게 되면 의사독점을 자행하면서 대의민주적 기본질서를 근간에서부터 흔드는 경향이 발생할 수 있음을 보여주었다. "안정된 다수"를 통해 "대의민주적 기본질서가 제 기능을 수행"할 수 있다는 헌법재판소의 가정이 실증적으로 반박되었다고 볼 수 있다.

헌법재판소가 어느 한 정당만 그렇게 다수를 확보해야 한다는 의미가 아니라 각기 다른 입장과 정견을 가진 정치세력이 견제와 균형이 가능한 상태를 확보하는 것을 "안정된 다수세력의 확보"라 표현했다고 선의의 해석을 할 수도 있다. 그러나 경쟁관계의 몇 개 정당이 의석 전반을 확보한다고 하여 주권자들의 의사가 공정하게 대의되는 상태로 안착하는 것은 아니다.

21대 국회에서 더불어민주당의 반대편에 위치한 국민의힘은 103석을 확보했다. 양당의 의석비율이 거의 2:1 수준이긴 하지만, 의석 300석 중 양당이 283석을 확보하였으니 양당으로 구성된 "안정된 다수세력의 확보"라고 볼 수 없는 것인가? 그렇다면 21대 국회를 "의회 내의 안정된 다수세력의 확보"를 통해 "대의민주적 기본질서가 제 기능을 수행"했던 국회로 평가할 수 있을 것인가?

결정적인 문제는 왜 군소정당의 배제가 『정당법』의 합헌적 목적으로 제시되어야 하느냐이다. 『정당법』이 밝히고 있는 시행의 목적은 "민주정치의 건전한 발전"이다. 최초 『정당법』이 제정되었던 1962년에 『정당법』을 기초했던 군부가 과연 "민주정치의 건전한 발전"을 의도했는지 의문이고, 이 문장에서 꾸밈말로 등장하는 "건전한"이라는 말의 의미가 무엇인지 역시 여전히 모호하다.

현행 『정당법』의 목적규정은 이 법이 "민주정치"에 기여하기 위한 것임을 분명히 하고 있다. 그런데 민주정치라는 것은 다양한 정치세력의 공적인 경쟁이 보장되는 가운데 "발전"한다. 그 와중에 비록 민주주의의 근간을 흔드는 폭력적이고 반인권적인 정치가 민주주의라는 외피를 둘러쓰고 횡행할지라도, 최종적으로 이러한 문제를 치유하는 과정 역시 다양한 정치세력의 혼재 속에서 끊임없는 상호경쟁을 통해 이루어지게 될 것이다. 그것이 민주주의이기 때문이다.

그렇다면, 법률이 민주주의의 온전한 작동을 보장하기 위해서 취해야 할 태도는 무엇일까? 외력에 의하여 민의의 형성이 왜곡되거나 민주적 정치의 장이 붕괴될 때 이를 제어하는 선에 그쳐야 할 것이다. 또 민주주의 본연의 취지에 따라 더욱 다양한 정치세력이 자유롭게 명멸할 수 있도록 보장하는 것이 최선일 터이다. 그런데 『정당법』은 오히려 정반대의 입장을 취하고 있다. 각종 제한규정을 동원하여 다양한 정치세력의 등장을 억제하고, '기울어진

운동장'을 제도적으로 조장하면서 공론의 장을 협소하게 만들고 있는 것이다.

정당이 우후죽순처럼 등장하게 되면 국민이 혼란을 겪게 되고, 그 혼란의 와중에 국민이 올바른 정치적 의사를 형성하지 못하게 될 것이란 인식으로 국가가 나서서 국민을 올바른 방향으로 계도해야 한다는 생각에서 비롯된 것이다. 『정당법』의 이러한 태도는 전형적인 국가후견주의적 발상이다.* 그러나 국가후견주의적 발상이라는 견해조차도 『정당법』의 규정을 긍정적으로 해석할 때에만 가능할 뿐이다.

오히려 『정당법』의 기본권 제한은 다양한 정치세력이 등장하여 여러 방면으로 국민적 입장을 형성할 수 있는 가능성을 원천적으로 봉쇄함으로써 기득권 정치세력 간의 카르텔을 온존하기 위한 목적에서 비롯된 것이다. 현재 국가의 정치적 자원을 양분하고 있는 거대 양당의 수십 년에 걸친 강고한 전횡은 이러한 해석이 단지 기우에 불과한 것이 아님을 증명한다. 그 결과 국민의 정치적

---

* 후견주의는 당사자의 이익을 증진시키려는 목적으로 당사자의 동의 없이 당사자의 자유에 개입함으로써 당사자 아닌 사람이 의사결정을 내리는 것을 의미한다. 본래는 개인 대 개인의 관계에서 출발한 개념이지만 국가가 의사결정의 주체가 되어 국민의 후견인을 자처하게 되는 상황을 국가후견주의라고 한다. 『정당법』이 정치안정을 도모함으로써 국민을 정치적 혼란으로부터 자유롭게 하겠다는 발상은 전형적인 국가후견주의의 발현양상이다. 그런데 막스 베버의 정의처럼 합법적으로 폭력을 독점하고 강제력을 행사할 수 있는 유일한 주체인 국가는 국가안전보장, 질서유지, 공공복리 등을 통한 국민의 이익 증진을 명목으로 기본권 침해를 정당화할 가능성이 있다. 현행 『정당법』의 국가후견주의적 성격이 용인될 수 있는지는 과잉금지의 원칙이 충족되고 있는지를 통해 확인할 수 있다.

의사는 왜곡되며 혼란에 빠지게 됨으로써 국가후견주의의 효과는 발생하지 않는다.

이처럼 지역정당을 설립하고 그 정당을 통하여 정치활동을 할 권리를 규제하고 있는 현행『정당법』이 목적의 정당성이라는 기본권 제한의 원칙을 만족하고 있다고 보기는 어렵다. 정당의 '난립'이라고 하는 추상적 위험만을 전제로 한 기본권의 제한은 기본권을 제한하기 위해 반드시 충족해야만 하는 "국가안전보장·질서유지 또는 공공복리를 위하여"라는 목적의 정당성을 충족하지 못하고 있다고 봐야 한다.

수단의 적합성-『정당법』의 제한 규정이 정당의 '난립'을 막는 데 적절한가?

현행『정당법』은 전국정당의 설립요건으로 일정한 지역조직과 일정한 당원 수를 요구하고 있다. 그런데 지역조직의 수와 당원 수가 어떤 기준에서 설정된 것인지 그 근거가 모호하다. 앞의 표에서 각 지역 조직의 수와 당원 수가『정당법』개정과정에서 어떻게 변해왔는지를 살펴보았다.

그 과정에서『정당법』각 규정의 제정 및 개정의 취지를 살펴보자. 1962년 제정 당시 왜 지역구 총수의 3분의 1에 해당하는 수의 지구당을 만들어야 하며, 각 지구당에 50명 이상의 당원이 있어야 한다고 했는지는 명확하지 않다. 다만 헌법상 정당규정을 총강에 올려놓아 국가의 관리체계로 정당을 포섭한 후 관리에 적합한 최소규모를 설정한 것이라고 추측된다.

1969년 개정 당시 군부는 "군소정당의 난립을 방지하고 건전한 양당제도의 확립"을 기하겠다는 취지로 지구당은 지역구 총수의 2분의 1, 당원은 각 지구당에 100명 이상으로 요건을 강화했다. 1972년 개정과정에서는 "정당설립의 자유를 최대한 보장"한다는 명목으로 다시 1962년 『정당법』 수준으로 최저기준을 되돌려 놓았다. 신군부 쿠데타를 일으켜 정권을 장악한 전두환 군부는 1980년 개정에서 정당의 창당과 존속을 용이하게 한다는 명분으로 지구당 숫자를 지역구 총수의 4분의 1로 완화하는 한편, 당원의 수도 지구당마다 30인 이상으로 감소시켰다. 군부가 물러나면서 비로소 『정당법』상 요건은 대폭 완화되어서, 지구당의 숫자가 1989년 개정에선 지역구 총수의 5분의 1로, 1993년 개정에서는 10분의 1로 줄어들었다.

각 변화에 따른 법정 최소 당원 수의 변화를 살펴보면 다음 페이지 표와 같다.

1969년 개정에서 제정 당시보다 훨씬 강력한 기준을 세웠던 군부가 박정희 종신 집권체제를 형성하기 위해 기획한 1972년 유신체제에서는 오히려 정당설립의 규제를 제정 당시보다 훨씬 완화한 이유는 무엇일까? 전두환 신군부는 어떤 이유에서 박정희 정권에서보다 정당설립의 요건을 풀어주었을까? 각 개정 과정에서 구체적으로 왜 기준을 변경했는지는 유추하기 어렵다.

여기서 중요하게 확인해야 할 부분은 1987년 제9차 개헌이 이

정당법 개정과 법정 지역구, 지구당, 당원 수 변동 현황

『정당법』 개정연도	당시 헌법 개정연도	전체 지역구 수	법정 지구당 수	법정 당원 수	직후 총선 실시연도
1962	1962	131개	×1/3=44개	×50=2,200명	1963년 제6대
1969	1969	153개	×1/2=77개	×100=27,700명	1971년 제8대
1972	1972	73개	×1/3=25개	×50=1,250명	1973년 제9대
1980	1980	92개	×1/4=23개	×30=690명	1981년 제11대
1989	1987	237개	×1/5=48개	×30=1,440명	1992년 제14대
1993	1987	253	×1/10=26개	×30=780명	1996년 제15대
2004	1987	243	광역 5개	×1,000=5,000명	2004년 제17대

* 1972년과 1980년 개정 당시, 선거법상 지역구 선거구별 의원 2인 선출하여 지역구 의원 수는 지역구 수의 2배인 각 146명, 184명이었음

* 각 숫자 앞의 ×는 앞 칸 숫자에 곱하는 것을 의미함. 예를 들어, 1962년 법정 지구당 수는 앞 칸 전체 지역구 수인 131개에 3분의 1을 곱한 숫자(44개)이며, 법정 당원 수는 앞 칸 44개 법정 지구당에 최소 당원 수인 50을 곱한 것(2,200명)을 의미함

루어지기까지 『정당법』의 중요한 개정은 개헌과 맞물려서 이루어졌으며, 개헌 직후 치러지는 국회의원 총선거를 겨냥하여 정비되었다는 사실이다. 특히 군부독재 시대의 각 개정 『정당법』은 군부정권의 중요한 변곡점이 있는 시기마다 그 형태를 달리해왔음을 알 수 있다. 결국 정당의 지역조직 숫자나 정당 당원의 숫자는 합리적이고 명백한 기준에 의하여 설정된 것이라기보다는 그때그때의 필요에 따라 집권세력의 편의에 의해 설정된 것이라는 의심을 사기에 충분하다.

현행 헌법이 등장한 후의 법률개정은 과거의 그것과는 성격을 달리하는 것으로 보인다. 정당설립 요건으로 5개 이상 광역당부 설치와 광역당부별 5천 명 이상의 당원을 보유하도록 강화된 규

정을 둔 현행 『정당법』의 규정은 2004년 개정과정에서 구성되었다. 이때 제기된 개정의 이유는 정당의 지구당이 '돈 먹는 하마'로 전락했으며, 국회의원의 지역구 사무실 역할을 하는 데 급급하여 정치발전을 저해하고 있기 때문이라는 것이었다.

하지만 이때도 마찬가지로, 지구당을 없애고 설립요건을 강화하면 고비용 저효율이라는 정당운영상의 폐해가 사라질 것이라는 주장이 어떤 근거에 기반한 것인지 확인되지 않았다. 국회의원 지역구 선거구를 단위로 하는 지역조직 대신 광역당부를 기준으로 지역조직을 정하면 정당운영이 민주적으로 전환될 것이라고 추측할 만한 논거 또한 존재하지 않았다.

오히려 지구당 폐지는 정당정치에 시장모델을 적용한 것에 불과하다는 평가도 있다. 즉 경영원칙에 따른 "경량화, 투명화, 상품화 등 합리화와 구조조정을 통해 정당이 일종의 '거버넌스 체제'하에 효율적으로 기능하도록 하는 계획"에 따라 지구당을 폐쇄하게 되었다는 것이다.* 이 견해에 따르면, 지구당을 없애게 된 계기는 정치가 가지고 있는 고유한 특수성을 망각한 채 정치를 일종의 거래 혹은 합리적 소비와 같은 성격의 행위로 오인한 것이라는 비판이 가능하다. 결국 정당민주주의를 강화하자는 취지에서 지구당을 개혁하자는 주장은 배제되었고, 그 결과 민주적으로 지역조직을 운영하면서 지역과 현장의 정치에 적극 개입했던 군소정당만

---

* 하네스 B. 모슬러 지음, 『사라진 지구당, 공전하는 정당개혁』, 인간사랑, 2013. 367쪽.

철퇴를 맞는 사태가 벌어졌다.*

그런데 일부 연구에 따르면, 2004년 『정당법』은 신진정치세력의 제도권 진출을 막기 위한 기득권 정당들의 카르텔에 따른 결과라고 한다. 헌법학자인 김종서는 2004년 실시된 제17대 국회의원 총선거에 선거 역사상 처음으로 비례대표제가 도입되었다는 점에 주목한다.

기존 국회의원 선거는 정당에 대한 유권자의 선택과정이 없이 지역구 출마후보에 대한 투표만 진행하고, 그 투표결과에 따라 비율에 맞춰 정당별로 전국구 의원을 배정하는 방식이었다. 제17대 국회의원 총선거에서는 정당명부가 도입되었고, 지역구 국회의원을 선출하는 투표와 동시에 지지 정당에게 표를 주는 투표가 이루어졌다. 비례대표제 도입이라는 선거제도의 변화는 신생 군소정당들로 하여금 선거출마 의욕을 불러일으킬 수 있는데, 이 점을 우려한 기득권 거대 정당들이 신진정치세력의 제도권 진입을 원천봉쇄하기 위해 정당등록의 요건을 강화한 것이 아니냐는 의구심을 제기한다.**

문제는 정당등록의 요건을 강화했음에도 제17대 총선에 참여한 정당의 수는 폭발적으로 증가했다는 점이다. 기존 선거제도로 의원을 선출한 제15대 제16대 국회의원 선거에 참여한 정당은 각각 8개와 7개에 불과했으나 제17대 국회의원 선거에는 14개 정

---

* 당시 민주노동당은 지구당 폐쇄에 격렬하게 반발하였으나 정당법 개정을 막지 못했다. 하네스 B. 모슬러, 위의 책, 93쪽.

** 김종서, 「정당법의 위헌성과 지역정당의 정당성」, 『민주법학』 제80호, 2022. 92쪽.

당이 참여하였다. 선거제도의 변화에 따른 의석 잠식을 막기 위해 기득권 정당들이 『정당법』을 강화했다는 가정이 맞다면, 기득권 정당들의 노력은 그다지 성과를 거두지 못했다고 평가할 수 있을 것이다.

물론 그 이후에도 총선참여 정당의 수는 계속 늘어나 제18대는 17개, 제19대는 20개, 제20대에는 21개가 등록했다. 급기야 21대 국회의원 총선거에는 무려 35개의 정당이 참여했다. 그렇다면 『정당법』의 규제강화가 정당의 창당과 선거참여를 억지하는 데 실질적으로 효력을 발휘했느냐는 의문이 발생할 수밖에 없다.

기실 정치권 진출을 고민하는 사람들에게는 출마가 얼마나 쉬울지, 당선의 가능성이 얼마나 있을지가 실제 선거에 출마하고자 하는 의욕을 북돋워 주는 결정적 계기가 된다. 중요한 것은 출마의 요건과 당선 가능성의 많고 적음을 제도적으로 규정하는 법이 『정당법』이 아니라 『공직선거법』이라는 점이다. 정당의 급조나 후보의 급증은 『정당법』의 규제를 푸느냐보다는 『공직선거법』이 어떻게 바뀌느냐에 따라 달라진다.

정당 소속의 비례후보로 출마할 때 당선 가능성이 높아진다면 무소속으로 지역구에 출마하는 것보다는 정당을 만드는 것이 훨씬 유리하다. 이러한 판단이 서게 되면 『정당법』이 정하고 있는 각종 어려운 요건들을 감수하고라도 정당을 창당한다. 바로 여기서 정당의 난립을 막아 정치적 안정을 도모한다는 목적을 달성하는 데 『정당법』은 그다지 적정한 수단이 될 수 없음이 드러난다.

소선거구 단순다수대표제에서 무소속 출마 혹은 군소정당의 후보로 출마한다는 것은 비용 대비 효율이 매우 떨어지는 행위이다. 기존 중대형 정당의 후보와 경쟁해서 이길 가능성이 희박한 상황에서 무소속으로 출마하거나 굳이 군소정당을 창당하는 데 힘을 들일 이유가 없기 때문이다. 1987년 헌법개정 후 정치관계법 개정 과정에서 '후보 난립' 및 '군소정당의 난립'을 막기 위해 집권세력과 주요 정당 및 정치인들이 가장 신경 썼던 법률은 실상은 선거 관련 법률이었다.

정당명부제가 도입되어 정당 안에서 비례 순번을 받게 되면 정당지지율에 따르는 당선확률이 지역구 무소속 출마일 때보다 훨씬 높아질 수 있다. 따라서 만일 선거법이 정당명부제를 강화하고 비례대표를 획기적으로 늘리는 방향으로 개정된다면 정당을 설립하고 등록하는 비율이 더 높아질 수 있다. 2003년 『정당법』 개정을 통해 정당의 설립요건이 전보다 더욱 어려워졌음에도 불구하고, 정작 정당의 창당과 정당을 통한 선거참여가 활발해진 것은 이러한 가정을 실증하고 있다.

이렇게 볼 때, 『정당법』으로 창당을 규제하는 것은 효과적이지도 않으며 최후수단으로서 동원될 수도 없는 것임을 알 수 있다. 물론 그렇다고 해서 『공직선거법』을 강화하여 정당 '난립' 또는 후보자 '난립'을 방지해야 한다고 주장하는 것은 결코 아니다. 기득권 정당에게는 유리하지만 신진 정치세력에게는 가혹한 규제 일변도의 현행 『공직선거법』은 어떤 측면에서는 『정당법』보다 더 강하게 헌법을 위배하고 있다. 다만, 분명한 것은 정당설립 규제가 『정당법』을 강화하는 방식으로는 아무 실효성이 없음을 확인할 필요가 있다는 점이다.

결과적으로 『정당법』이 지역정당을 제한하는 방식은 '수단의 적합성'의 원리를 위배하고 있다. 이와 관련하여 헌법재판소는 '수단의 적합성'이 "입법 수단이 목적을 달성하는 데에 필요하고 효과적이어야 한다"(헌법재판소 1997. 7. 16. 선고 95헌가6 결정)고 해석한다. 살펴본 것처럼, 헌법재판소의 해석에 따를 때, 군소정당의 난립을 방지하여 "대의민주적 기본질서가 제 기능을 수행"하도록 만들겠다는 목적을 달성하기 위해 『정당법』에 제한규정을 두는 것은 수단으로서 적합하지 않다.

그럼에도 헌법재판소는 다음과 같은 이유로 『정당법』 제 규정이 수단의 적합성을 충족하고 있다고 판단하였다(2006.3.30. 2004헌마246).

"5개의 시·도당을 구성하는 것이 필요하다고 본 입법자의 판단이 자의적이라고 볼 수 없고, 각 시·도당 내에 1,000명 이상의 당원을 요구하는 것도 … 과도한 부담이라고 할 수 없다."

헌법재판소의 이와 같은 판단은 같은 심판에 제출한 법무부장관의 의견과 일치한다. 법무부 장관의 의견서에는 다음과 같은 내용이 있다.

"5개의 시·도당을 구성하는 것이 그렇게 과도한 부담이 된다고 보기 어려우며, 각 시·도당 내에 1,000명 이상의 당원을 요하는 것도 자발적인 당원으로 충분히 해결 가능하므로 청구인에게 금전적 부담이 된다고 볼 수 없다."

    헌법재판소와 법무부의 이러한 주장은 모순적이다. 앞서 헌법재판소는 문제의 각 규정이 군소정당의 배제라는 정당한 목적을 달성하는 데 필요한 수단이라고 판단했다. 법무부 장관의 의견서 역시 이들 규정이 "무분별한 선거단체 등의 정당으로의 편입 방지 및 그로 인한 정당정치의 올바른 실현"에 도움이 된다는 견해를 밝혔다. 문제의 규정들이 정당의 창당에 일정한 부담을 안김으로써 무분별하게 정당을 창당하려는 의욕을 자제하도록 만드는 효과를 가지고 있다는 것이었다.

    그런데 돌연 이런 규정들이 실제로는 정당을 만드는 데 "과도한 부담이라고 할 수 없다"고 헌법재판소와 법무부 장관은 말을 바꾼 것이다. 다른 사건에 대한 개별적 의견서도 아니고, 별개의 사건에 대한 각기 다른 결정도 아니다. 같은 의견서, 같은 판결문 안에 이처럼 법무부 장관과 헌법재판소는 모순된 말을 하고 있다. 정당의 난립을 방지한다는 목적을 달성하는 데 아무런 소용이 없는 규정들을 무리하게 합헌적으로 해석하다 보니 헌법재판소와 법무부 장관이 혼동을 일으킬 수밖에 없는 것이다.

    정당 만드는 게 뭐 그렇게 어려운 일이냐는 헌법재판소와 법무부 장관의 견해는 논리적 측면에서뿐만 아니라 현실적 측면에서 또 다른 문제를 보여준다. 선거 때마다 등장하는 수많은 정당들, 또는 늘상 중앙선거관리위원회에 등록되어 있는 40개 이상의 각 정당을 보면, 법무부나 헌법재판소가 이야기하듯 정당을 만들기가 그리 어렵지 않은 것처럼 보인다. 중앙선거관리위원회에 등록되어 있는 정당들의 면면을 보면 이러한 생각이 그다지 터무니없지도 않은 듯하다.

하지만 이러한 판단은 정당의 실무를 조금만 안다면 할 수 없는 생각이다. 현행 정당법의 기준에 따라 정당을 만든다는 것이 얼마나 골치 아픈 일인지를 모를 때나 가능한 발상이다. 정당의 창당과 운영은 법무부 장관이나 헌법재판소 재판관들이 보는 것처럼 쉽지 않다.

일단 2023년 3월 기준 중앙선거관리위원회에 등록되어 있는 정당들의 창당연도를 보자.

중앙선거관리위원회 등록 정당 현황 2023년 3월 현재

창당 연도	당명	당해연도 등록 수
2012	가나코리아, 노동당, 녹색당, 대한민국당, 정의당	5
2013	한나라당	1
2014	더불어민주당	1
2015	국민대통합당, 국민참여신당, 한국국민당	3
2016	가자!평화인권당, 대한당, 민중민주당, 자유통일당, 한국복지당	5
2017	미래당, 새누리당, 신한반도당, 진보당, 한국독립당, 홍익당	6
2018		0
2019	국가혁명당, 자유의새벽당	2
2020	가자환경당, 거지당, 국민의힘, 기독당, 기본소득당, 깨어있는시민연대당, 남북통일당, 민생당, 시대전환, 여성의당, 우리공화당, 자유당, 중소자영업당, 직능자영업당, 친박신당, 충청의미래당	16
2021	대한국민당, 신한반도평화체제당, 자유민주당, 통일한국당, 한류연합당	5
2022	더밝은미래당, 열린민주당	2

표에서 보듯, 정당의 창당이 폭발적으로 증가했던 시기는 2020년이다. 2020년은 제21대 국회의원 총선거가 있었던 해이다. 이때 국회의원의 선출방식이 연동형 비례대표제로 전환될 것이라는 기대감 속에 다른 어떤 해보다 훨씬 많은 정당이 창당했다. 상대적으로 그 외의 연도에 창당한 정당은 그리 많지 않으며, 2018년도에는 단 한 곳도 정당등록을 하지 않았다.

정당등록 수치를 보면 매년 정당이 늘어나고 있다고 볼 수 있는데, 내용을 들여다보면 꼭 그렇지도 않다. 이전에 이미 존재하고 있던 당이 재창당이나 합당, 분당을 통해 당명을 바꾸어 다시 등록하는 경우도 많기 때문이다. 예를 들어 더불어민주당은 2014년에 등록이 되었고, 국민의힘은 2020년 등록이 되어 마치 최근에 창당한 것처럼 보이지만, 한국사회의 정치지분을 양분하고 있는 이 두 당이 창당한 지 얼마 되지 않는 정당이라고 생각하는 유권자들은 없다.

노동당과 정의당, 진보당은 각각 2012년과 2017년 창당한 것처럼 보이지만, 이들의 뿌리는 2000년 창당한 민주노동당으로 거슬러 올라간다. 분당과 합당 또는 재창당 등의 과정을 거치면서 현재의 당명으로 등록한 때가 최근일 뿐이다. 2020년 창당한 우리공화당은 한나라당 소속 일부 의원들이 박근혜 전 대통령 탄핵정국으로 도래한 2017년 대선을 앞두고 창당한 대한애국당이 이합집산을 거듭하며 자유공화당으로 이름을 바꾸었다가 현재의 당명으로 다시 등록한 사례이다.

다른 정당들 역시 창당을 하고 싶을 때 즉각적으로 요건을 충족해서 만들어진 당은 거의 없다. 국가혁명당은 2019년에 등록한 것으로 되어 있으나, IQ 430, 취미는 공중부양과 축지법이라는 허경영 명예 대표가 서울시장 보궐선거를 포함한 두 차례의 지방선거, 두 차례의 국회의원 선거, 세 차례에 걸친 대통령선거에 출마하면서, 진리평화당, 공화당, 친허연대 등 무려 6회 이상의 창당과 재창당을 거듭한 끝에 현재에 이르고 있다. 당명을 보면 오해하기 쉬운 거지당(巨智黨)조차 2015년, 2016년, 2018년 창당준비위원회를 신고하고 창당을 준비하다 무산을 거듭한 끝에 2020년에야 비로소 정당등록에 성공할 수 있었다.

이와 같은 정당 창당과 관련한 현실을 들여다보면 과연 현행 『정당법』 규정하에서 이전의 정치적 근거나 지분이 없는 신진정치세력이 정당을 창당할 수 있는지 의문이다. 창당 이후 당의 운영에 지속성을 가지기 어렵다는 것이 더욱 심각한 문제다. 중앙선거관리위원회에 정당등록을 한 이후 현실정치에서 어느 정도 역할을 하고 있는 정당보다는 개점휴업상태인 정당들이 훨씬 많다.

원외의 정당일지라도 계속해서 이어지는 각종 선거에 대응하기 위해서는 평상시에 정당활동을 지속해야 한다. 노동당이나 녹색당처럼 의석은 없지만 꾸준한 정치활동을 통해 존재를 부각하는 정당들이 있다. 대중적으로 이름이 알려져 있는 정치인이 소속된 덕분에 가끔 언론에 노출되는 우리공화당과 같은 당도 있다. 하지만 현재 등록되어 있는 정당 중 상당수는 등록만 되어 있을 뿐 실제 활동을 하지 못하고 있다. 중앙당과 5개 광역당부를 운영하고, 5천 명 이상의 당원을 관리하는 것이 그리 만만한 일이 아니기 때문이다.

이러한 현상들이 지속되고 있는 상황은 『정당법』의 제 규정들이 실효성이 없다는 것을 입증한다. 이 규정들은 "정당의 난립"을 막아 "대의민주적 기본질서가 제 기능을 유지"하도록 기능하는 적절한 수단이 아니라, 오히려 "정당의 난립"조차 막지 못하면서 "대의민주적 기본질서가 제 기능을 유지"하는 데 역할해야 할 정당들의 기능을 마비시키고 있는 부적절한 수단일 뿐이다.

침해의 최소성
-지역정당을 원천봉쇄하는 것이 최소침해인가?

현행 『정당법』은 그 구조상 지역정당 자체를 허용하지 않는다. 5개 이상 광역당부를 두고 5천 명 이상 당원을 보유하는 등 전국적인 규모를 가지고 있을 때만 정당으로 인정할 뿐이다. 게다가 반드시 중앙당이 있어야 하며 중앙당의 사무실은 서울에 소재해야 한다. 기초자치단체 단위 또는 1개 광역자치단체 단위에서 활동하고자 하는 지역정당은 애초부터 정당을 결성할 생각을 하지 말아야 한다.

헌법재판소는 정당설립의 자유에는 "조직형식 내지 법형식 선택의 자유"가 포함된다는 것을 분명하게 밝히고 있다(2006.3.30. 2004헌마246). 정당의 조직구성은 정당을 결성하는 당원들의 자유의사에 따라 자율적으로 정하는 것이 원칙이라는 설명이다. 그러나 현행『정당법』은 이미 일정한 제한을 설정하고 그 제한에 맞춰 정당을 만들 것을 강제하고 있다. 사람의 키에 침대를 맞추는 것이 아니라 침대에 사람의 키를 맞추는 프로크루스테스의 침대다.

정당의 난립을 막겠다는『정당법』시행의 목적을 달성하기 위한 방법은 여러 가지가 있을 것이다. 앞서 보았듯이『공직선거법』을 통한 선출의 방식을 달리함으로써 창당의 의욕을 저하시킬 수도 있다.『정치자금법』에 따른 정당교부금의 조정을 통해 활동이 미진한 정당은 자연스럽게 해산을 유도하는 방법도 가능할 것이다. 현재에도 원내에 의석을 가지고 있는 정당에 대해서는 평상시는 물론이고 선거시기에 국고보조금을 배분하지만, 원외 정당에 대해서는 거의 배분을 하지 않고 있다. 군소정당이 원내 진입을 하기 전까지는 최대한 알아서 자력갱생을 하되, 그럴 능력이 없으면 해산하라는 압박이다.

그런데 이러한 방식들은 일단 정당을 창당할 수 있는 가능성을 열어 준 후에야 검토될 수 있는 방식들이다. 처음부터 아예 정당을 창당하지 못하게 막아놓은 상태에서는 아무런 의미가 없다.『정당법』이 지역정당을 대하는 태도가 바로 이러한 것이다. 한정된 지역을 활동의 영역으로 삼고 주민이 주체가 되어 지역의 사안에 대해 정치적 참여를 의욕하여 지역정당을 창당하고자 하는 사람들의 '정당설립의 자유'는 이렇게 전면적으로 침해된다. 5개 광역당부를 가질 이유도 없고, 중앙당이 따로 필요 없으며, 한 지역에서 1천 명이나 되는 당원을 확보할 수도 없는 사람들의 정치결사의 자유가 완전히 봉쇄되는 것이다.

지역정당은 특성상 그 활동 영역의 한계가 분명하므로 단독으로는 전국선거인 국회의원 선거나 대통령 선거에 참여하지 못한다. 지역정당이 전국단위의 선거에 참여하기 위해서는 『공직선거법』 등 정치관련법에서 정당 간 선거연합이나 선거용 연합정당을 허용해야 한다. 또는 우호정당의 개념이나 유권자연대의 허용을 통해 전국단위 선거에 참여한 후보나 정당이 지역정당의 지지를 확보하는 방법 등도 가능하다. 그러나 이처럼 지역정당의 전국선거 참여는 특별한 제도적 보장의 문제일 뿐 정당설립 자체를 막는 것과는 전혀 별개의 문제이다.

국회의 의석 비율을 전제하여 제기되는 "대의민주적 기본질서가 제 기능을 수행하기 위해서는 의회 내의 안정된 다수세력의 확보"가 필요하다는 헌법재판소의 판단은 지역정당과는 무관한 사안에 대한 것임이 분명하다. 그럼에도 『정당법』이 지역정당의 설립 자체를 막는 것은 주권자에게 정치결사의 자유에 대한 최소한의 침해를 감수하도록 요구하는 것이 아니라 아예 그 기본권 자체를 행사하지 말라는 강요에 불과하다.

헌법재판소는 판례를 통해 "입법자가 임의적 규정으로도 법의 목적을 실현할 수 있는 경우에 구체적 사안의 개별성과 특수성을 고려할 수 있는 가능성을 일체 배제하는 필요적 규정을 둔다면, 이는 비례의 원칙의 한 요소인 '최소침해성의 원칙'에 위배된다"(1998. 5. 28. 96헌가12)고 명확하게 밝힌 바가 있다. 이러한 판단은 그대로 『정당법』에 적용되어야 한다.

특히 기본권 자체를 전면적으로 배제하는 것은 헌법 제37조 제

2항 후단이 천명하고 있는 "제한하는 경우에도 자유와 권리의 본질적인 내용을 침해할 수 없다"는 원칙에 위배된다. 우리 헌법은 어쩔 수 없는 경우에 기본권을 침해하더라도 필요 최소한에 그치라고 할 뿐 기본권 자체를 부정할 수 있는 여지를 두지 않았다. 지역정당 설립의 자유, 지역정당 활동의 자유 일체를 부정하는 『정당법』규정은 정치적 자유와 권리의 본질 자체를 침해하고 있다.

법익의 균형성
-지역정당이 없어야 공익이 더 커지는가?

지역정당이 허용되면 지역의 정치적 사안에 참여하고자 하는 사람의 기본권이 신장함으로써 사익(私益)이 증대하는 것은 분명하다. 그런데, 단지 사익만 증가할까?

과거에는 동서를 막론하고 사적인 정치결사를 공적 질서를 어지럽히는 존재로 인식하여 도당(徒黨), 붕당(朋黨), 파벌(派閥), 당파(黨派)라고 등한시하면서 척결의 대상으로 삼았다. 그러다가 근대 이후 오히려 보호되고 보장되어야 할 존재가 되었다. 정당이 조직적 체계를 갖추고 고유의 역할과 기능을 수행하면서 의회정치의 발달에 기여하고 있기 때문이다. 정당의 기능이 단순히 해당 정당에 참여하는 사람들의 사익만을 추구하는 것이라면 국가가 정당을 보호하고 정당활동을 보장할 이유가 없다.

앞서 살폈듯이, 현대의 정치구조에서 정당은 국민과 국가를 매개하는 역할을 하면서 국가 내부의 공적 체계에서 한 축을 담당한다. 조직 자체는 개인들이 공동의 정치적 지향을 기반으로 자유로운 의지에 의해 자발적으로 구성되며, 따라서 외부의 힘에 의한 강제를 배격하고 내부적인 사적 자치로 운영되는 특징을 가진다.

동시에 정당은 선거에 참여하거나 국정에 개입하면서 "국민의 정치적 의사 형성"을 주도하는 역할을 한다. 정당은 궁극적으로 자신의 정강과 정책을 현실화하는 것을 목표로 하며, 집권은 이를 위한 수단이다. 집권으로 가는 과정은 대중들의 이해와 동의, 지지와 참여가 필수불가결하다. 대중들로부터 존재의 의의를 인정받기 위해 정당은 공익을 추구하지 않을 수 없으며, 이로 인해 헌법재판소가 밝히고 있듯 "오늘날 민주주의에 있어 필수불가결한 요소"로 인정받게 된다. 헌법이 정당설립의 자유와 복수정당제를 보장하면서 정당에 대한 재정적 지원을 국가의 의무로 정하고 있는 이유이다.

지역정당 역시 정당이다. 전국정당이 수행하는 모든 기능은 지역정당을 통해 한정된 해당 지역에서 거의 유사한 형식으로 수행된다. 지역정당은 지역민의 정치적 의사 형성에 주력하며 이들의 동의와 지지를 기반으로 지역적 차원의 집권을 추구한다. 지역사안의 전국화와 전국사안의 지역화를 거치면서 지역에서 형성된 지역민의 의사는 타 지역민의 의사와 반목, 충돌, 소통, 합의의 과정을 통해 형성되는 "국민의 정치적 의사"의 한 축이 된다. 이로써 지역정당의 공익성이 확보된다.

하지만 현행 『정당법』은 지역정당을 전혀 염두에 두고 있지 않다. 왜 이런 제한을 두고 있는지에 대해서 헌법재판소는 이렇게 판단하고 있다.

"정당에게 5 이상의 시·도당을 요구한 제25조의 규정은 특정 지역에 지역적 연고를 두고 설립·활동하려는 이른바 지역정당을 배제하려는 취지로 볼 수 있고, 각 시·도당에게 1천인 이상의 당원을 요구한 제27조의 규정은 아직 당원을 충분히 확보하지 못하여 일정규모 이상 국민의 지지를 받지 못하거나 이익을 대변하지 못한다고 판단되는 이른바 군소정당을 배제하려는 취지로 볼 수 있다."

그렇다면, 이처럼 지역정당을 아예 처음부터 막아버림으로써 획득할 수 있는 공익은 무엇인가? 만일 지역정당으로 인한 폐해가 막중하여 지역정당을 아예 금지하는 것이 국가적 차원의 공익에 필수불가결하다면 지역정당은 불허될 수 있다. 그러나 이러한 조치는 지역정당이 존재한 상태에서 더 이상 그 활동을 사회적으로 용인할 수 없을 때 가능한 조치다. 지금처럼 아예 지역정당이 존재하지 않는 상황에서는 그 폐해를 입증할 방법이 없다.

문제의 각 규정은 '법익의 균형성' 원리에서 결정적 한계를 가진다. 법익의 균형성 원리는 법적 규제에 의해 침해되는 기본권보다 공익이 더 크거나 같아야 한다는 원리이다. 지역정당은 사적으로는 정치적 기본권을 보장하고, 공적으로는 지역 차원의 정치적 의사형성과 지역사안의 해결이라는 공익을 담보하는 조직이다. 이러한 사익과 공익을 규제해야만 확보할 수 있는 더 큰 공익은 무엇인가?

헌법재판소가 지역정당을 배제함으로써 추구하는 궁극적인 공익은 "대의민주적 기본질서가 제 기능을 수행"하는 것이다. 법무부와 헌법재판소의 논리에 따르면 이 공익은 크게 두 가지 양상으로 나타난다. 하나는 정당의 난립을 방지함으로써 국정의 혼란을 예방한다는 것, 다른 하나는 지역적 연고에 의존하는 정치풍토를 예방함으로써 국가 전체의 이익을 도모한다는 것이다.

우리가 핵심적으로 분석해야 할 부분은 이러한 내용의 공익이 과연 지역정당과 관련한 개인의 정치적 기본권보다 중요한 것인지, 지역정당을 보장할 때 확보할 수 있는 공익보다 지역정당을 막음으로써 확보할 수 있는 공익이 더 큰지이다.

기실 이러한 논의 자체가 어불성설이다. 대의민주적 기본질서의 작동이 지역정당의 존립과 양립할 수 없는 가치가 아니기 때문이다. 지역정당이 있으면 대의민주적 기본질서가 기능부전에 빠진다거나, 지역정당이 없을 때 비로소 대의민주적 기본질서가 제 기능을 수행한다는 어떠한 실증적 근거도 없다. 더구나 오늘날 한국사회에서 이러한 공익은 실체가 없는 가상의 개념일 뿐이다. 지역정당 자체를 경험해본 바가 없기 때문이다.

하지만 비교법적 및 비교정치학적 검토를 통해 지역정당의 공익성 존재 여부를 유추할 수는 있다. 즉 외국의 사례를 통해 지역정당의 장단점을 분석함으로써 법무부와 헌법재판소의 우려가 합리적인지 판단할 수 있다.

제1장에서 간략하게 확인하였지만, 외국의 경우 지역정당이나

지역유권자연대와 같은 정치결사는 매우 흔하다. 이러한 정치결사가 나타났다가 사라지거나 이합집산을 이루며 정치적 활동을 하는 건 매우 자연스러운 현상일 뿐이다. 지방자치의 수준이 높은 국가일수록 지역정당이 활성화되어 있으며, 정작 지역정당이 활성화된 나라 중 지역정당으로 인하여 "대의민주적 기본질서가 제 기능을 수행"하지 못했다는 실증적 사례는 발견되지 않는다.

오히려 지역정당이 불허되어왔던 지난 시기, 우리는 "대의민주적 기본질서가 제 기능을 수행"하지 못하는 상황에 시시각각 부딪혀야 했다. 거대 양당이 반반씩 자리를 나누어 가진 국회에서 벌어진 법안이나 예산안 날치기며, 2019년 패스트트랙 정국에서 발생한 원내 폭력사태는 물론, 그들만의 리그를 위해 위성정당을 만들어 의석을 독식하면서도 부끄러운 줄 모르는 그 수많은 파행은 지역정당이 없는 상태에서 "대의민주적 기본질서가 제 기능을 수행"하지 못한 사례들이다.

더 심각한 문제는 지역정치에 있다. 자치분권의 핵심은 풀뿌리 정치, 즉 지역정치의 활성화에 달려 있다. 그러나 지역정당이 불허되어 있는 상태에서 지역정치는 거대 전국정당의 대리 정쟁의 장으로 전락했다. 앞에서 확인했던 것처럼, 지역정치는 중앙정치를 양분하고 있는 거대 양당 정치의 속지일 뿐이며, 자치분권 내지 지역정치 강화라는 세계사적 추세에 역행하면서 중앙정치의 이해관계에 따라 후보 공천을 남발하는 등의 문제가 지속되고 있다. 지방소멸 위기 등 난제의 대두로 인해 가장 정치적 관심이 고조되어야 할 시국에 정치 자체에 대한 회의와 냉소가 커져 간다. 그 결과로 대두되는 요구가 기초지방의회의원의 정당공천제를 폐지하라는 주장이다.

정당의 본분은 자당의 강령과 정책에 부합하는 "국민의 정치적 의사 형성"에 있다. 이를 위한 실천적 과정으로 가장 중요한 것이 각종 선거에 자당의 후보를 내고 이를 당선시키는 것이다. 그런데 정당에게 후보를 추천하지 말라는 요구가 횡행하는 것은 주민들이 정당을 신뢰하지 못한다는 것을 의미한다. 이것은 국민의 정치적 의사 형성이라는 정당이 수행해야 할 고유의 공익적 책무를 기존 전국정당들이 다하지 못했다는 뜻이다.

이렇게 볼 때, 문제의 『정당법』 각 규정을 통해 보호하려는 공익은 그 실질이 없음을 알 수 있다. 오히려 이들 규정은 지역정당을 통해 확보할 수 있는 공익을 고려하지 않은 근시안적 규정일 뿐이다. 정당설립 및 정당활동의 자유라는 국민의 기본권을 침해하여 확보할 수 있는 공익이라는 건 존재하지 않는다. 결국 『정당법』의 제 규정은 법익의 균형성이라는 원리조차 만족하지 못함을 알 수 있다.

국제·보편 기준을 벗어난
지역정당 규제

'법을 통한 민주주의 유럽위원회(European Commission for Democracy through Law)'는 유럽평의회(Council of Europe: CoE) 각료이사회의 결의에 따라 1990년 5월에 설치되었다. 베를린 장벽이 붕괴된 후 중·동유럽 국가들의 유럽 헌법 전통의 기준에 맞는 헌법 채택 및 법치국가화를 지원하기 위한 목적으로 발족하였다. 유럽평의회 산하기구로서 회원국 간 협력기구인 동시에 국제 헌법 자문기구로서 기능한다. 회원국에 대한 헌법적 지원, 유럽의 헌법적 전통 연구 및 각국 헌법재판소 간 협력강화 등의 활동을 하는 기구이다. 위원회의 소재지가 베니스이기 때문에 '베니스 위원회(Venice Commission)'라고 불린다.

2023년 현재 유럽평의회 회원 47개국과 비유럽 회원국 14개국으로 총 61개 국가가 베니스 위원회의 회원국으로 가입되어 있으며,* 한국은 1999년 옵저버 국가로 가입한 후 2006년 6월 1일

---

*   베니스 위원회 홈페이지, https://www.venice.coe.int/webforms/events/

에 회원국이 되었다.* 베니스 위원회가 한국의 대중에게 널리 알려진 계기는 2014년에 있었던 헌법재판소의 통합진보당에 대한 해산 결정 과정에서였다. 베니스 위원회가 지속적으로 제시한 정당과 관련한 중요한 문서들이 당시 헌법재판소의 결정 과정에 적용될 수 있었기 때문이었다. 특히 베니스 위원회가 1999년 12월 총회에서 채택한『정당의 금지와 해산 및 유사 조치에 관한 지침』과 2010년 10월 총회에서 채택한『정당 규제에 관한 지침』은 당시 통합진보당 해산조치의 부당함을 입증하는 데 근거가 되는 국제적 규범이었다.

이들 문서 가운데 지역정당과 관련하여 반드시 살펴봐야 할 문서는『정당 규제에 관한 지침(Guidelines on Political Party Regulation by OSCE/ODIHR and Venice Commission, 2010)』이다. 특히 이 문서는 베니스 위원회가 '유럽안보협력기구 민주제도 인권사무소(OSCE/ODIHR: OSCE Office for Democratic Institutions and Human Rights)'와 공동으로 채택한 것이어서 그 의미가 크다. 지침은 정당을 규제할 때 전제되어야 할 10가지 원칙을 제시하고, 그에 대한 구체적인 해설을 통해 각국이 헌법적으로 정당을 보호하고 그 활동을 보장하기 위한 법적 지침을 제공하고 있다. 베니스 위원회는 이 지침을 채택한 지 10년이 지난 2020년『정당 규제에 관한 지침 제2편(Second edition)』을 채택하였다. 이 두 지침에는 지역정당의 보호와 보장에 관하여 현행『정당법』의 문제를 확인할 수 있는 중요한 기

---

* 외교부, 2006.5.29. 보도자료.

준들이 포함되어 있다.

『정당 규제에 관한 지침(2010)』이 천명하고 있는 10가지 원칙은 ① 결사의 자유, ② 결사의 자유를 보호해야 할 국가의 의무, ③ 합법성, ④ 비례성, ⑤ 비차별성(non-discrimination), ⑥ 평등대우, ⑦ 정치적 다원주의, ⑧ 정당 관련 입법의 올바른 집행, ⑨ 권리 침해에 효과적으로 구제를 받을 권리, ⑩ 책무성이다. 먼저 이 10가지 원칙 중 지역정당과 밀접하게 관련된 내용을 살펴보자.

첫 번째 원칙에서, 정당을 결성할 개인의 권리는 최대한 간섭받지 말아야 한다. 결사의 권리가 제한될 수는 있지만, 그 제한은 엄격하게 해석되어야만 하며, 제한이 정당화될 수 있는 명백하고도 필연적인 근거가 있어야만 한다. 더불어 결사의 자유를 광범위하게 보호하기 위해서는 정당 역시 불필요한 간섭을 받지 않아야 한다. 이하 원칙들은 첫 번째 원칙이 선언한 대명제의 원리를 어떻게 달성할 것인지에 대한 내용들로 이루어져 있다.

국가는 정당을 구성할 권리를 자유롭게 행사할 수 있도록 법률을 제정할 책임이 있고, 결사의 자유가 침해될 때 이에 대한 적절한 배상을 제공하고 침해의 중지를 보장할 책임이 있다(원칙 2). 결사의 자유에 대한 제한은 민주사회에 필요하고 정당한 목적을 근거해야 하며, 제한하는 법은 명확하고 정확해야 하고, 법 위반 시 어떤 제재를 받는지 알 수 있어야 한다(원칙 3). 제한하는 법률은 그 제한의 목적을 달성하는 데 효과적이어야 하며, 금지되는 조치는 좁게 적용되어야 한다(원칙 4). 이상의 원칙들은 우리 헌법이 정하고 있는 '과잉금지의 원칙'과 일치한다.

한편 지역정당과 관련하여 주목할 만한 원칙들은 다음과 같다. 정당에 대한 규율은 일률적으로 적용되어야 하며, 정당을 결사하는 개인이나 집단이 국가에 의해 다른 정당보다 유리하거나 불리한 대우를 받아서는 안 된다(원칙 6). 정당에 관한 법률은 다원주의적 정치환경을 촉진하는 목표여야 하며, 정치적 다원주의의 원칙을 침해하지 않도록 신중해야 한다(원칙 7).

지침은 이 원칙과 관련하여 해설 주석(interpretative notes)을 상세하게 제시하고 있다. 지역정당과 관련하여 중요한 사항을 살펴보자.

먼저 지침은 정당에 대한 법적 규제가 정당의 활동이나 권리를 부당하게 제한해서는 안 된다고 못 박고 있다. 정당에 대한 입법은 정당의 역할을 촉진하고, 적절한 기능과 권리의 완전한 보호를 보장하는 데 초점을 맞춰야만 한다(2010 지침 Ⅷ. 1. b. 29). 법에 금지가 명시되지 않은 모든 활동은 허용되는 것으로 간주해야 하며(Ⅷ. 4. a. 43), 정치적 활동과 정치적 표현을 위한 필수적인 수단으로서 정당의 형식과 기능은 제한되어선 안 되고, 법원이나 당국은 그러한 제한을 좁게 해석해야 한다(Ⅷ. 4. a. 44). 특히 이 부분은 주로 정당의 해산과 관련한 사항이지만, 정당의 결성 제한 또는 결성 자체를 금지하는 경우에도 반드시 고려해야 할 사항이다.

비례성과 관련하여, 지침은 정당에 대한 모든 제한은 목적에 부합하도록 구성되어야 하며, 국가는 이러한 제한이 국민의 이익을 위한 것임을 입증할 책임이 있다(Ⅷ. 4. e. 50.). 이에 따르면, 왜 지역정당을 제한하는 것이 국민의 이익을 위한 것인지 명확할 때에야 비로소 현행 『정당법』은 비례성을 충족할 수 있게 된다. 하지만 현행 『정당법』은 이에 대해 어떠한 납득할 만한 근거를 제시하지 못하고 있다.

지침은 거듭해서 민주주의가 기능하는 데에 정당의 역할이 중요하므로, 정당설립에 대한 제한은 필요한 경우에만 극히 제한적으로 이루어져야 한다는 것을 강조한다(Ⅷ. 5. a. 63). 지침은 정당등록이 그 자체로 결사의 자유를 침해하는 것은 아니지만(Ⅷ. 5. b. 65), 등록을 위한 요건과 절차는 합리적이어야 함을 지적하고 있다(Ⅷ. 5. b. 66). 이 요건은 특정한 지역을 대표하는 정당을 제한해서는 안 된다는 원리로 이어진다.

"지리적 범위(geographic area)를 대표하는 정당의 제한에 관한 규정은 일반적으로 관련 법률에서 삭제되어야 한다. … 그러한 규정들은 또한 군소정당과 소수민족을 대표하는 정당에게 차별적으로 불리한 영향을 미칠 수 있다(Ⅷ. 5. e. 80)."

"당원의 지리적 분포에 대한 요구는 잠재적으로 지역(local) 또는 지방(regional) 수준에서 결사의 자유와 양립할 수 없는 심각한 정치적 참여의 제한이 될 수 있다. 따라서 지리적 고려는 정당설립을 위한 요구사항이 되어서는 안 된다. 지방 또는 지역에 기반을 둔 정당이 금지되어서도 안 된다(Ⅷ. 5. e. 81)."

베니스 위원회가 밝힌 지침은 회원국 내에서 분리독립을 주장하는 지역주의 정당(regionalist party)을 염두에 둔 것이라 이해할 수 있다. 하지만 굳이 분리독립까지 가지 않더라도 지역에 한정된 정당은 세계적으로 보편적인 양상이며, 따라서 지침이 말하는 "지방 또는 지역에 기반을 둔 정당"은 우리 『정당법』이 설립 자체를 막고 있는 바로 그 지역정당이라고 봐야 한다. 지역에 한정된 정치적 결사체를 원천봉쇄하는 현행 『정당법』이 국제적 기준에 현저히 미흡한 상태임을 알 수 있다.

또한 지침은 정당의 금지(prohibition)와 해산에 대해서도 일정한 기준을 제시하고 있다. 금지 또는 해산에 적용되는 기준은 정당설립을 규제하는 데에 적용되어야 할 기준의 성격도 가지고 있다. 지침은 "금지 또는 해산은 정당의 존립에 대한 완전한 축출(ban)"이라고 단정하면서, "국가가 정당을 해산하거나 결성을 금지할 수 있는 기회는 예외적으로 좁게 맞추어져야 하며 극단적인 경우에만 적용되어야 한다"고 그 한계를 명확히 하고 있다(Ⅷ. 6. a. 89).

『정당 규제에 관한 지침(2010)』은 이처럼, 지역정당은 정치결사의 자유, 정당의 설립과 정당 활동의 자유라는 개인적 자유를 보장하는 방법 중 하나이며, 특정 지역을 대표한다는 이유만으로 그 설립이 금지되어서는 안 된다는 원칙을 밝히고 있다. 만일 그 규제가 불가피하다면 그 이유와 금지의 목적이 분명해야 하며, 규제의 방식이 합법적이고 비례적이어야 한다는 원칙 또한 천명하고 있다.

베니스 위원회는 『정당 규제에 관한 지침(2020)』에서 몇 가지 부가적 사항을 보완하여 정리하고 있다. 우선 본 지침의 주요한 주제가 개인의 권리에 대한 것이 아니라 결사의 자유의 집단적 차원, 즉 정당에 집중한 것임을 밝히고 있다. 지침의 주목적이 정당의 규제에 관한 원칙을 정하는 것임을 『정당 규제에 관한 지침(2010)』보다 분명하게 정립하고 있는 것이다. 정당에 적용되는 결사의 자유는 개인에게 보장되는 결사의 자유와 같은 내용으로 이루어져 있다. 정당이 불필요하고 불균형한 간섭으로부터 자유로워야 하며, 정당의 결사의 자유에 대한 제한은 정당한 이유가 있어야 한다(2020 지침 Ⅲ. 35).

이 지침은 또 정당에 대한 국가의 존중, 보호 및 촉진 의무를 제시하고 있다. 정당에 관련한 일반법이나 특별법이 자유롭게 정당을 구성할 권리를 행사하는 데 필요한 메커니즘을 제공하도록 보장하는 것이 국가의 책임임을 밝힌다. 결사의 자유를 촉진하기 위한 다른 수단으로 규제요건의 간소화, 규제요건이 과도하게 부담이 되지 않도록 하는 보장, 자원에 대한 접근 촉진, 불리하거나 취약한 개인 또는 집단이 당면한 특정한 과제를 극복하기 위한 적극적인 조치들을 포함할 수 있다(Ⅲ. 41).

지침은 보다 세세하게 정당에 대한 규제는 목적의 정당성, 수단의 적정성, 침해의 최소성이 만족되어야 하며, 특히 금지조치가 정당의 "권리를 완전히 소멸시키거나 그 본질을 침해해서는 안 된다"고 선언한다(Ⅲ. 50). 국가는 정당에 대한 규제가 "절박한 사회적 필요와 적절하고 충분한 이유가 존재"함을 증명해야 한다(Ⅲ. 51). 이러한 내용은 우리 헌법 제37조 제2항의 규정과 정확하게 일치한다. 따라서 지역정당에 관한 사항 역시, 헌법이 정한 규정은 국제적 기준과 궤를 같이하고 있는 것이라고 해석할 수 있다.

지침은 국가가 정당을 결성하고 등록하기 전에, 서명의 취합이나 당원(수)에 기하여 지지의 최소 수준에 관한 증빙을 요구할 수 있다고 전제하면서도, 그 최소 요구는 합리적이고 민주적으로 정당해야 하며 군소정당의 정치활동을 제한하거나 소수를 대표하는 정당을 차별할 정도로 부담이 되어서는 안 된다는 점을 명확히 한다(Ⅳ. 2. c. 94). 정당 결성을 위한 기준점(thresholds)은 정치적 다원주의의 원칙을 침해하지 않는 수준에서 정당화된다.

특히 이 기준점을 설정하는 데 필요한 최소 인원은 적어도 지역 또는 지방의 수준에서 특정 선거구 안의 전체 유권자 중 합리적 비율로 결정되는 것이 바람직하다(Ⅳ. 2. c. 95). 이 기준은 시민들의 지지를 확인할 수 있는 서명을 수집하는 것으로도 가능하고, 당원을 기준으로 설정할 수도 있다. 이때 창당을 위해 필요한 최소한의 당원 수는 합리적이고 부담스럽지 않아야 한다(Ⅳ. 2. c. 97).

지금까지 베니스 위원회가 제시하고 있는『정당 규제에 관한 지침(2010)』과 그 두 번째 편인『정당 규제에 관한 지침(2020)』을 지역정당과 관련된 내용을 중심으로 간략하게 살펴봤다. 정당에 대한 규제 입법의 기준은 지침들이 밝힌 원칙과 우리 헌법 제37조 제2항의 과잉금지원칙 간에 차이가 없음을 확인했다. 즉 목적의 정당성, 수단의 적합성, 침해의 최소성, 법익의 균형성이라는 과잉금지원칙은 베니스 위원회의 각 지침에서도 확인되는 것으로서, 이 경우 베니스 위원회가 밝히고 있는 정당 규제에 대한 원칙은 한국의『정당법』에도 그대로 적용될 수 있는 것이다.

지금까지 검토해 본 결과, 문제가 되는 현행『정당법』의 규정들은 헌법의 과잉금지원칙은 물론 베니스 위원회의 지침들에도 부합하지 않음을 확인할 수 있다. 입법목적은 불명확하며 정부와 헌법재판소의 설명은 자의적이다. 유권해석기관 중 어느 곳으로부터도 합리적으로 납득할 만한 기준이나 원리가 제시되지 않는다. 규제의 수단은 추상적이고 광범위하여 엄밀한 원칙이라 할 수 없을 정도다. 그러함에도 그 규제가 필요 최소한에 그치는 것이 아니라 결사 자유의 본질적 내용을 이루는 지역정당을 설립할 권리 자체를 침해하고 있다.

　이 위헌적『정당법』으로 인해 국민은 정치적 기본권의 중요한 일부를 침해당하고 있다. 그 권리침해의 상태가 1962년 이래 지금까지 이어지고 있다. 수많은 사람의 희생을 거쳐 군부독재를 종식시키고 겨우 민주주의 체제를 되찾았건만, 정작 그 민주 체제가 군부독재의 설계에 따라 유지되고 있는 것이다. 이 모순을 계속 감내하는 것은 민주공화국 시민의 자존심을 해치는 일이다. 이 상태를 앞으로 계속 지속할 수는 없다. 이제 근본적으로 이 부당한 체계를 도려낼 방법을 고민할 때이다.

제6장

지역정당을 만들 수 있는 세상으로

제도의 정비 방향

60년 넘게 생명을 연장해오고 있는 현행『정당법』은 태생의 원죄에 갇혀 있다.『정당법』이 군부의 집권을 위한 도구로써 출발했기 때문이다.『정당법』은 공권력이 승인하지 않은 정치조직은 용납하지 않겠다는 제도적 결의였다. 무력을 앞세운 고압적인 군부의 결단 앞에서 반민주적이고 위법한 국가권력에 맞서려는 정치는 위축될 수밖에 없었다. 이 강박의 고리를 끊은 건 주권자들이었다. 주권자들의 힘으로 군부독재를 종식시켰고, 주권자들이 쟁취한 민주화 덕분에 평화로운 정권 교체가 가능해졌다.

하지만 군부독재가 만들어놓은『정당법』은 원형의 틀을 그대로 유지한 채 살아 있다. 군부정권이 물러났는데 군부의 집권을 위해 만들어진 도구는 여전히 그 힘을 발휘하고 있는 이 모순적 상황은 우리를 당혹스럽게 만들기에 충분하다. 그런데 어찌된 영문인지, 이 난해한 제도적 현실에 대해 사람들은 전혀 당혹감을 느끼지 않고 있다. 마치 당연하다는 듯 숨을 쉬는 것처럼 이 상황에 순응한다.

아니 사실은 이런 문제가 있다는 자체를 인식하지 못하고 있다는 것이 정확할지도 모른다. 왜냐하면 현재의 정당들이, 특히 거대양당이 별다른 문제의식 없이 이『정당법』을 받아들이고 있기 때문이다. 일부 의원들이 문제를 제기하곤 했지만 사실상 거대 양당은 당 차원에서 현행『정당법』의 구조를 승인하고 있다. 이러한 암묵적 카르텔에 의해『정당법』은 거대 양당을 비롯한 기성 정당들의 기득권 보장을 위한 도구로 그 기능을 발휘하고 있다. 군부독재의 역사성을 직간접적으로 승계하고 있는 정당만이 아니라 자신이 민주화의 주역이라고 자부하는 정당들조차 현행『정당법』의 덕을 톡톡히 보고 있는 상황이다. 역사의 아이러니는 이렇게 납득하기 어려운 형태로 우리 앞에 등장하곤 한다.

『정당법』은 태생에서부터 가지고 있는 근원적 문제점 때문만이 아니라 변해가는 시대를 규율하는 데 적절하지 못한 구조로 인해 지속적인 비판의 대상이 되어왔다. 당연하게도 그동안『정당법』을 개정해야 한다는 전문가와 학계의 지적은 계속 이어졌다. 그 요구 중에는 지역정당의 설립이 가능한 내용으로 개정이 필요하다는 주장도 여러 차례 있었다. 그 지적을 받아 일부 정치인은『정당법』 개정안을 발의하기도 했다. 법률을 개정하려는 노력이 어떻게 이어졌는지 살펴보자.

중앙당만 서울에 없는
전국정당 입법안들

『정당법』에서 중앙당의 수도 소재 규정은 가장 빈번하게 삭제를 요구받은 규정 중 하나다. 정치관계법 개혁을 위한 국민청원들도 중앙당 수도 소재 규정은 반드시 없애야 할 조문으로 지적해 왔다. 또한 지역정당 설립이 가능한 방향으로 의원입법 발의된 『정당법』 개정안들은 하나같이 중앙당 수도 소재 규정을 삭제하는 내용을 포함하고 있다.

그런데 여기서 주의할 점이 있다. 중앙당 수도 소재 규정을 삭제하는 내용의 『정당법』 개정안이 모두 지역정당을 허용하자는 내용을 담고 있는 것은 아니라는 점이다. 다시 말해, 일부 법안들은 단지 '중앙당이 서울에 없는 전국정당'에 관한 법안들이었다.

현행 『정당법』이 중앙당을 서울에 두라고 강제하고 있으므로, 사실상 지역기반의 전국정당들조차 중앙당은 서울에 설치해야 하는 불합리가 분명히 존재한다. 지금의 거대 양당이 대표적인 사례다. 더불어민주당은 호남을, 국민의힘은 영남을 자신들의 정치적 자원으로 기지화하고 있다. 이 두 당은 서울이 아니라 자신들의 지역적 거점에 중앙당을 두는 것이 정치적 상징을 획득하는 데 더 유리할지도 모른다. 하지만 법이 수도에 중앙당을 두라고 했으므로, 이 두 당은 서울에 중앙당을 두어야만 한다.

이와는 정반대의 효과도 발생한다. 이 규정은 정당등록을 위한 요식 절차로서의 의미만을 가지지 않는다. 이 규정은 한국에 존재하는 전국정당이 실제로는 모두 서울정당이라는 것을 상징한다. 거대 양당이 아무리 지역을 정치적 기반으로 한다고 하더라도, 결국 이들이 내놓는 정강 정책은 서울 중심을 벗어나지 못한다. 겉으로는 경제, 교육, 의료, 문화 등 모든 면에서 지역을 꺼내 들고 균형발전을 이야기하지만, 그들이 내놓는 기준은 서울의 이해를 벗어나지 않는다. 국회입법조사처의 연구에 따르면, 이러한 정당 구조로 인하여 지역정치가 활성화되지 못하고 있으며, 지역에 기반한 정당의 자생적 성장을 저해하는 결과로 이어지고 있다고 한다.* 이러니 각 개정안이 무엇보다도 중앙당은 수도에 소재해야 한다는 규정을 폐지해야 한다는 데에 일치된 의견을 내는 건 당연하다.

그러나 단지 중앙당만 지역에 두도록 하는 데 그치는 법안들을 지역정당의 정의에 부합하는 지역정당의 설립을 허용하도록 하는 법안이라고 볼 수는 없다. 기존 연구나 언론보도 중 상당수가 이런 법안까지 모두 지역정당 설립을 가능하게 하는 『정당법』 개정안이라고 평가하고 있는데, 적절하지 않다.

---

* 강원택 외, 「정보화와 정치관계법의 변화 방향」, 국회입법조사처 정책연구용역보고서, 2009.

지역정당의 개념을 다시 한번 상기하자. 지역정당은 활동의 범위를 정당이 소재하고 있는 지역으로 한정하고, 지역문제의 해결 및 지역 주민의 의사형성에 기여하며, 해당 지역의 선거에 참여하는 것을 주된 활동으로 하는 정당을 말한다. 지역정당의 특징 중 하나는 단위정당만으로는 전국을 정치활동의 무대로 하지 않는다는 점이다. 전국적 활동을 통해 전 국민적 의사형성을 목적으로 활동하는 전국정당과 극명하게 구별되는 지점이다.

그렇다면 중앙당의 소재지를 서울로 한정하지 말자고 하지만, 실질적으로는 지역정당을 허용하는 법안이 아닌 사례들은 무엇이 있을까?

19대 국회(2012년 4월~) 당시 발의된 이원욱 의원 안(의안번호 5277)은 개정 취지에서 "중앙당의 소재를 수도로 한정할 이유가 없고, 이를 정당의 정책에 따라 자유롭게 결정할 필요성이 있음" 이라고 적시하고 있다. 개정안의 내용 또한 중앙당을 서울이 아닌 곳에 설치할 수 있도록 "수도에 소재하는"이라는 구절을 삭제하는 데 그치고 있다. 더욱이 이 법안에는 시·도당과 관련하여 새로운 규정을 삽입하고 있다. 시·도당을 두도록 한 규정(법 제3조)에 단서를 달아 시·도의 인구, 면적, 교통 등 각각의 특수성에 따라 하나의 시 또는 도에 2개의 광역당부를 설치할 수 있도록 하자는 것이다.

이 법안은 그 외에 지역정당의 정의에 부합하는, 현재와는 다른 형태의 정당을 만들 수 있는 규정을 제안하지 않고 있다. 결국 법안의 취지와 제시된 개정안을 검토하여 볼 때, 이 법안은 본래적 의미의 지역정당을 허용하려는 법안이 아니라 전국정당의 구성요건 일부를 변경하는 안에 불과하다.

19대 국회 주승용 의원 또한 유사한 『정당법』 개정안(의안번호 11485)을 발의하였다. 이 법안의 취지는 "다양한 지역의 의견을 반영할 수 있는 정당"이 필요하다는 것이었고, 그 방안은 "수도에 소재하는"이라는 구절을 삭제하는 것이었다. 하지만 이 법안 역시 그 외에 지역정당을 허용하는 내용은 전혀 담고 있지 않았다. 결국 중앙당이 서울에 없는 전국정당을 허용하자는 취지였을 뿐이다.

비슷한 시기에 황주홍 의원의 대표 발의로 상정된 『정당법』 개정안(의안번호 12244)은 "일부 지역만을 기반으로 하는 지방정당의 설립을 보장"하려는 취지로 중앙당 수도 소재 규정의 삭제와 1개 광역당부만으로 정당설립이 가능하도록 규정했다. 법안의 취지만 놓고 보면 광역정당의 설치를 목표로 하는 것처럼 해석될 여지가 충분하다. 하지만, 이 법안이 지역정당의 의의에 부합하는 광역정당을 염두에 둔 것인지는 분명하지 않다. 오히려 앞의 개정안들처럼 하나의 광역자치단체만을 지역적 근거로 할 수 있는 전국정당을 허용하자는 안이라고 보는 것이 타당하다.

이와 유사한 『정당법』 개정안은 이후에도 연이어 제출되고 있다. 21대 국회에서(2020년 4월~) 민형배 의원이 제출한 법안(의안번호 12802)은 중앙당 수도 소재 규정 삭제를 개정안으로 제시하고 있다. 한편 이 법안은 각 시·도에 설치하는 광역당부의 최소 당원 수를 현행 1천 명 이상으로 획일화하지 말고 각 시·도의 인구에 비례하여 조정하자는 참신한 주장을 담고 있다. 법안 취지에 따르면, 2020년 12월 31일 기준 경기도민은 1,340만 명을 넘는 반면 제주특별자치도민은 67만 명에 불과하므로 양 광역자치단체에 설치하는 광역당부의 법정 당원 수를 일률적으로 하는 것은 형평에 어긋난다는 것이다.

시·도당의 최소 당원 수를 인구비례로 하자는 주장은 상당한 설득력이 있다. 그러나 이러한 법정 당원 수 조정과는 별개로, 이 법안은 현행『정당법』이 규정하고 있는 전국정당의 틀을 근본적으로 변경하는 것이 아니다. 단지 중앙당이 서울에 없는, 그러면서도 각 시·도당의 당원이 해당 지역의 인구와 비례하는 그런 전국정당을 설치하는 것일 뿐이다.

김두관 의원의 개정안(의안번호 14952) 또한 중앙당 서울 소재 규정 삭제를 내용으로 하고 있다. 그 외에는 현행『정당법』규정 중 어떠한 변화도 적시하지 않고 있다. 법안의 취지는 중앙당을 원하는 곳에 둘 수 있도록 함으로써 균형발전을 꾀하겠다는 것이다. 이러한 취지와 내용에 비추어 볼 때, 이 법안 역시 지역정당의 의의에 부합하는 지역정당을 허용하자는 것과는 거리가 먼 것이라고 하겠다.

민형배 의원 안과 김두관 의원 안에 대하여 행정안전위원회 전문위원의 검토보고서는 "개정안과 같이 중앙당의 수도 소재 규정을 삭제하더라도 중앙당과 시·도당의 조직체계에는 변화가 없고 … 법체계상 특별한 문제는 없는 것으로" 보인다고 평가하고 있다.* 결국 전국정당만을 인정하는 현행 법체계의 근간에 별다른 영향을 미치지 않는 법안들인 것이다.

조응천 의원의 법안(의안번호 20702)도 마찬가지다. 이 법안은 중앙당 수도 소재 규정을 삭제하는 한편, 시·도당의 법정 당원 수를 산정하는 기준을 변경하는 안을 제시하고 있다. 현행 『정당법』은 최소 5개 이상의 시·도당(법 제17조)에 각각 1천 명 이상의 당원을 두도록(법 제18조 제1항) 규정하고 있다. 조응천 의원의 개정안은 이를 변경하여, 1개 이상의 시·도당만으로도 정당을 만들수 있도록 하고, 몇 개의 시·도당에 분산되어 있든 간에 모두 합쳐 5천 명 이상의 당원만 있으면 정당의 창당이 가능하도록 하자고 규정한다.

조금 더 설명하자면, 예를 들어 현행 규정대로 A당을 만들고자하면, 우선 최소한 5개의 시·도당을 두어야 한다. 그리고 각 시·도당마다 각각 1천 명의 당원을 확보해야 한다. 이렇게 해서 전체 당원의 수가 5천 명인 당을 만들어야 한다. 하지만 조응천 의원의 안에 따르면, 시·도당은 1개만 있어도 된다. 이 하나의 광역당부에 5천 명 이상 당원이 있으면 그것으로 족하다. 만일 시·도당을 3개 만들었다면 이 세 광역당부 전체 당원의 합이 5천 명 이상이

---

* 전문위원의 검토보고에 따르면, "개정안과 같이 중앙당의 수도 소재 규정을 삭제하더라도 중앙당과 시·도당의 조직체계에는 변화가 없고 단지 중앙당의 사무소를 서울특별시의 경계 안에 두어야 한다는 조건만 해제된다는 점에서 법체계상 특별한 문제가 없는 것"이라고 판단하고 있다. 제400회 국회(정기회 제10차 행정안전위원회 제출, 정당법 일부개정법률안 검토 보고, 202, 7쪽.

면 된다. 또는 시·도당을 10개 만들었다고 하더라도 그 각 광역당부에 속한 당원의 합이 5천 명만 되면 정당등록이 가능하다.

현행『정당법』의 구조와 비교하면 상당히 독특한 개정안이라고 할 수 있다. 그러나 이 개정안 또한 본질적으로 전국정당만을 허용하고 있는 현행『정당법』의 체계를 바꾸는 것은 아니다. 최소 당원 수를 만족하는 한 광역당부가 1개 이상이면 몇 개가 되더라도 상관없다는 것 외에 현재의 정당구성의 골간을 변경하는 내용은 아닌 것이다.

만일 이상 열거한 법안들이 채택되어『정당법』의 개정이 이루어진다면, 개정된『정당법』에 의해 만들어지는 정당들은 모두 대통령 선거, 국회의원 선거에 참여할 수 있다. 전국정당들이기 때문에 가능한 일이다. 이러한 특수성은 한정된 지역을 활동의 대상으로 하는 지역정당과는 전혀 다르다. 그럼에도 기존 연구 또는 언론에서는 이러한 법안들을 마치 지역정당의 설립을 가능하게 하는『정당법』개정안인 것처럼 잘못 이해하고 있었다.

주의해야 할 것은 이런 오해가 향후 지역정당을 제도화하는 과정에 혼선을 야기할 수 있다는 점이다. 이러한 법안들이 제시하는 정도의 개정만 되면 지역정당의 창당이 가능할 수 있다는 오해가 학계나 언론계에 의해 확산되는 것은 바람직하지 않다. 자칫하면 다양한 형태의 전국정당의 창당은 보장하지만 도리어 전형적인 지역정당은 만들 수 없게 되는 함정에 빠질 수 있기 때문이다. 지역정당의 개념과 의의에 대한 혼선은 제거되어야 한다.

지역정당을 허용하는
정당법 개정안

　　이제 지역정당의 의의에 부합하는 지역정당을 설립할
수 있도록 규정하는 개정안을 살펴보자. 지역정당의 필요성을 역
설하면서 정치개혁의 주요 과제로 『정당법』 개정을 제시한 건 18
대 국회에서 제기된 국민청원이었다. 참여연대(청원인 임종대)가 청
원하고 강기정 의원이 소개한 이 국민청원(청원번호 1800130)은 중
앙당의 수도 소재 규정을 삭제하고, 1천 명 이상 1개 광역당부만
으로 "광역단위의 '지방정당'을 설립할 수 있도록 개정"하는 안을
제시하고 있다. "결사의 의지를 가진 유권자라면 누구나 지방정당
을 구성할 수 있도록" 하자는 취지다.

　　이 청원의 개정안이 정확하게 지역정당을 허용하자는 것인지가
아주 명확한 것은 아니다. "광역단위의 지방정당"이라는 표현을
사용하고는 있으나, 이것이 활동영역을 광역으로 한정한다는 것
인지 아니면 하나의 광역단위에서만 조직되더라도 전국적인 선거
에 참여할 수 있다는 것인지 명확하지 않은 것이다. 다만, 청원의
취지에서 '지방정당'이라는 용어를 분명하게 사용하고 있으므로
지역정당의 의의에 부합하는 지역정당의 설치를 제시한 안이라고

해석할 수 있을 것이다.

18대 국회의 말미에 원혜영 의원이 대표 발의한 『정당법』 개정안(의안번호 14390)은 지역정당의 설치를 본격적으로 규정하고 있다. 법안의 취지는 "현행법상의 정당과는 별개로 지역밀착형 주장이나 정책을 추진하고, 해당 지역의 정치적 의사결정에 지역 주민들의 적극 참여를 제고하는 지역정당을 '자치정당'으로 하고 성립 근거를 마련"하려는 것이었다. 이 법안은 '자치정당'에 대한 장을 새로 설치하고 자치정당의 구성에 대하여 규정하고 있다.

우선 이 법안에서 자치정당은 "2개 이상의 읍·면·동을 관할구역"으로 활동의 영역을 한정한다. 자치정당은 30명 이상의 당원으로 창당할 수 있으며, 해당 관할구역 내의 지방의회의원 및 자치단체장의 선거에 후보를 추천할 수 있다. 정당의 등록 등 여타 정당활동과 관련한 사항은 『정당법』의 다른 규정을 준용하도록 하고 있다.

이 법안은 지역정치의 출발점을 읍·면·동으로 하고 있다는 점에서 의미가 크다. 풀뿌리 민주주의의 근간이 되는 지역정치가 주민의 면대면이 가능한 범위에서 가장 효과적으로 작동한다는 점을 염두에 둘 때, 읍·면·동에서 지역정치를 활성화하고자 하는 이 법안은 풀뿌리 민주주의에 가장 적절한 지역적 범위를 상정하는 안이었다. 다만, 굳이 중앙지부와 마을지부를 설치하도록 규정한 것은 여전히 전국정당의 중앙당에 대한 고정관념을 해소하지 못한 것이라 하겠다.

20대 국회 초기에 제기된 국민청원은 더욱 상세한 내용으로 지역정당의 보장을 요구하고 있다. 한국정치학회(청원인 강원택)가 청원하고 김세연·유승희 의원이 소개한 이 안은 우선 현행『정당법』의 시·도당 근간의 지역조직을 구『정당법』과 같이 지구당 체제로 전환할 것을 규정하고 있다. 지구당을 30명 이상의 당원으로 구성할 수 있도록 한 것 역시 구『정당법』과 같다. 그런데 여기서 "하나의 지구당만으로 정당을 구성한 경우 지구당이 중앙당을 대신"할 수 있도록 하는 규정을 삽입함으로써 기초정당 규모의 지역정당 설립을 보장하고 있다.

이 청원에 따르면, 기초지방자치단체 규모를 활동 영역으로 하는 기초정당으로서 30명의 당원이 있으면 독립적인 창당이 가능하다. 이 독립적인 기초정당의 운영은 전국정당의 중앙당을 규율하는『정당법』규정을 준용한다. 비록 창당 및 절차와 관련된 규정 외에 실질적인 선거 참여 등을 보장하기 위한 선거법의 개정이 뒤를 이어야 하겠지만,『정당법』자체에 구체적으로 지역정당을 규정한 안으로서 의미 있는 청원이었다. 다만, 기초정당의 명칭을 '지구당'이라고 함으로서 전국정당의 지역조직과 외형상 구분이 모호해진 점을 지적할 수 있다.

2017년 9월에는 다양한 시민단체의 명의로『정당법』개정안을 포함한 정치관계법 개정 국민청원이 쏟아졌다. 고 노회찬 의원이 소개한 정치개혁 경남행동의 국민청원(청원번호 2000104), 이상민·김광수·변재일 의원이 소개한 참여자치 지역운동연대의 국민청원(청원번호 2000106)이 있었고, 각 지역 정치개혁공동행동의 명의로 제기된 3건의 국민청원이 천정배 의원에 의해 소개되었다.

청원의 주체는 달랐지만 모든 청원은 동일한 내용이었다. 이들 청원은 크게 두 방향의 정당설립 요건 완화 방안을 제시하고 있었다. 하나는 전국정당의 창당 요건을 완화하라는 것이었다. 즉 『정당법』을 개정하여 현행 5개 이상의 광역당부 설치 요건을 1개 이상으로 낮추고, 최소 당원 숫자도 1천 명에서 5백 명으로 줄이자는 것이었다. 이 청원에 의하면 5백 명의 당원을 가진 단일한 광역자치단체 단위를 근거로 하는 전국정당의 창당이 가능하다.

이들 청원은 두 번째로 지역의제를 다루면서 지방선거에만 후보를 낼 수 있는 정치결사체의 승인을 법제화하도록 요구하고 있다. 예를 들어 독일에서 "유권자단체(선거인단체)라는 이름으로 지역 주민들이 정치결사체를 만들어 지방선거에 후보를 낼 수 있음"이라면서, 한국에서도 이처럼 지역 주민들이 만든 정치결사체를 보장하라는 것이었다. 단, 지역 주민의 정치결사체 보장은 『정당법』의 개정을 통해서가 아니라 선거법 개정으로 법제화하자는 것이 청원이 제시한 방안이었다.

이때 제시된 청원들은 천정배 의원의 『정당법』 개정안으로 정리되어 발의(의안번호 10467)되었다. 천정배 의원의 개정안은 국민청원의 틀에 맞추어 두 방향으로 이루어졌다. 우선 중앙당 수도 소재 규정의 삭제와 5개 이상 시·도당을 1개 이상으로 하향 조정하는 내용을 규정하였다. 이로써 전국정당도 창당의 요건이 획기적으로 완화되는 효과가 발생할 수 있다.

다음으로 이 개정안은 '지역정당'에 대한 장을 따로 신설하는 것을 내용으로 하였다. 신설되는 장의 구성은 이전의 원혜영 의원 안과 거의 흡사하지만, 몇 가지 점에서 중요한 차이가 있었다. 앞서 원혜영 의원 안에서는 신설되는 장의 제목이 '자치정당'이었 는데 천정배 의원 안은 이를 '지역정당'이라고 하였다. 다음으로 원혜영 의원 안은 자치정당의 활동영역을 읍 · 면 · 동으로 하고 있었던 것에 반해 천정배 의원 안은 광역자치단체와 기초자치단 체를 기준으로 하고 있었다. 따라서 천정배 의원의 안에 따르면 현행 행정구역을 기준으로 광역정당과 기초정당을 창당할 수 있 게 된다.

원혜영 의원의 개정안은 자치정당에는 중앙지부를 두어야 한다. 고 규정되어 있지만, 천정배 의원의 안은 중앙당에 비견되는 조직 의 설치에 대해선 별도의 규정을 두지 않고 있다. 이 점에서는 천 정배 의원의 개정안은 관례적으로 중앙당을 상정하는 정당구조에 관한 고정관념을 깬 것이라 주목된다. 한편, 원혜영 의원의 개정안 은 자치정당의 관할구역 안에서 치러지는 지방선거에 자치정당이 참여할 수 있다고 규정하고 있지만 천정배 의원의 개정안에는 선 거와 관련된 규정이 없다.

그런데 천정배 의원의 안에서는 각 지역정당의 최소 당원 수가 30명 이상으로 되어 있을 뿐, 광역정당과 기초정당의 최소 당원 수를 구별하지 않고 있다. 법안이 광역정당과 기초정당을 모두 허 용하도록 함에도 각 규모에 따른 최소 당원 수에 차등을 두지 않 은 이유가 법안구성의 과정에서 이 부분을 놓친 것인지, 아니면 당 원 정원의 법정은 광역정당과 기초정당을 불문하고 30명이면 충 분하다고 판단한 것인지는 확인되지 않는다.

이렇게 18대부터 20대 국회에 이르기까지, 전국정당 설립요건 완화 및 지역정당 설립 허용을 내용으로 하는 각종 국민청원과 의원입법 발의가 이어졌지만, 모두 국회의 임기만료로 폐기되었다. 일부 법안은 상임위 법안소위에서 전문위원의 의견을 수렴하는 등의 논의까지는 이루어졌고, 어떤 법안은 본회의의 안건에 포함되기도 했지만 정작 제대로 된 논의는 이루어진 적이 없다. 지역정당을 허용하자는 논의는 제법 오랜 연원을 가지고 있지만, 번번이 입법부에 의해 외면당해왔던 것이다.

21대 국회에서도 지역정당을 허용하자는 법안이 발의되었다. 이상민 의원이 발의한 『정당법』 개정안(의안번호 17721)은 우선 중앙당 수도 소재 규정의 삭제는 물론 법정 시·도당의 수(법 제17조)와 법정 당원 수에 대한 규정(법 제18조)을 전면 폐지하고 있다. 다만 발기인 100명 이상으로 창당준비위를 구성할 것을 규정하고 있어 이 규정만 만족하면 지역조직의 수와 당원 수에 대한 별도의 제한 없이 정당을 만들 수 있다. 또한 전체적인 법안의 구조로 볼 때, 기초정당이든 광역정당이든 그 형식을 가리지 않고 지역정당을 설립하는 것이 가능해 보이며, 최소 발기인 수 역시 기초정당과 광역정당 모두에 해당하는 것으로 보인다.

이상민 의원의 개정안은 특히 온라인을 기반으로 하는 정당을 허용하자는 내용을 포함하고 있어 이채롭다. 개정안에서 규정한 정의에 따르면 온라인정당은 "온라인 플랫폼을 이용하여 그 활동을 하는 정당"이다. 법안은 또한 온라인정당의 조직 및 활동이 활성화될 수 있도록 국가가 이를 보장할 것을 규정하고 있다. 이상민 의원의 개정안은 급격하게 고도로 진척된 정보사회의 현실에 부합하는 정당조직을 제시하고 있다는 점에서 평가받을 만하다.

다만, 이상민 의원의 개정안은 지역정당과 관련하여 유효성을 확보할 수 있는 면밀한 장치가 미흡하다. 이 개정안은 중앙당 자체를 완전히 해소하는 내용으로 하고 있음에도 불구하고 중앙당이라는 별도의 조직이 있어야 하는 것처럼 오인할 수 있는 규정을 두고 있다. 예를 들어 개정안 제3조는 "정당은 중앙당과 당헌·당규에 따라 두는 하부조직으로 구성할 수 있다"고 되어 있다. 그러나 법안 전반의 구조를 볼 때 굳이 중앙당이라는 법정 기구를 규정할 필요가 없다. 법안에 따르면 정당이 하부조직을 어떻게 두느냐는 법으로 규율하는 것이 아니라 전적으로 정당의 자체적인 필요에 따라 결정할 문제이다. 또한 지역정당을 만들었을 때는 굳이 중앙당이라는 개념이 아예 필요치 않게 된다. 특히 이 법안의 특장점 중 하나인 온라인정당은 중앙당이란 개념이 적용될 수 없다. 따라서 이 개정안 역시 중앙당이라는 표현을 별도로 제시하지 말고 단순하게 정당으로 일원화하는 것이 적절하다.

또한 이상민 의원의 개정안은 해석상으로는 지역정당의 설립이 가능하다고 주장할 수 있지만, 명문의 규정이 없어 개정안만으로는 그 실질을 확인할 방법이 없다. 발기인이 100명 이상이 되면 족하다 하더라도, 기초정당에까지 이 규정을 적용한다는 것은 과도하다. 앞서 확인했던 다른 법안들과 비교할 때, 이렇게 되면 해석상 기초정당이 가능하다고 할지라도 실질적으로는 광역정당만을 허용하는 것이라고 해석할 수도 있다. 만일 이 법안의 본래 취지가 후자라면 지역정당을 설립할 수 있도록 완전히 보장하자는 법안이라고 하기는 어렵게 된다.

이상민 의원의 발의 이후 윤호중 의원이 또 다른 『정당법』 개정안을 발의(의안번호 19766)했다. 윤호중 의원의 개정안은 이전에 발의되었던 원혜영 의원의 안이나 천정배 의원의 안과 거의 같은 구조를 가지고 있다. 윤호중 의원의 개정안은 지역정당에 관한 장을 신설하고 여기에서 지역정당의 구성 및 등록에 관한 내용을 규정하고 있다. 지역정당은 "전국이 아닌 일부 지역만을 활동 대상으로 하는 정당"이라고 정의되며, 중앙당만으로 구성할 수 있고, 100명 이상의 당원을 확보하여야 한다. 그 외 사항은 원혜영 의원안 및 천정배 의원 안과 대동소이하다.

그런데 윤호중 의원의 개정안은 지역정당을 중앙당만으로 구성한다고 하는 한편, 정당의 등록에 대해서는 전국정당의 중앙당이 수행하는 등록절차를 거의 준용하고 있다. 이 법안 역시 정당이라고 하면 중앙당이 있어야 한다는 고정관념에서 벗어나지 못하고 있는 것이다. 한편, 이 법안은 기초정당과 광역정당을 따로 구분하지 않고 있다. 법안의 구성을 검토하면 중앙당 개념의 존치와 100명 이상의 당원 하한을 규정한 것으로 미루어 광역정당을 염두에 두고 있는 것으로 보인다.

이상민 의원 개정안과 윤호중 의원 개정안이 21대 국회에서 의미 있게 다루어질 수 있을지는 의문이다. 그러나 지역정당과 관련된 『정당법』 개정안의 경과를 검토하면 작게나마 지역정당의 본래 모습에 가까운 제도적 정비가 이루어지고 있음을 알 수 있다. 양질전환의 법칙을 신뢰하는 입장에서, 이렇게 차근차근히 정비되는 안들이 양적으로 누적되고 있으니 조만간 지역정당의 설립을 규정하는 『정당법』 개정의 시기가 도래할지도 모른다는 희망을 가져 본다.

정당제도의
개선 방향

    이상으로 1962년 체제로 정립된 정당에 관한 법적 규율의 구조를 어떻게 바꿀 것인지에 대한 논의의 경과를 일별했다. 지금까지 제시되었던 개정안들에는 몇 가지 고려해야 할 점이 있다. 첫째, 지금까지 제시된 개정안들 중 지역정당의 설립을 허용하는 개정안과 단지 전국정당의 중앙당 소재지를 수도로 하지 않을 뿐인 개정안을 명확하게 분리해야 한다. 후자도 당연히 필요한 사안이지만 전자와는 그 성격이 전혀 다른 법안임을 주의해야 한다.

    이때, 지역정당의 설립을 허용하는 제도개선의 방향은 기초정당이든 광역정당이든 그 규모를 가리지 않고 창당할 수 있도록 해야 한다. 이렇게 해야 다양한 정치세력의 공공연한 경쟁을 통한 정치활동을 보장한다는 제도개혁의 취지를 비로소 만족할 수 있다.

    다양한 규모의 지역정당이 만들어지고, 그 이후 각 지역정당들이 정치적 필요에 따라 얼마든지 이합집산하는 과정에서 필요하면 기초정당이 광역정당으로 덩치를 키울 수도 있고 광역정당이 기초정당으로 전환할 수도 있다. 이러한 과정들이 정치결사의 자체적인 결정에 의하여 자유롭게 이루어질 수 있도록 보장해야 한다. 윤호중 의원은 별도의 『정당법』 개정안(의안번호 19176)을 통해 정당연합을 허용할 것을 제안하고 있다. 정당연합이 허용된다면 지역정당 간의 연합 또는 지역정당과 전국정당의 연합이 가능해지면서 더욱 다채로운 정치활동이 벌어질 것이다.

둘째, 지역정당과는 관계없는 중앙당 설치 의무와 같은 규정은 매우 제한적인 범주에서 고려되어야 한다. 중앙당이 반드시 필요하다는 고정관념이 작동하게 되면 지역정당을 창당하는 데 불필요한 규제를 억지로 만들게 된다. 광역정당을 창당하려면 기초정당을 몇 개 두어야 한다든지 하는 규정이 새로운 법체계에 도입될 이유가 없다. 광역정당이라고 할지라도, 지역조직을 반드시 둘 필요가 없다. 만일 이러한 체계가 강요되면 기초정당 또한 행정동별로 몇 개의 지역조직을 두어야 한다는 식의 과도한 규제가 병행될 우려가 있다. 한 발 더 나가자면, 아예 중앙당 설치 의무 규정 자체를 없애야 한다.

셋째, 정당의 구성요건을 지금보다 간소화하거나 기준 자체를 폐지하는 것을 고려해야 한다. 정당의 최소 당원 수를 법정하는 것이 그 대표적인 예다. 현행 『정당법』을 모델로 하여 관련 입법을 할 경우, 예를 들어 광역정당의 당원은 최소 몇 명이어야 하며 기초정당의 당원은 최소 몇 명이어야 한다는 식의 규정이 도입될 수 있다. 그런데 과연 최소 당원이 몇 명이어야 하는지를 어떤 기준으로 설정할 수 있을지 의문이다.

광역정당을 창당한다고 가정해 보자. 그렇다면 그 기준은 몇 명이 적절한가? 광역 시·도의 인구에 비례하여 당원 수에 차등을 두는 방법도 제기될 수 있다. 지역정당 허용 법안은 아니지만, 인구비례로 광역시도당의 당원을 달리하자는 민형배 의원 안을 검토해 보자.

민형배 의원 안은 광역시 인구를 고려하여 인구비례로 각 광역당부의 최소 당원 수를 달리 정하자고 제안한다. 단 어떤 기준으로든 당원의 수는 "1천 명 이내의 범위"라는 기준에 부합해야 한다. 그런데 어느 광역자치단체를 기준으로 할 것인지가 법에 명확히 설정되어 있지 않다. 만일 서울을 기준으로 한다면, 경기도는 서울보다 최소 당원 수가 많아야 하는데 이때 "1천 명 이내의 범위"라는 규정을 충족하기 위해선 아무리 광역자치단체의 인구가 서울보다 많더라도 1천 명을 넘어서는 최소 당원을 요구해서는 안 된다.

반면 도민이 67만 명에 불과한 제주특별자치도는 인구 1천만 명의 서울시당 당원 1천 명을 기준으로 하면 67명의 당원만 있으면 된다는 결론이 나온다. 그 반대의 경우는 불가능하다. 즉 만일 기준 인원 1천 명을 제주특별자치도에 맞춘다면 서울시당의 당원은 1만 5천 명이 되어야 한다. 하지만 법이 "1천 명 이내"로 당원을 규정하고 있어 제주도를 기준으로 한다면 어떤 광역 단위든 모두 1천 명 이내로 획일화될 수밖에 없다.

또 하나 문제는 기준지의 인구가 변동할 때는 어떻게 하느냐이다. 만일 가장 많은 인구를 가진 광역 시·도를 기준으로 한다고 해보자. 2023년 현재 가장 많은 인구를 보유한 곳은 경기도다. 그래서 경기도를 기준으로 인구비례에 따라 각 시·도당의 당원 수를 설정하였다고 하자. 그런데 시간이 흐른 후 경기도 인구가 현격하게 줄어든다면? 다른 시·도의 당원 수는 더 줄여야 하는가? 또는 서울의 인구가 갑자기 폭증한다면 그땐 기준지를 서울로 바꿀 것인가? 이처럼 인구비례에 따른 당원의 숫자 조정이 얼핏 보기에는 합리적인 것처럼 보이지만, 이런 기준이 정치적으로 합당한지는 의문이다.

기존에 제출된 정치개혁 공동행동의 안에 따르면, 광역정당을 구성할 수 있는 최소 당원의 수를 지금의 절반인 5백 명으로 하고 있다. 그런데 1천 명은 많고 5백 명은 적정하다고 할 수 있는가? 앞서 예를 든 제주특별자치도의 경우, 굳이 5백 명의 당원을 확보해야만 광역정당을 설치할 수 있다고 할 필연적인 이유는 찾기 힘들다. 서울을 활동 영역으로 하는 서울당의 당원이 5백 명 이상이어야 한다고 규정하는 것 역시 납득할 수 있는 기준을 찾긴 어렵다.

기초정당으로 가면 이 문제는 더욱 심각해진다. 기초정당을 창당할 때, 한국정치학회가 30명의 당원을 최소한의 기준으로 제시한 것은 현행 시·도당 기준으로『정당법』이 개정되기 전 지구당 설치규정을 두었던 때의『정당법』기준에 맞춘 것으로 보인다. 이렇게 되면 시·군·구 단위의 기초정당을 만들 때 그다지 큰 부담이 없는 것처럼 보인다. 하지만 구『정당법』의 지구당 기준에 맞추어 30명이라는 정원을 설정할 필연성을 확보하기는 어렵다. 1962년 이전의 정당등록 내지 신고 규정을 살펴보더라도 미군정 시기에는 3명을 기준으로 할 뿐이었고, 박정희 쿠데타 이전까지는 아예 그 기준이 없었다.

광역정당의 당원 수를 인구비례로 한다면 기초정당도 그렇게 해야 할 터이다. 그렇다면 어떤 기초자치단체를 기준으로 당원 수를 조정할 것인가? 만일 기초정당 당원의 숫자를 30명으로 하고 가장 많은 인구를 보유한 기초자치단체인 수원시를 기준으로 인구비례에 따라 각 기초자치단체의 최소 당원 수를 결정한다고 해보자. 수원의 인구가 119만 명이므로, 주민 8,967명인 울릉군의 기초정당 당원 최소 숫자는 0.23명이 된다. 사람을 자연수 아닌 수로 분리할 수는 없으므로 결국 울릉군에서 만들어질 수 있는 기초정당은 단 1명의 당원만으로도 정당등록이 가능하다. 이것이 적절하다고 생각하긴 어렵다.

가장 좋은 방안은 정당을 창당하기 위해선 몇 명 이상의 당원을 가져야 한다는 제한 자체를 없애는 것이다. 그러나 사회경제적 및 정치적 환경과 관행으로 인해 어쩔 수 없이 정당의 설립에 필요한 당원의 최소 숫자를 제도적으로 설정할 수는 있다. 다만 그 기준은 자유로운 정당의 결성을 방해할 정도의 과도한 숫자가 되어서는 안 되며, 이러한 수를 정하는 과정은 민주적인 합의를 거쳐야 한다. 특히 이러한 기준을 정할 때 기존 거대 양당의 이해관계가 개입되지 않도록 주의해야 할 것이다.

넷째, 당원의 자격 문제다. 지역정당과 관련하여 현행『정당법』상 문제가 되는 규정은 국적 제한 조항(법 제22조 제2항), 복수당적 금지 조항(법 제42조 제2항), 당원의 지역당부 관할구역 내 주소지 의무조항(법 제18조 제2항)이다. 당원자격과 관련된 다른 문제점, 예를 들면 공무원이나 사립학교 교원의 당원자격을 금지하는 규정들에 대한 논의는 열외로 하더라도, 열거한 규정들은 지역정당과 관련해 반드시 검토가 필요하다. 국적 규정은 『지방자치법』이나 『공직선거법』 등 관련 법률들과의 관계에서도 발상의 전환이 필요하다. 복수당적 금지는 지역정당의 활동영역 확장과 향후 선거연합 또는 연합정당 허용 과정에서 문제가 발생할 수 있다. 당원 주소지 제한 규정은 의제정당, 부문정당, 온라인정당의 허용과 충돌할 수 있다.

현행 『공직선거법』은 영주의 체류자격을 취득한 후 3년이 지난 외국인에게는 지방선거에 한하여 선거권을 부여하고 있다. 이에 대하여 일각에서는 외국인의 참정권을 상호주의에 따라 조정할 필요가 있다는 주장이 제기되고 있다. 외국에 거주하고 있는 우리 국민에게 이와 유사한 선거권을 부여한 나라가 많지 않은 상황에서 우리만 외국인에게 선거권을 부여하는 것이 적절하냐는 문제 제기에 따른 방안이다. 그러나 일정한 지역에서 일정한 주거를 보유하고 일정기간 이상 삶을 영위하고 있는 사람에게 자신의 생활 환경에 영향을 미칠 수 있는 정치적 사안에 대한 참여의 권리를 포기하도록 만드는 것은 민주적 원리에 부합하지 않는다. 상호주의 원칙을 기계적으로 적용할 사안이 아니다.

외국인의 참정권 문제는 조세제도와도 연관을 갖는다. 기본적으로 연간 6개월 이상 체류하는 외국인은 직업, 주거, 재산 등과 관련하여 소득세, 상속·증여세, 종합부동산세 등 각종 국세를 납부해야 한다. 특히 1년 이상 일정 지역에서 거주하는 외국인은 주민세를 부담해야 하고, 재산세, 자동차세 등 종류별 지방세를 납부하여야 한다. 병역 등 국민이 부담해야 할 헌법상의 의무를 외국인이 모두 부담하지는 않지만, 내국인과 별다른 차이 없이 납세의 의무를 지고 있는 만큼 그에 부합하는 권리, 즉 지방자치와 지역정치에 참여할 권리를 보장해야 한다.

이와 관련하여 지역정당이 만들어질 때, 해당 지역에 거주하는 외국인이 지역정당에 입당하여 참정권을 행사하도록 보장하는 것이 타당할 것이다. 외국인에게 당원자격을 부여하느냐의 여부는 각 정당이 자체적으로 결정할 사안으로 남겨두어야 한다. 국가가 법률로 당원자격 여부를 일일이 규정한다면 이와 관련해서도 상대주의의 문제가 제기될 수 있다. 그러나 국가가 정당의 구성에 대한 간섭과 개입을 최대한 자제하고, 정당의 일은 정당이 알아서 한다는 원리에 충실한다면 외국인의 당원자격 부여는 별다른 문제가 없을 것으로 판단된다.

다음으로 복수당적의 허용 여부다. 비교법적으로 국가가 정당의 당원이 될 자격을 지정하면서 복수의 당적을 갖지 못하도록 법률로 규정한 나라들이 없지는 않다. 『정당법』으로 복수당적을 금지하고 있는 나라의 예로는 라트비아, 에스토니아, 우크라이나, 우즈베키스탄, 이스라엘, 이라크, 체코, 카자흐스탄, 캄보디아, 케냐, 콜롬비아, 페루 등이 있다.

이처럼 소수의 몇몇 국가를 제외하고는 복수당적을 금하는 법규를 둔 나라가 없고, 앞서 보았듯 OECD 국가들을 필두로 대부분의 국가들은 아예 『정당법』 자체를 입법하지 않고 있다. 따라서 복수정당의 허용 여부는 개별 정당이 자체적으로 결정한다. 영국의 노동당, 일본의 자민당, 스페인의 국민당 등은 당규로 이중당적을 금지하고 있다. 복수당적이 문제가 되는 것은 선거에 출마한 후보가 어느 정당의 소속이냐를 따질 때뿐이다. 출마자의 당적을 일원화하도록 선거법으로 정한 나라로는 호주를 예로 들 수 있다. 그나마도 선거를 위한 정당연합이 가능하다면 큰 문제가 되지도 않는다.

한국은 실질적인 양당제가 정착된 상태인 데다가 『정당법』을 비롯한 정치관계법의 경직성으로 인해 정당 간 합종연횡이 자유롭지 않은 편이다. 거대 양당에서 일부 세력이 분당했다가 다시 합치는 일은 자주 있는 일이지만, 전혀 다른 성격과 지향을 가진 정당들이 선거의 승리 또는 연립내각 구성 등의 목적으로 연합정당을 만드는 일은 현행 제도에서는 불가능한 일이다.

그러나 지역정당의 설립이 가능해지면 동시에 정당연합이 가능하도록 제도를 바꿀 필요가 있다. 지역정당이 자연스러운 외국의 경우 연합정당 역시 자연스러운 정치의 일환일 뿐이다. 중남미 국가들에서 흔하게 볼 수 있는 소위 '핑크 타이드(Pink Tide)'나 그리스의 시리자(SYRIZA), 스페인의 포데모스, 프랑스의 좌파연합은 정당연합의 사례들이다. 좌파만이 아니라 우파 역시 이러한 연합정당을 만들곤 하는데, 대표적인 예가 이탈리아의 중도우파연합(Coalizione di centro-destra)이다. 명칭은 중도우파지만 극우정당도 함께하는 경우가 있다. 전형적 중도우파연합으로는 독일의 기독교민주연합(CDU)과 바이에른 기독교사회연합(CSU)의 정당연합이 그 사례가 될 것이다. 중도우파연합이라고는 해도 CDU/CSU의 정강 정책은 한국의 어지간한 진보정당보다 더 진보적인 경우가 많다.

정당연합은 경쟁 정당과는 다른 정치적 지향과 정책을 갖고 있지만 유효한 세력권을 형성하지 못한 군소정당들에게는 유력한 기회의 장이 될 수 있다. 단기적으로는 선거 승리, 장기적으로는 내각에 참여하여 자당의 정책을 실현하기 위한 방안으로 정당연합의 활용도는 매우 높다. 특히 지역정당의 경우 정당연합이 가진 가능성은 반드시 획득해야 할 정치적 자원이다. 지역정당 간 또는 전국정당과의 정당연합을 통해 확장력을 극대화할 수 있다. 전국정당과의 정당연합은 지역사안을 전국사안화하는 계기가 된다. 반대로 전국정당의 입장에서는 전국사안을 지역사안화하는 통로가 확보된다.

그런데 현행 『정당법』처럼 복수당적을 법으로 금지할 경우, 지역정당이 수행하려는 정치활동의 확장력은 억제될 수밖에 없다. 정당연합의 기능 중 하나는 자신이 속한 정당의 당적을 버리지 않은 상황에서 정당연합의 일원이 되어 정치활동을 할 수 있다는 점이다. 복수당적을 금지하게 되면 이러한 정치활동은 당연히 허용되지 않는다. 비교법적으로 보더라도 지역정당과 전국정당 양쪽에 당적을 두거나, 지역정당과 의제정당 또는 부문정당에서 동시에 당원으로 활동하는 것에 대한 국가적 제재는 그다지 흔하지 않다. 더 활발한 정당정치를 목적으로 한다면 차제에 복수당적의 금지 여부는 법이 아니라 정당의 자율에 맡기도록 해야 할 것이다.

당원의 자격과 관련하여 또 하나 남은 문제는 관할지역에 주소
지를 둔 사람들만 당원이 될 수 있도록 하는 규정이다. 이것은 의
제정당(예를 들면 생태환경 관련 정당, 복지 관련 단일의제정당 등)이나 부
문정당(예를 들면 페미니즘당, 노동자당 등), 온라인정당(예를 들어 해적
당)을 허용하게 될 때 특히 문제가 될 수 있다. 지금까지 발의된 지
역정당을 허용하는 내용을 규정한 『정당법』 개정안 중 당원의 주
소지 규정에 대해 전향적인 태도를 보인 법안은 이상민 의원의 개
정안이다. 이 개정안은 당원의 주소지를 규정하고 있는 현행법 제
18조 전체를 폐지하는 내용을 담고 있다. 이렇게 될 때만 의제정
당이나 부문정당, 온라인정당의 당원이 되고자 하는 사람들을 폭
넓게 인정할 수 있다.

『정당법』 개선 방향의 다섯 번째는 지역에 한정되지 않은 정당
을 허용하는 것이다. 위에서 본 것처럼, 의제정당이나 부문정당,
온라인정당은 활동의 영역을 지역에 국한하지 않는다. 물론 지
역의 의제에 천착한 지역정당은 당연히 정치활동의 지역적 영역
이 한정되겠지만, 그렇지 않은 정당들의 성립도 자유롭게 보장
되어야 한다. 이상민 의원의 개정안이 가진 장점이 여기 있다. 해
당 법안은 주로 온라인정당을 강하게 부각하고 있지만, 마찬가
지로 의제정당이나 부문정당 역시 이 법안에 따라 충분히 설립
이 가능하다.

의제정당이나 부문정당, 온라인정당은 공간적 제약을 초월한
공동의 관심사와 사회적 문제에 관심을 가진 사람들의 정치적 결
사를 가능하게 만들어준다. 이들 정당은 지역에 근간한 정당과는

다른 주제와 방향에서 정치주체의 참여를 독려하고, 기존의 지역 기반 정당이 접근하기 어려운 의제들을 해결할 책임을 감수한다. 지역에 근거한 정당들이 가질 수밖에 없는 빈틈을 채워줄 수 있는 이들 정당이 활동할 수 있는 장을 열어줘야 할 것이다.

마지막은 정당의 형식이 아닌 결사체의 정치활동 보장이다. 지금까지 논의된 내용은 정당이라는 고유한 정치결사의 전형을 전제한 것이었다. 그러나 군이 정당만이 현실정치의 주체가 되어야 할 것은 아니고, 정당 이외의 정치결사가 정치적 경쟁의 장에 함께 할 수 있는 여지를 넓혀주는 것이 필요하다. 정당은 물론이려니와 정당 외의 다른 정치결사들은 주로 선거에 참여함으로써 현실정치의 한 주체가 될 수 있다.

이 문제는 『정당법』의 개정을 통해서 해결하거나 또는 『정당법』 외에 다른 제도적 정비를 통해 해결할 수 있다. 예를 들어 일본의 확인단체 제도나 독일 등 유럽의 유권자연대 보장의 방식도 도입할 수 있을 것이다. 선거법으로 이들의 참여를 보장할 수도 있다. 선거법 외에도 일본처럼 정치자금법이나 정당조성법으로 보장하는 방법, 또는 우리의 경우 1960년 제정·시행되었던 정치운동에 관한 법률과 같은 제도적 장치를 마련하는 방법도 고려할 수 있을 것이다. 이렇게 되면 정당이 아닌 시민사회단체가 선거 시기 후보를 출마시키거나 지지 활동을 수행할 수 있게 될 것이다.

현행 『정당법』의 개정도 어려운데 과연 이러한 내용들을 담은 법제의 정비가 이루어질 수 있을지는 의문이다. 하지만 어떤 형태로 첫 출발을 하든, 지금까지 간단하게 언급했던 사항들은 갈수록 더 깊이 논의하고 판단해야 한다. 우선 가장 쉬운 것부터 출발하자는 주장은 설득력이 있다. 즉 중앙당 수도 소재 규정부터 삭제시킨 후 단계적으로 문제의 법규들을 정비하자는 주장은 나름의 타당성을 가지고 있다. 그러나 지역정당의 허용 여부는 중앙당이 서울에 있느냐 없느냐 만으로 구체적인 효력이 발생하는 것은 아니다. 지금까지 검토한 것처럼, 중앙당 규정뿐만 아니라 다른 규정들이 총체적으로 정비되지 않는 한 지역정당의 설립은 난망할 수밖에 없다.

학계는 그동안『정당법』의 개정 방향, 특히 지역정당 설립의 허용을 내용으로 하는 연구를 누적해왔다. 지역정치를 솔선하고 있는 활동가들 및 정치인들 또한 수도 없이 지역정당의 필요성을 제기해왔다. 의회 안에서도 간헐적으로나마 지역정당의 창당이 가능한 제도마련을 위해 구체적인 법률개정안까지 제출되기도 했다. 하지만 그동안 제시된 각 개정안들에 대한 구체적인 검토가 국회에서 이루어지지 않았다.

20대 국회가 끝날 때까지 국회의 각 임기 중에 지역정당 관련『정당법』개정안은 본회의에서는 물론 소관 상임위에서조차 제대로 논의된 적이 없다. 이 글을 작성하고 있는 현재, 21대 국회 역시 지역정당의 설립이 허용될 수 있는『정당법』개정안이 여러 개 상정되어 있음에도 불구하고, 임기 종료가 다가오는 지금까지 이에 대해서는 아직도 구체적인 논의과정이 시작되지 않고 있다.

모든 문제는 그 안에 이미 해답을 가지고 있다고 한다.『정당법』이야말로 이 경구에 정확하게 부합하는 문젯거리이다. 1962년 체제를 넘어 진정한 정치적 자유가 생동하는 민주사회로 전진하기 위한 방안이 그동안 없었던 것이 아니다. 정치학자와 법학자들이, 현장의 활동가들이 이미 문제에 대한 나름의 대답을 내놓은 지 오래다. 열쇠를 꽂고 돌려야 하는 위치에 있는 사람들, 즉 종국에 입법으로 문제를 해결해야 하는 국회가 함구하고 있을 뿐이다. 자신들의 기득권을 영구적으로 향유하기 위해.

제7장

지역정당, 기대와 가능성에 대하여

지역정당을 설립하고자 하는 다양한 시도들이 이어지는 가운데, 지역정당에 대한 사회적 이해도의 증진과 응원, 특히 직접 지역정당을 창당하고자 하는 의욕이 확산되고 있다. 이미 설립을 마치고 정당등록을 요구하면서 헌법소원을 제기한 앞의 사례들은 물론, 그 외에 전국의 여러 지역에서 지역정당 설립의 타당성과 가능성을 검토하는 움직임이 활발하게 전개되는 중이다.

하지만 이렇게 긍정적인 이해와 우호적인 분위기만 있는 것은 아니다. 현존하는 정치구조의 각종 문제점과 결부하여 지역정당의 등장이 정치적 혼란을 가중할 수 있지 않겠느냐는 우려 역시 여러 측면에서 제기되고 있다. 이러한 우려는 지역정당이 모든 문제를 해결할 수 있는 만능의 열쇠가 아니기에 얼마든지 제기될 수밖에 없다. 특히나 군사정권에 의한 1962년 체제의 형성 이래 지금까지 지역정당이라는 형식의 정치적 결사체를 단 한 번도 실질적으로 경험해보지 못한 탓에 "이게 과연 될까" 또는 "이런 정치결사가 잘 운영될 수 있을까" 하는 의구심은 더 커지게 된다.

갈등의 원인과 대안에 충실할 지역정당

　　지역정당을 이야기하면 가장 먼저, 그리고 가장 많이 제기되는 의문은 지역감정과 관련된 것이다. 현재 한국은 영남과 호남을 갈라놓고 이 분열적 상황에 기대 정치적 기득권을 향유하는 정치세력 때문에 큰 문제가 발생되고 있다. 소위 '지역감정'이라고 하는, 지역 간 정서적 대립을 이용하거나 더 나아가 이를 조장함으로써 권력을 획득하려는 거대 양당의 폐단이 엄존하고 있는 것이다. 이런 상황에서 특정지역의 이해를 전면에 내세우는 지역정당이 활동하게 된다면 그러잖아도 망국적 병폐인 지역감정이 더욱 악화되면서 정치를 혼란에 빠트리지 않겠느냐는 것이 그 우려다.

　　지역감정은 한국사회의 현실에서 매우 근본적인 질문이며 지난 수십 년 동안 해결하고자 안간힘을 썼지만 해결되지 않고 있는 문제이다. 그런데 오히려 지역정당과 관련하여 생각해보면 이러한 우려는 의외의 방향에서 해결책을 찾을 수 있을지도 모른다. 지역정당의 특수성과 효용성으로 인해 현재의 지역감정에 기댄 퇴행적 정치구조에 변화가 만들어질 가능성이 있다.

　　우선 지역감정의 실체에 대해서 간략하게 확인해보자. 지역정당의 설립과 관련하여 제기되는 지역감정은 분명히 영남과 호남 간의 갈등을 염두에 둔 것이다. 그런데 여기에 국한해서 본다면 오늘날 이 구시대적 지역감정의 유발 원인은 다름 아닌 거대 양당이다. 각각 호남과 영남을 지역적 기반으로 삼고 양 지역으로부터 정치적 자원을 보충하면서, 자신들의 지역패권을 위해 다른 정치세력의 지역적 인입을 차단하고자 양당이 조성하고 있는 폐쇄적 지역정서가 바로 지역감정이다.

지역패권에 근간한 거대 양당의 중앙정치가 지역감정을 고조시켜온 상황은 하루 이틀 사이에 형성된 일이 아니다. 한국 정치사에서 집권을 위해 지역감정을 이용한 건 1971년 제7대 대통령 선거로까지 거슬러 올라간다는 연구가 있을 정도다. 당시 선거에서는 지역감정을 유발하는 정치인들의 선전선동이 심각할 지경이었다.* 이처럼 중앙정치의 선거공학에 따라 만들어진 지역감정의 유산은 1992년 대통령 선거 당시 세간을 떠들썩하게 만들었던 "우리가 남이가" 발언에 이르기까지 극심한 양상을 보였다.**

---

* 당시 전직 국회의장을 지냈던 이효상은 "쌀 속에 뉘가 섞이면 밥이 안 된다. 경상도 표에 전라도 지지표가 섞이면 조가 섞이는 것"이라는 발언으로 지역민은 지역 후보에게 투표해야 한다는 주장을 공공연하게 설파했다. 〈시사IN〉, "박정희가 선택한 카드, '지역감정'이 불러온 나비효과", 2022.2.26.

** 1992년 12월 11일, 부산에 소재한 복어 요리집인 '초원복집'에 김기춘 전 법무부 장관, 이규삼 국가안전기획부 부산지부장, 박일룡 부산경찰청장, 김영환 부산시장 등이 회합한 자리에서 일주일 후에 있을 제14대 대통령 선거에서 여당인 민주자유당 후보 김영삼의 당선을 위해서는 지역감정을 불러 일으켜야 한다고 모의하였는데, 이들의 발언을 통일국민당 선거운동원들이 비밀리에 녹음을 하여 폭로한 사건이 일명 '초원복집 사건'이다. 당시 모였던 사람들이 지역감정을 일으키자

그렇다면 문제가 되는 지역감정을 해소하는 가장 강력한 방안은 이 거대 양당의 패권적 지역 기반을 와해시키는 것이다. 기실이 두 당이 각 지역을 중심으로 지역의 이해를 대변하는 정치를 해온 것도 아니다. 지역은 오로지 선거 승리를 위한 자원동원 기지 역할을 했을 뿐이다. 이렇게 보면 지역감정은 중앙정치가 지역을 정치적 자원으로 이용하기 위한 의도적 행위의 결과였을 뿐이다.

　따라서 지역정당이 각 지역에서 중요한 정치적 입지를 가지게 되면 오히려 거대 양당이 조장한 지역감정은 상상된 것일 뿐임을 사람들에게 확인시킬 수 있다. 지역정당을 통해 지역이 자율적으로 자신의 문제를 해결하는 과정을 거치면 지역감정의 실체가 무엇이었는지 더 명확히 드러날 것이다.

　한편, 오늘날 영남과 호남 간의 대립구도는 지역 간 이해의 충돌이 나타나는 여러 현상 중 하나에 불과하다. 그 외에도 당장 정치적 해결을 필요로 하는 다양하고 각기 다른 층위의 지역감정이 존재하고 있기 때문이다. 영호남 지역감정의 과도함에 가려 그 중요성과 위기적 상황을 실감하지 못했을 뿐이다.

　예를 들어 한국사회의 가장 거대한 지역갈등은 남북 간의 갈등이다. 이 문제는 국가적 사안이기 때문에 지역감정과는 별개의 문제로 인식되고 있지만, 실제 탈북민의 문제나 대북 경제협력의 문제 등에서 현실적인 갈등의 원인이 되고 있다.

　고 하면서 했던 유명한 발언 중 하나가 바로 "우리가 남이가"였다.

312

남북 간의 갈등이 막연하게 여겨진다면, 이보다 더 체감도가 높은 갈등으로 수도권 대 비수도권의 갈등을 생각해보자. 수도권에는 물적, 인적을 막론하고 사회경제적 자원이 집결되고 있는 반면, 비수도권은 지역 소멸을 걱정해야 할 지경이다. 수도권 안에서조차 서울과 비서울의 갈등이 존재한다. 경기·서울·인천은 생활공동체처럼 보이지만 결코 운명공동체가 될 수 없다.

이러한 지역감정을 '대(大) 지역감정'이라고 한다. 그런데 큰 지역 단위의 갈등은 문제가 너무 커서인지 몰라도 실감이 나질 않는 경우가 많다. 상대적으로 이보다는 작은 규모의 차원에서 발생하는 지역 간 이해다툼들이 더욱 실감 날 것이다. 인접 시도 간에 발생하는 분쟁들, 예를 들면 쓰레기 매립이라든가 송전탑 문제 등으로 인한 이해의 충돌과 국지적 다툼이 지역 간 불신의 감정으로 전환되는 경우들이 그 예이다.

과거에는 미처 생각지 못했던 사회적 변화로 인해 새롭게 등장하는 갈등도 있다. 이주민 다수 거주지역과 인접 지역 간의 분란은 이주민들이 늘어나기 전까지는 예상치 못했던 지역 간 갈등이다. 이처럼 지역 간의 갈등 양상도 다층적으로 분화되면서 다양해지는 실정이다. 이러한 유형을 '소(小) 지역감정'이라고 할 수 있을 것이다.

문제는 이렇게 '소 지역감정'들이 심각한 사회적 문제로 대두되고 있음에도, 이 문제들에 대한 전국정당의 대응은 실로 놀라울 만큼 실체가 없다는 점이다. 지역의 사안에 전국정당의 영향력이 미치는 경우는 기껏해야 자치단체의 행정행위나 자치의회의 의결을 통해서일 뿐이다. 그나마도 지역의 실질적 필요나 주민들의 절실한 요구보다는 치적으로 삼을 만한 개발사업을 추진하는 데 주력하거나 지역구 국회의원의 인지도를 높일 수 있는 경우에나 관심을 쏟는 정도에 불과하다. 이 과정에서 '소 지역감정'들은 해결의 대상이 되기보다는 정치적 득표를 위한 미끼로 활용된다.

'대 지역감정'이든 '소 지역감정'이든 사회적 문제가 되는 지역감정의 해소를 거대 양당을 비롯한 전국정당에게만 맡겨놓을 수는 없다. 지금껏 그들에게 맡겼지만, 문제의 양상은 전혀 달라지지 않았다. 이러한 상황을 해결하는 방법은 지역의 이해관계를 더 분명하게 지속적으로 대변할 수 있는 지역정당의 활동을 보장하는 것이다.

지역정당이야말로 지역에 필요한 문제를 직시하고 지역에서 해야 할 실질적 대안을 제시할 수 있다. 그리고 그 과정에서 지역 간 소통을 통해 감정적 대립을 극복할 수 있다. 이러한 기능은 지역정당의 성격 때문에 가능하다. 갈등의 해소는 갈등의 근본적 원인을 진솔하게 드러내 서로의 입장을 더욱 명확히 확인할 수 있을 때 실마리를 찾을 수 있다. 그 연후에야 제대로 된 문제 해결의 방안을 마련할 수 있게 된다. 그 갈등의 원인을 가장 잘 알고 있는 조직이 바로 지역정당이다. 그래서 서로의 대안을 군더더기 없이 상호 제시할 수 있다. 갈등의 해결은 여기에서 출발한다.

이것은 전국정당의 지역조직이 하기 어려운 역할이다. 전국정당의 지역조직은 결정적인 순간에 지역의 이해가 아니라 중앙의 이해에 휩쓸리기 때문이다. 이 역할은 휩쓸릴 중앙이 없는 지역정당에게 특화된 역할이다. 이렇게 본다면 전국정당이 끝내 해결하지 못한 '대 지역감정'은 물론이려니와 '소 지역감정' 역시 지역정당의 활동을 통해 적절한 정치적 해결법을 찾을 가능성이 커짐을 알 수 있다.

관과 토호의 유착을 불가능하게 할 지역정당

        지역정당 운동에 대해 제기되는 유력한 우려 중 하나는, 이러한 정치결사가 결국 지역유지나 토호들에게 좋은 일만 시켜주지 않겠느냐는 것이다. 경제적 자원을 가지고 있고 조직동원력이 충분한 지역유지나 토호가 정치결사를 가장한 사적 조직을 만들고 이를 기반으로 지역의 정치적 자원까지 독식하게 된다면 결국 지역정치의 공적 기능이 마비될 수 있다는 우려다. 조건상으로만 보면 타당한 지적일 수 있다.

    그러나 지역정당이나 지역의 유권자연대는 한 개인의 경제적 능력과 조직동원력만으로 좌지우지되기는 어렵다. 앞서 보았던 국내의 지역정당 운동 사례를 보더라도, 어떤 개인이 불현듯 나타나 하루아침에 당을 만들고 운영한 사례는 없다. 해당 지역정당들은 지역 사안에 대한 오랜 활동의 경험과 이 과정에서 형성된 주민조직 간의 네트워크를 통해 구성되었다. 이 지역정당들이 어떤 미래를 가지고 있는지는 결정적으로 주민들의 관심과 응원 및 참여에 달려 있다. 개인이나 특정조직만의 이해관계가 관철되기 어려운 이유다.

이것은 지역정당이 활성화되어 있는 외국의 사례를 보더라도 명확하게 확인할 수 있다. 가까운 일본의 경우, 지역정당 중에는 소위 '명망가 정당'이라고 하여 이미 이름이 널리 알려진 주요 정치인을 중심으로 형성된 당이 분명히 존재한다. 이 명망가 정당을 보면 얼핏 지역의 한 주요 인사가 자신의 명성과 동원력을 이용해 사적인 이해관계를 관철시키기 위한 방편으로 당을 만든 것처럼 생각할 수도 있다. 하지만 그런 식으로 결성된 정당은 지속성과 확장성을 가지지 못할 뿐만 아니라 애초에 결성 자체가 어렵다.

일본의 명망가 정당으로 잘 알려진 오사카유신회를 보자. 오사카유신회의 하시모토 도루는 원래 자민당과 공명당의 공동 추천으로 2008년 오사카부 지사 선거에 당선되었던 인물이다. 변호사 출신으로 텔런트이기도 했던 하시모토 도루는 미디어를 다루는 방법을 잘 아는 정치인이었으며, 대중적으로 상당한 인지도를 가지고 있었다. 그는 오사카부(大阪府)를 오사카도(大阪都)로 승격하겠다는 명분으로 2010년 오사카유신회를 창당했다. 이후 오사카유신회는 오사카부 의회와 오사카시 의회를 장악하였고, 2011년 자치단체장 선거에서는 압도적인 표 차로 오사카부 지사와 오사카시 시장을 석권하였다.

매우 보수적인 정치지향을 가지고 있는 오사카유신회가 이처럼 오사카에서 높은 지지를 받게 된 배경에는 오사카부 자체의 여러 문제를 중앙정치 차원에서 제대로 해결해주지 않았다는 주민들의 불신이 깔려 있다. 오사카유신회는 하시모토 도루의 명망을 이러한 지역의 불만과 결합하여 정치적으로 조직화했다. 지역의 이해에 착근한 정책의 명료함, 대중적 지지를 연결해내는 조직적 네트워크 없이 개인의 명망만으로는 오사카유신회가 정치적 성과를 내지 못했을 것이다.

그런데 지역정당이 토호세력에 이용될 것을 걱정하기 전에, 지역정당이 없는 지금의 상황은 어떤지부터 돌아보자. 오늘날 우리가 살고 있는 지역은 토호세력으로부터 자유로운가? 기존의 전국정당과 토호세력은 전혀 문제를 일으키고 있지 않은가? 오히려 거대 양당이 패권을 장악하고 장기집권하고 있는 지역에서는 지역유지와 토호들로 인한 문제가 발생하지 않고 있는가? 지역정당이 존재하지 않는 현시점에서 한국의 지역정치가 지역유지와 토호의 영향력으로부터 자유로운지는 의문이다.

토호세력이 정치와 교합하면서 만들어낸 문제들은 그동안 수도 없이 지적되어왔다.* 당장에라도 토호세력이 지역에서 문제를 일으킨 사례는 무수하게 찾아볼 수 있다. 사익을 추구하는 토호들이 지역의 정치권과 결탁하여 일으키는 문제들은 그 양상도 다채롭다. 국가 보조금을 사적인 이익을 위해 전유하는 일이나** 공무원 채용 또는 승진에 얽힌 부패고리 또는 관급 사업의 부정입찰*** 등의 사례는 전국에서 흔하게 발견된다. 공직자와 토호세력이 결탁한 부정부패행위가 끊이지 않는다는 고발은 잊을 만하면 이어지

---

* 김주완, 「지방의 권력구조와 토호세력」, 『황해문화』 제69호, 2010; 조귀동 『전라디언의 굴레』, 생각의 힘, 2021, 제4장.

** 〈동양일보〉, "토호세력과 부패 고리", 2019.10.16.

*** 〈전남희망신문〉, "지방권력과 지방토호 세력, 토착 비리 밝혀져야", 2019.7.29.

고* 지역의 대표 건설업체와 연루된 대형사고가 벌어지기 전에 이미 경고되었음에도 지자체가 묵과했던 사례들**도 빈번하게 터져 나온다.

토호들의 탐욕만이 이 모든 일의 원흉이라고 단순화하기엔 지역의 정치와 난마처럼 얽힌 관계를 무시할 수 없다. 이것이 핵심인데, 지역의 정치가 사익 간의 갈등을 해소하기는커녕 오히려 토호와 결탁하여 기득권을 유지하려 하는 한 문제는 결코 해소할 수 없다.*** 다른 각도에서 말하자면, 현재 기득권을 쥐고 있는 전국정당의 영향력이 온존하는 한 지역유지나 토호들이 유발한 문제들을 해결할 가능성은 없다는 이야기다. 새로운 정치세력, 즉 지역유지나 토호의 문제를 건드리지 못하는 현재의 기득권 정당들을 대체할 수 있는 지역정치의 주체가 나설 때만이 이 문제는 해결의 실마리를 찾을 수 있다.

지역정당의 설립이 자유롭게 보장된다면 지역에서 지금보다 훨씬 다양한 정당 간의 경쟁이 이루어질 수 있다. 이러한 경쟁구조가 활성화되면 공직사회의 투명성에 대한 요구는 거부할 수 없는 지역의 의제가 될 것이다. 지방행정의 투명한 공개가 이루어지게 되면 폐쇄적 친분관계에 의거한 관과 토호의 유착은 불가능해진다. 기득권을 가지고 있는 전국정당 외에는 의미 있는 정치세력이 존

---

* 〈제주일보〉, "토착 · 권력비리 언제까지", 2011.1.12.
** 광주 학동 건물철거 사고, 현대산업개발의 아파트 건설현장 붕괴
*** 〈프레시안〉, "지방정부는 어쩌다 토호들의 먹잇감이 됐나?", 2018.4.25.

재하지 않는 현재와는 전혀 다른 차원의 정치가 지역정당으로 인해 전개되는 것이다.

1표 1가의 원칙,
위성정당 꼼수 막을 대안 세력

    지역정당이 기존 전국정당의 위성정당 역할을 할 수 있다는 지적 또한 제기된다. 지난 21대 국회의원 총선거에 등장한 위성정당 사태를 겪으면서 더욱 깊어진 우려다. 이 문제를 조금만 더 살펴보자.

    21대 총선 직전 정치개혁 과제로 제시되었던 표의 비례성 확보는 선거의 4대 원칙 중 평등선거의 원칙과 직결된 사안이었다. 평등선거의 원칙이라고 하면 보통 1인 1표의 원칙을 떠올린다. 돈이 있건 없건, 권력이 있건 없건 간에, 민주주의 사회에서는 누구나 동등한 정치적 권리를 가지고 있음을 대표하는 원칙이다.

    그런데 여기에는 또 하나의 원리가 작동한다. 바로 1표 1가(1標 1價)의 원리다. 표의 가치가 같아야 한다는 것이다. 누구나 한 표씩 권리를 행사하는데 표의 가치가 어떻게 달라진다는 것인지 의구심이 들 수도 있다. 하지만 우리의 일반적인 선거실태를 보면 나의 표가 언제나 다른 사람들의 표와 같은 가치를 가지고 있지 않음을 알 수 있다.

    우리나라의 지역구 국회의원 총선거는 소선거구제로 운영되고 있다. 이 제도에서는 한 지역구에서 오로지 한 명의 의원만을 선출한다. 그런데 지역구마다 유권자의 수가 일정하지 않다. 예를 들어 A 지역구의 유권자가 10만 명이라면 B 지역구의 유권자는 5만 명에 불과할 수가 있다. 이때 A 지역구 유권자가 행사한 표는 B 지역구 유권자가 행사한 표의 절반에 불과한 가치만을 가지게 된다. 반면 B 지역구의 유권자는 A 지역구 유권자보다 두 배의 가치를 가진 표를 행사하게 된다. 이것은 1표 1가의 원칙을 위배한다.

지역구 선거에서만 1표 1가의 원칙이 깨지는 것이 아니다. 비례대표제에서도 마찬가지로 표의 등가성이 훼손되고 있다. 정당명부 비례대표제가 있음에도 정당의 지지율에 비례하는 의석의 배분이 이루어지지 않고 있기 때문이다.

20대 국회에서 새누리당은 33.5%의 정당지지율을 기록했다. 그런데 의석점유율은 40.67%에 이르렀다. 더불어민주당의 경우엔 이러한 표의 불비례성이 더 심했다. 정당지지율은 25.54%에 불과했지만 의석 점유율은 41%에 달했다. 이들 두 당은 득표에 비해 월등히 많은 의석을 점유했던 것이다.

이와는 정반대로, 확보한 지지율보다 현저히 모자란 의석을 받음으로써 손해를 본 정당이 있다. 20대 총선에서 국민의당은 정당지지율이 26.74%였지만 의석 점유율은 12.67%에 머물렀다. 의석점유율이 정당지지율의 절반에도 미치지 못했다. 정의당은 이보다 더 심각한 성적을 거뒀다. 7.23%의 정당지지율을 받았지만 의석점유율은 2%에 불과했다. 정당득표율과 의석점유율이 연동되지 않았기에 발생하게 된 현상이었다.

가장 심각한 문제는 아예 가치를 상실해버리는 표들이 나온다는 점이다. 20대 총선 당시 지역구의원 선거에서 발생한 사표는 50.3%에 달했다. 당선된 후보에게 돌아간 표보다 낙선한 후보들에게 주었던 표가 더 많았다.* 가치를 따질 수 있는 표보다 아예 가치가 없는 표가 더 많은 이러한 상황을 당연한 것으로 받아들이기는 어렵다.

이처럼, 지역구 선거에서 표의 등가성 훼손, 정당지지율과 의석배분의 불비례성, 원천적으로 무가치한 표의 다수 발생은 평등선거의 주요 원리인 1표 1가의 원리가 제대로 관철되지 않고 있음을 보여준다.

이러한 문제를 해소하자는 취지로 제안된 정치개혁 과제가 연동형 비례대표제였다. 비례의석을 늘리고 의석수를 정당의 득표율과 연동해서 배분하자는 것이 골자였다. 연동형 비례제를 놓고 2019년 소위 '패스트트랙' 정국이 펼쳐졌다. 국회는 아비규환에 빠졌고, 법안은 계속해서 애초의 그림에 터무니없는 덧칠을 하게 되었다.** 비례대표는 오히려 축소되었다. 원안은 비례대표를 53

---

* 참여연대, 이슈리포트, "20대 총선, 유권자 지지와 국회 의석배분 현황 보고서", 2016.7.7.

** '패스트트랙'은 『국회법』 제85조의 2 규정에 따른 안건의 신속처리를 뜻한다. 보통 법안이 상정되면 각 소관 상임위원회의 법안심사 소위원회에서 법안에 대한 심의를 진행한다. 여기서 법안이 성안되면 상임위원회 전원회의를 거쳐 법제사법위원회로 회부되고, 법제사법위원회에서는 주요 흠결사항의 검토나 자구심사 등을 거쳐 본회의에 상정한다. 본회의에 올라간 법안은 표결로 제정 또는 개정된다. 그런데 이 과정이 정확한 일정 안에 진행되지 않는 경우가 많다. 국민의 기본권에 관한 중요한 법안 등 일정한 기한 안에 법이 제정되어야 효력을 발휘할 수 있을

석에서 75석으로 늘리는 것이었지만, 도리어 47석으로 줄어들었다. 연동형 비례대표제의 취지는 흔적도 없이 사라진 채 말만 준연동형으로 바뀐 공직선거법이 만들어졌다. 차라리 아니 한 만도 못한『공직선거법』으로 21대 국회의원 선거가 치러지게 되었다.

그런데 이 과정에서 한국 정치사에 남을 만한 중요한 폭거가 벌어졌다. 국민의힘의 전신이었던 당시 미래통합당은 공직선거법의 패스트트랙 처리에 격렬히 반발하였다. 이로 인해 애초 패스트트랙으로 상정했던 공직선거법은 거의 무용지물의 안으로 변질되었다. 게다가 비례대표 47석 중 30석에만 준연동형 비례대표제를 적용하는 일명 '캡(cap)'을 씌워놓았기에 애초 의도했던 의석배분 효과를 가져올 수 없었다.

하지만 이조차도 마음에 들지 않았던 미래통합당은 더 많은 비례의석 확보를 위해 소위 '위성정당'을 창당하기에 이르렀다. 어

때는 보다 신속한 절차의 진행이 필요하다. 그래서 마련된 규정이 바로 이 안건의 신속처리 규정이다. 2019년 당시 여야 4당(민주당, 바른미래당, 평화당, 정의당)은 지역구 225석, 비례 75석으로 비례의석을 늘리면서, 의석을 정당의 지지율과 연동하여 배분하는 내용을 골자로 하는『공직선거법』개정안에 합의하고,『국회법』제85조의 2에 따라 패스트트랙으로 처리하기로 합의하였다. 패스트트랙으로 진행하게 되면, 정치개혁특별위원회는 180일 안에『공직선거법』개정안에 대한 심사를 끝내야 하고, 법제사법위원회는 90일 이내에 체계 자구심사를 마쳐야 한다. 정치개혁특별위원회가 180일 안에 심사를 끝내지 못하면 기간 도과 후 자동으로 법안은 법제사법위원회로 넘어가며, 마찬가지로 법제사법위원회가 90일 안에 심사를 마치지 못하면 자동으로 본회의에 부의된다. 이후 60일 이내에 본회의에 상정되어야 하지만, 그 안에 여야의 합의로 상정하지 못하면 60일 이후 첫 개의되는 본회의에 안건이 자동 상정된다. 2019년 4월 30일『공직선거법』개정안은 패스트트랙에 올랐다.

차피 지역구 당선자가 많은 미래통합당의 입장에서 정당지지율로 배분받을 총 의석을 미리 정해놓으면 자기 당의 비례의석이 상대적으로 줄어들게 되어 비례대표선거에서는 손해를 보게 된다는 발상 때문이었다. 이처럼 단순한 산술계산에 근거해 득실을 따진 미래통합당은 자기 당에서는 지역구 의원 후보만 내는 대신, 오로지 비례대표의 명부만 내고 지역구 후보는 내지 않는 비례용 정당을 따로 만들었다. 미래통합당의 위성정당인 미래한국당이 만들어진 것이다.

더불어민주당은 처음에는 미래통합당의 행태를 강력하게 비판했다. 그런데 돌연 태도를 바꿔 미래통합당에 대적하기 위해선 어쩔 수 없다는 입장을 내세우면서 더불어민주당 또한 위성정당을 창당했다. 더불어시민당이 이렇게 창당되었다. 위성정당인 더불어시민당에는 시대전환과 기본소득당과 같은 군소정당도 참여하였다. 그리고 이들 위성정당은 그대로 선거에 참여하여 그나마 얼마 되지 않은 알량한 비례의석까지 서로 나눠 가졌다.

표의 등가성과 비례성을 높이고 다양한 정치세력의 의회진입을 보장하겠다는 취지로 제안된 공직선거법 개정안은 위성정당의 합법성을 보장하는 장치로 전락했다. 정당정치의 기본적 틀은 완전히 붕괴되었고, 비례대표 의석 수마저 줄여버리는가 하면 다양한 정치세력은 말뿐이고 기껏해야 위성정당에 참여한 군소정당에게 최소한의 의석을 할양해주는 선에서 이 코미디는 끝났다. 표의 등가성을 확보하기는커녕 유권자의 정치적 선택을 무용지물로 만들었다. 그 결과 보수 양당의 기득권이 이전보다 더욱 철저하게 보장되는 양당구도가 고착되었다.

　이런 파행을 겪은 유권자들이 지역정당을 만들자는 움직임을 보았을 때, 위성정당의 트라우마로 놀라게 될 여지는 충분하다. 전국정당이 지방선거에서 우위를 점하기 위한 방편으로 지역정당을 창당하고 배후에서 영향력을 행사할 가능성은 무시할 수 없다. 전국단위 선거인 총선에서도 위성정당을 만든 전국정당이 하물며 지방선거에서 이렇게 하지 않으리라고 확신하기가 어려워지는 것이다.

　그러나 전국정당이 지역에 위성정당을 만들어 지역정치를 장악하는 건 투입 대비 산출의 측면에서 그다지 효과적인 방식이 아니다. 전국정당은 이미 지역에 자당의 조직을 가지고 있다. 현행 정당법이 정하고 있는 당원협의회가 그것이며, 지역구마다 가동하고 있는 의원 사무실이 그것이다. 전국정당의 지역정치는 주로 당협 또는 지역구 의원 사무실을 중심으로 이루어진다. 이 조직들이 있음에도 불구하고 굳이 위성정당을 창당해서 활용한다는 건 아주 특별한 목적이 없다면 불필요한 낭비가 될 것이다.

　오히려 그보다는 지역정당과 전국정당이 우호정당으로서 네트워크를 형성하면서, 각종 정치사업이나 선거에서 상호 연대하여 상승효과를 노리는 편이 더 합리적이다. 특히 선거시기 정당연합의 파트너로서 지역정당과 전국정당은 효과적인 협업이 가능하다. 물론 정당연합은 조직적으로는 지역정당과 지역정당 간에도 이루어질 수 있고 전국정당 사이에서도 얼마든지 가능하다. 다만 현행 정치관계법은 정당연합을 인정하지 않고 있으므로 제도개혁이 이루어지기 전에는 공식적으로 불가능한 상황이다.

제도개혁이 수반된다는 전제를 놓고 볼 때, 전국정당이 위성정당으로서 지역정당을 만들 가능성은 거의 희박하다고 할 수 있다. 굳이 지역정당을 만들지 않더라도 얼마든지 지역정당과의 교류와 협업을 통해 정치적 성과를 만들 수 있고, 더 나아가 전국정당의 지역조직이 활발한 지역정치를 수행하게 되면 지역정당과 건강한 경쟁구도를 형성함으로써 전국정당의 위상을 높일 수도 있기 때문이다.

위성정당 사태로 인해 놀란 가슴을 진정시키기에는 아직 시간이 충분히 흐르지 않았지만, 그렇다고 해서 지역정당을 위성정당 문제와 연결시키는 건 과도한 우려임이 틀림없다.

지역사안의 해결에 유능한 지역정당

　　전국정당은 정치적 자원을 상대적으로 많이 가지고 있다. 국민의힘과 더불어민주당처럼 정치적 자원을 거의 독식하다시피 하고 있는 전국정당은 특히 그렇다. 대표적인 정치적 자원은 다름 아니라 국회의원이다. 입법부의 구성원인 국회의원은 한 사람 한 사람이 각각 헌법 기관이며, 국가의 법을 만들 수 있고 예산을 검토할 수 있고 행정부 기관을 감시할 수 있다.

　전국정당이 가진 또 다른 대표적인 자원은 지역의 거점이다. 정당법상 반드시 5개 이상의 광역당부(시·도당)를 가져야 하며, 각 시·도당 안에는 지역별로 당원협의회를 둘 수 있다. 여기에 더해 지역구 국회의원의 지역 사무소는 지역의 유력인사와 민원이 집중되는 핵심 거점이기도 하다.

　이 두 강력한 자원은 전국정당으로 하여금 마음만 먹으면 얼마든지 지역 사안에 개입하고 문제를 해결할 수 있도록 만들어준다. 지역의 당협과 국회의원 지역구 사무소에서는 지역 민원을 수렴한다. 사안의 경중이나 정치적 입장에 따라 정당의 개입이 결정된다. 개입을 하기로 했다면, 각 당은 자치단체의 장이나 자치의회에 의해 문제를 해결할 수도 있고, 국회의원이 국회에서 예산을 요청하거나 법을 만들어 해결할 수도 있다.

이렇게 보면 지역 사안이라고 해서 굳이 지역 내의 어떤 단체 또는 지역정당을 통해 해결할 필연적 이유는 없는 것처럼 보인다. 오히려 정치적으로 강한 영향력을 가지고 있으면서 자원을 동원할 수 있는 전국정당에게 일을 맡기는 편이 훨씬 효과적이고 명확한 결과를 얻을 수 있을 것으로 보인다. 반면 지역정당이 있다고 한들 국회의원을 가지지도 못한 지역정당이 국회의원이 있는 전국정당에 비해 더 나은 결과를 얻을 수 있으리라고 기대하긴 어렵다. 그렇다면 지역정당을 만들어서 지역의 사안을 지역정당에 맡기는 건 여러 측면에서 비효율적이지 않은가?

이런 견해는 일견 타당해 보이지만, 중요한 사실 하나가 망각된 것이다. 바로 해당 사안에 대해 전국정당이 마음을 먹어야 한다는 점이다. 전국정당이 해당 사안에 대응하지 않는다면 아무 소용이 없다. 전국정당은 국가적 차원의 사안에 대해 국민적 총의를 형성하는 것을 주된 책임으로 삼는다. 따라서 전국정당은 전국 각처 지역의 모든 일에 일일이 개입하기보다는 전국적 차원에서 정치적 입장이 필요할 경우에 한정적하여 개별 지역 사안에 대해 개입한다.

전국정당 소속의 지역 정치인들은 중앙당으로부터 공천을 받는 데 민감할 수밖에 없다. 특히 하향식 공천구조를 가지고 있는 정당일수록 이런 경향이 뚜렷하다. 지역의 정치인들은 중앙당으로부터 공천을 받기 위한 실적을 쌓는 데 급급할 수밖에 없다. 그러다 보니 그 실적은 대부분 가시적으로 돋보일 수 있는 것이 대부분이며, 대체로 개발사업 위주로 이루어지고 있다.

상향식 공천구조를 가진 정당은 상대적으로 지역의 정치인들이 상당한 자율권을 행사할 수 있다. 하지만 전국적 지지율을 무시할 수 없기에 지역 사안보다는 전국적 사안에 치중할 수밖에 없다. 상향식 공천구조의 정당에서 지역 사안을 심도 있게 다루는 지역 정치인은 선거 등 결정적 시기에 자신의 입장과 중앙당의 방침 사이에서 갈등하기도 한다.

반면 지역정당에게 전국적 차원의 정치적 입장은 차후의 문제가 된다. 지역 사안을 전국적 지지와 연동하여 고려할 수밖에 없는 전국정당과는 달리, 지역정당은 무엇보다도 지역민의 입장에서 자신들의 사안을 고민하고 이에 개입한다. 지역 내에서 해결될 수 없는 사안, 문제가 지역의 경계를 넘는 사안은 비로소 전국적 문제로 비화한다. 이해관계가 대립하는 지역 간 문제 해결은 이제 개별 지역의 지역정당뿐만 아니라 타 지역의 지역정당, 더 나아가 지역에 걸쳐 정치적 활동을 추구하는 전국정당의 책무로 전환한다. 이 과정에서 지역정당은 자기 지역의 입장을 전제로 타 지역과 정치적 타협점을 찾아가는 주체로 역할한다.

외국의 사례를 보자. 일본의 가나가와 네트워크가 의회에 직접 진출하여 자신들의 정치를 하기로 했던 건 지역의 의사를 외면한 정치의 한계 때문이었다. 교토, 오사카, 나고야 등에 생활용수를 공급하는 비와호(琵琶湖)가 합성세제 및 생활하수로 인해 오염되자 합성세제 추방 운동이 벌어졌고, 급기야 1979년 가을 시가현

(滋賀県)은 '비와호 부영양화 조례'를 제정하기에 이르렀다. 이에 자극을 받은 가나가와현 주민들은 1980년에 생활협동조합을 중심으로 22만 명의 서명을 모아 현 내 7개 시의회에 조례제정을 요구하는 청구를 하였다.

가나가와네트워크
(출처: 가나가와 네트워크 홈페이지)

그러나 이 청구는 모든 시의회로부터 거부당했다. 이에 충격을 받은 가나가와 생활협동조합의 회원들은 직접 자신들을 대리할 대표를 의회에 진출시키게 된다.

2015년 5월 스페인 지방선거에서 바르셀로나 시장으로 당선된 아다 콜라우(Ada Colau)는 포데모스가 결합하고 있는 '바르셀로나 엔코무(Barcelona en Comú)'의 리더였다. 이 선거에서 반빈곤운동 세력이 승리할 수 있었던 배경에는 빈집 점거운동(Squating)이 자리하고 있었다. 스페인에서는 2008년의 세계적 금융위기 이후 집을 잃고 거리에 나앉게 된 사람들이 점거운동을 벌이게 되었다. 아다 콜라우 본인이 주택 대출금을 갚지 못해 쫓겨났던 당사자였고, 전국정당들이 예산이며 재정을 핑계로 미뤘던 주택정책에서 빈집들을 공공임대주택으로 전환하겠다는 공약을 내걸고 당선되었다.

미약하게나마 한국에서도 지역정당의 존재감이 부각된 사례가 있다. 그 사례 중 하나가 은평민들레당의 지역녹지보존운동이다. 은평구청은 구의 서쪽에 자리하고 있는 녹지 일대를 편백나무 숲으로 조성하겠다면서 자연림을 이루고 있던 수많은 나무를 벌목해버렸다. 은평민들레당은 자연녹지의 가치를 무시하고 산림을 삶의 영역으로 삼고 있는 수많은 생명체들의 생명을 위협하는 벌목행위를 중단시키고자 운동에 나섰다.

이 운동이 지역정당의 활동으로서 각별한 의미를 갖고 있는 이유는, 해당 녹지 개발 사업이 전국정당 소속의 구청장과 구의회 의원들에 의해 추진되었다는 것이다. 구청장은 더불어민주당 소속이었고, 구의회 의원은 더불어민주당 또는 국민의힘 소속이었다. 이들은 자신들의 정치적 실적을 위해 구민의 휴식공간이자 서울 안에 드물게 잘 보존된 자연녹지를 밀어버리는 데 하나가 되었다. 문제는 이 두 정당만이 아니라 지역에 거점을 두고 있는 다른 전국정당들 역시 이 사안에 소극적이었다는 점이다. 이 상황에서 아직 정당등록조차 하지 못한 은평민들레당은 누구보다 먼저 문제를 제기하였고, 지역 주민단체들과 연대하여 여론화 작업을 하였으며, 현장에서 벌목을 중단하라는 시위를 하는 등의 활동을 했다. 이 활동으로 구청은 벌목을 잠정 중단하기에 이르렀다.

가나가와 네트워크나 바르셀로나엔코무는 지역정당 활동을 하는 데 전혀 법적으로 문제가 없는 정당들이지만 한국의 지역정당은 다르다. 당이라는 이름을 거는 것 자체가 위법인 상황인 것이다. 그러한 상황에도 굴하지 않고 지역의 문제를 감시하는 활동을 하고 있다. 은평민들레당은 전국정당이 외면하고 있는 사안들에 지역정당이 어떻게 대응할 수 있는지를 보여주는 사례이다.

언급한 각 사례들은 전국정당의 입장에서는 정치적으로 상당한 고려를 해야 결론을 내릴 수 있는 사안들이다. 전국정당의 입장에

332

서는 주택문제나 환경문제는 단지 한 지역에 대해서만 조치를 한다고 해결될 수 있는 사안이 아니다. 특정 지역에 한정된 지원이나 조치를 할 경우 지역 간 불균형을 초래하며 차별적 조치를 취했다는 비난을 받을 수 있다. 전국적으로 지지의 확장을 노리는 전국정당으로서는 좌고우면하지 않을 수 없게 된다. 그러다 보니 지역민이 볼 때는 당장 시행할 수 있는 사안조차도 정무적 판단이 필요하고 정치적으로 고뇌하게 되는 것이다. 이 과정에서 전국정당의 지역조직은 애매한 위치에 처하기 쉽다. 지역사안을 놓칠 수는 없는데 중앙의 방침을 무시할 수도 없기 때문이다.

이와 달리 지역정당은 전국에 걸친 정치적 판단을 강요당하지 않는다. 오로지 현안에 대한 지역 주민의 입장을 확인하고 이에 걸맞은 대책을 내놓게 된다. 전국정당과 같은 이해타산에 얽매이지 않은 채 지역 본래의 사안에 천착할 수 있기 때문이다. 또한 전국정당으로서는 쉽게 채택할 수 없는 정치적 실험을 자유로이 행할 수도 있다. 이는 지역정당이 주민이 중심이며 전국정당보다는 상대적으로 조직 구성상 매우 경쾌하고 참신한 활동을 할 수 있기에 가능하다.

물론 어떤 문제는 단지 해당 지역 안에서 전적으로 해결되지 않는다. 실제 대부분의 문제는 다른 지역과 관련을 맺게 되어 있으며, 세대 간 또는 이익집단 간의 이해관계가 대립하기도 한다. 이러한 문제에 대해서는 어떤 조치가 이루어지든 그 파장은 다른 지역으로 미치게 된다. 또는 조치를 하는 과정에서 다른 이해당사자를 고려하지 않을 수 없는 상황도 벌어질 수 있다. 하지만 그러한 문제는 지역정당을 비롯한 모든 정치적 주체들이 해결방안을 찾기 위해 나섬으로써 해결될 수 있다.

　이처럼 겉으로 보기엔 전국정당이 모든 일에 개입하고 대처할 수 있을 것처럼 보이지만 실제로는 그렇지 않다. 전국정당이 가지고 있는 본래적 특수성으로 인해 지역에서는 정치적 진공이 무수히 생겨날 수 있다. 이 빈 공간을 채우면서 정치적 해결방안을 만들어가는 데 지역정당은 적절한 기능을 행사할 수 있다.

"그놈이 그놈" 아닌
참신한 주체들이 책임지는 미래

      만연한 정치적 냉소를 극명하게 상징하는 말은 "그놈이 그놈"일 것이다. 선거철이 되면 공약이 난무하고, 아예 등장인물이 바뀌기도 한다. 그래서 일말의 기대를 가지고 투표장에 나가 표를 찍는다. 하지만 투표가 끝난 후에 보면 뭐가 바뀌었는지 알 수가 없다. 기대했던 변화는 거의 체감하기 어렵고, 언론에 비쳐지는 인물들의 행태는 실망만 솟구치게 한다. 이게 오늘날 정치인들을 보고 있는 대다수 장삼이사의 보편적인 심리다.

  그래서인지, 지역정당에 대한 우려 중 하나도 "어차피 그 나물에 그 밥이 아니겠느냐"는 것이다. 전국정당의 이름을 등에 업든, 정당처럼 보이지도 않는 작은 조직에 옹기종기 모여 있든 간에, 정치를 한다는 사람들은 다 거기서 거기가 아니냐는 체념이다. 아니 오히려 한자리하겠다고 몰려든 지역유지나 토호들 때문에 더 엉망진창이 될 수도 있다는 우려도 나온다.

  이러한 우려에 근거가 없지는 않다. 실제로 국회 구성원을 비롯한 한국 정치인들의 출신, 성별, 연령 등의 조합은 거의 변화가 없다. 특히 비례대표의 수가 전적으로 적은 각 의회의 의석은 다양한 유형의 정치신인을 등용하기에는 턱없이 좁은 문이 되고 있다. 그러다 보니 전국정당으로서는 유권자들에게 상당한 인지도를 이미 확보하고 있는 사람들을 선호하게 된다. 그런데 이미 인지도가 높은 사람이라는 건 어느 정도 사회적으로 명망을 쌓을 수 있는 인적 · 물적 자산을 가지고 있는 사람들이다.

21대 총선의 결과를 간단히 돌아보자. 당시 여당인 더불어민주당(위성정당인 더불어시민당 포함) 180석과 미래통합당(현재 국민의힘, 위성정당인 미래한국당 포함) 103석으로 양당이 의석을 점유한 상황이었다. 이 두 당이 장악한 21대 총선 당선인 300명의 평균 연령은 54.9세였다. 이는 20대 총선 당선자 평균 연령 55.5세보다 겨우 반년 정도 젊어진 나이었다. 한국사회에서 국회의원을 하려면 적어도 50대 중반은 되어야 한다는 공식이 성립할 지경이다. 여성 당선인은 300명 중 57명이었다. 19%에 불과하다. 그나마 20대 총선의 51명보다 약간 늘어난 것에 위안을 받아야 할 상황이다.

거대 양당을 구분해서 보더라도 별로 차이가 나지 않는다. 더불어민주당 당선인의 평균연령은 55.2세였으며 미래통합당 당선인의 평균연령은 55.1세였다. 더불어민주당 소속 여성 당선인은 30명으로 소속 정당 총 당선인의 16.7%였다. 미래통합당 소속 여성 당선인은 18명으로 소속 정당 총 당선인의 17.5%에 머물렀다. 양당의 수준이 거의 막상막하를 이루고 있음을 알 수 있다.

이런 상황에서라도, 정치권에 처음으로 유입되는 젊은 정치인과 여성 정치인의 비율이 높다면 좀 더 밝은 전망을 할 수 있을 것이다. 그렇다면 21대 총선에서 초선의원들의 구성을 통해 더 나은 전망을 할 수 있었을까?

21대 총선에서 당선된 초선의원은 모두 151명이었다. 20대 총선에서 당선된 초선의원이 132명이었던 것에 비하면 상당히 많은 초선의원이 당선되었다고 볼 수 있다. 그렇다면 그 구성비율은 어떻게 달라졌을까? 더불어민주당 82명, 미래통합당 58명이었다. 이 가운데 50~60대 당선자가 더불어민주당 당선인 중 61명(74.4%), 미래통합당 당선인 중 45명(77.6%)이었다. 초선 남성 당선인은 더불어민주당 66명(80.5%), 미래통합당 42명(72.4%)이었다. 중장년 이상 연령의 남성이 주를 이루는 이러한 비율을 고려하면, 초선의원이 늘었다고는 해도 새로운 정치를 기대할 정도의 물갈이라고 보기는 어렵다.

오로지 당선 가능성에 치중하여 정치인을 물색하는 전국정당에 의해 중년 이상의 고학력 전문직 남성이 절대적 비율을 차지하는 정치구조는 고착된다. 아무래도 이러한 배경을 가진 사람들이 이미 상대적으로 대중적 인지도가 높고, 언론에 노출될 가능성이나 유권자들에게 안정감을 줄 가능성이 크다고 보기 때문이다. 이처럼 편향된 정치인 구성은 사회에 산재한 각종 이해관계를 중층적으로 고려해야 할 정치의 책무를 망각하게 만든다. 정치적 다양성은 고사하고 특정한 이해관계만이 정치적 기득권을 향유할 가능성이 높아지는 것이다.

반면 지역정당은 이러한 인적 편향에서 획기적으로 벗어날 수 있다. 면대면의 관계형성이 가능한 지역정당은 학벌이나 지위, 연령 등 조건에 국한하지 않은 다양한 주체들을 정치적 장에 서게

포데모스 청년정치인 이글레시아스(출처: 포데모스 홈페이지)

할 수 있다. 왜냐하면 이들은 서로의 능력과 위상을 충분히 확인하고 이해함으로써, 어떤 일에 누가 책임을 담당해야 할지를 잘 알고 있으며, 전국정당의 전략적 공천이나 하향식 인선에서 자유롭기 때문이다.

전국정당과는 달리 지역정당에서는 그 주도적인 역할을 여성, 소수자, 청년, 청소년, 노인, 노동자, 협동조합, 노동조합, 주민단체, 통반장연합 등 다양한 주체들이 책임질 수 있다. 자발적이고 능동적인 참여 속에서 실제로 누가 그 일을 할 수 있는 사람인지 알 수 있기 때문이다. 당연히 이 과정에서는 민주적인 절차와 지역정치에 대한 공동의 관점이 전제될 것이다.

이러한 사례는 얼마든지 찾아볼 수 있다. 파블로 이글레시아스(Pablo Iglesias Turrión)가 스페인의 정치에 한바탕 소용돌이를 몰고 왔던 포데모스를 창당했을 때가 36세였고, 아다 콜라우는 41세에 바르셀로나 시장이 되었다. 가나가와 네트워크가 1983년 최초로 지역정치의 최일선에 돌입했을 때 이를 주도했던 사람들은 협동조합의 조합원이었던 주부들이었다. 2023년 현재 소속 지역 의원들 7명이 전부 여성이다. 각 국의 지역정당 사례들에서 그동안 소수자에 머물렀던 청년이나 여성들이 지역정치를 주도하며 현역 의원으로 활약하는 사례는 무수히 많다.

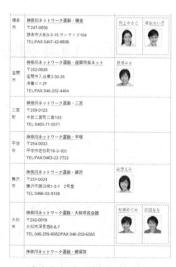

가나가와 네트워크 현역의원들
(출처: 가나가와 네트워크 홈페이지)

이처럼 지역정당은 성별, 세대, 학벌 기타 수많은 지위상의 차이를 극복하고 각각 자신의 위치에서 할 수 있는 역할을 풍성하게 만들어낼 수 있다. 전국정당이 말로는 다양한 정치의 실현과 신진 정치인의 등용을 하겠다고 해 왔지만 공염불에 그쳤던 것과는 달라질 수 있다.

내가 가면 길이 된다!

지역정당은 이제 거스를 수 없는 대세가 되었다. 2022년 6월 1일 제8회 동시지방선거를 전후해서 지역정당을 다룬 언론기사가 무수히 쏟아졌다. 중앙언론은 물론이고 지역언론에서도 지역정당에 대한 기사와 기고가 줄을 이었다. 지방선거가 있었던 이전의 그 어느 때보다 비교할 수 없이 많은 양의 기사가 넘쳐났다.

학술 논문도 제법 여러 편 발표되었다. 지역정당을 다룬 논문은 그 이전에도 많이 발표되었지만, 제8회 지방선거를 경유하는 과정에서 상당한 양의 논문이 나왔다는 것은 고무적인 현상이다. 국회입법조사처에서도 지역정당이 필요하다는 취지의 보고서를 발간하였다.[*]

그러나 지역정당 등장의 열쇠를 쥐고 있는 국가기관들은 여전히 현재의 구조를 바꾸고자 하는 의사를 보이지 않고 있다. 헌법재판소는 2023년 9월 26일, 직접행동영등포당, 과천시민정치당

---

[*] 이정진, 「지역정당의 허용 필요성과 입법 과제」, 『이슈와 논점』 제1990호, 국회입법조사처, 2022.

및 은평민들레당이 청구한 헌법소원에 대하여 기각 결정을 내렸다. 직접행동영등포당이 헌법소원심판을 청구한 지 거의 2년이 다 되어 내려진 결정이었다. 헌법재판소의 기각 결정에 따라 현재 활동하고 있는 지역정당들은 『정당법』이 바뀌지 않는 한 앞으로도 계속 불법단체로 남게 되었다. 지역정당 활동의 주체들로서는 맥빠지는 결과가 아닐 수 없다.

헌법재판소는 이번 헌법소원을 심리하는 과정에서 지역정당의 창당을 봉쇄하고 있는 조항들을 '전국정당조항'이라고 분류했다. 그리고 이 전국정당조항에 대해 9명의 재판관 중 5명의 재판관이 위헌이라는 의견을 제출했다. 이들 5명의 재판관은 군소정당의 배제가 결코 대의민주적 기본질서의 기능 수행을 위한 요건이 될 수 없으며, 침해를 최소화하는 제도의 도입이 가능함에도 이를 하지 않고 있는 법률이 잘못되었음을 지적하였다. 위헌의견이 합헌의견보다 많았음에도, 현행 헌법과 『헌법재판소법』의 규정에 따라 6명의 위헌 정족수를 채우지 못해 결정의 형식이 결국 기각으로 되었다는 점은 매우 아쉽다.

다만 이번 헌법재판소의 결정은 지난 2006년 헌법소원(2006.3.30. 2004헌마246)의 결정에 비해 한층 진일보한 것이라고 평가할 수 있다. 당시 헌법재판소는 별다른 근거도 제시하지 않은 채 '전국정당조항'에 대하여 "대의민주적 기본질서가 제 기능을 수행하기 위해서는 (…) 군소정당의 배제는 그 목적의 정당성이 인정될 수 있다"고 판단한 바 있다. 그리고 이러한 합헌 결정은 9명 재판관 전원의 만장일치로 이루어졌었다. 당시 결정과는 달리, 이번 결정에서 5명의 재판관이 위헌을 선언했다는 것은 헌법재판소 역시『정당법』제 규정의 위헌성을 심각하게 인식하고 있음을 보여준다. 비록 위헌결정이 나지 않았으나, 헌법재판소 다수의견이 위헌성을 지적하고 있는 만큼 이제는 국회가 나서야 할 때가 되었다.

헌법재판소 이전에 책임을 물을 곳은 다름 아닌 국회다. 정당법의 문제점이 지적된 건 아주 오래전부터의 일이다. 국회가 이를 계속 방치하는 것은 직무태만일 뿐이다. 하지만 국회는 요지부동이다. 일부 의원들이 몇 차례 지역정당 설립을 보장하는 정당법 개정안을 내긴 했지만 본회의에서 법안에 대한 가부가 논의된 바도 없다. 그러기는커녕 정당법 개정안을 발의한 의원의 소속 정당에서조차 당론으로 이를 검토한 일이 없다.

사법기관과 입법기관이 자기 책무를 방기하고 있는 동안, 행정부 소속의 기관들은 지역정당의 싹을 밟아버리고 있다. 당이라는 이름을 붙이기만 해도 위법행위로서 처벌된다는 위협을 남발한다. 지역정당을 등록하고자 하면 법이 없다는 핑계로 이를 기각한다. 이렇게 삼권 분립의 각 기관은 책임을 서로에게 떠넘긴다. 권력 간의 견제와 균형을 위한 3권분립의 체계는 기본권의 억압을 위한 협업체계로 기능한다.

그럼에도 불구하고, 다시 한번 강조하거니와 이제 지역정당은 거스를 수 없는 대세가 되었다. 주권자가 스스로 정치적 결사를 조직하여 정치활동을 하겠다는 것을 막는 것은 민주주의의 원리에 위배된다. 도처에서 지역정당이 만들어졌고, 만들어지고 있고,

만들 수 있을지에 대한 타진이 계속된다. 입법부가 법을 정비하지 않음으로써, 사법부가 위헌 여부를 판단하지 않음으로써, 행정부가 입법의 미비를 빙자해 행정적인 불이익을 강제함으로써 이러한 물결을 막는 것도 한계가 있다. 물꼬는 터지기 마련이다. 그리고 지금은 그 양질전환이 일어나기 바로 직전이다.

1962년 체제를 넘어서기 위해서는 더불어민주당과 국민의힘이라는 보수 양당이 장악하고 있는 정당정치 구조를 근본부터 뒤집는 정치개혁이 이어져야 한다. 하지만 그렇다고 하여 두 보수 정당을 축출한 상태에서 시작하기는 어렵다. 정치적 변화의 도식에서 보수 양당은 어쩔 수 없이 변수가 아닌 상수이기 때문이다. 따라서 개혁의 최대치는 보수 양당의 해산이 아니라, 양당의 기득권을 일정하게 축소하고 그 빈 공간에서 다양한 정당세력이 경쟁할 수 있도록 장치를 마련하는 것이 될 터이다.

풀뿌리 민주주의의 원리를 검토하면서 살폈던 민주주의의 기본적 원리는 다스리는 자와 다스림을 받는 자가 같다는 것이다. 이 원리는 민주주의가 가진 모순을 극명하게 보여주는 동시에 민주주의가 결코 완성형의 고정된 유형으로 고착될 수 없음을 웅변한다. 왜냐하면, 인간의 이상은 지극히 상대적인 것이며, 각각의 이상이 전제한 민주주의의 이상형은 상호 간의 투쟁을 통해 어느 순간 우열이 확인될 수 있지만, 결국 무엇이 가장 완벽한 이상형인지는 영원히 알 수 없기 때문이다. 따라서 민주주의는 그 형식과 내용에 따라 수없이 많은 형식을 가질 수 있고, 각각의 민주주의가 수행하는 경쟁과 투쟁은 무한히 지속되는 운동 그 자체일 뿐이다.

치자와 피치자가 같다, 지배하는 자와 복종하는 자가 같다는 말은 주체와 객체가 같다는 말만큼이나 모순적이다. 과연 이러한 상태가 가능할까? 치자와 피치자가 완벽하게 같은 유일한 가능성은 프라이데이를 만나기 전의 로빈슨 크루소가 처한 상태다. 절해고도에 홀로 떨어진 로빈슨 크루소였지만, 그는 수렵과 목축과 농경을 하면서 문명세계에서 그랬던 것처럼 나름의 규칙을 만든다. 그런데 그 규칙은 오로지 그에게만 적용되는 것이었다. 즉 세계와 철저하게 단절되어 고립된 상태에 있는 인간만이 자기를 다스리고 자기에게 다스림을 받는다.

이 때문에 민주주의는 그 발상지였던 아테네에서조차 때때로 비웃음의 대상이 되었다. 스승인 소크라테스를 민주정체로 인해 빼앗겼다고 생각한 플라톤은 대중은 크고 힘센 짐승일 뿐이며 거짓 지식인들(소피스테스)의 지배자라고 모욕한다.* 소피스트들은 지혜를 자랑하지만 그 지혜는 대중영합적 태도를 취함으로써만 정당성을 확보한다고 비난한 플라톤의 사유는 오늘날 대의제에 대한 비판들, 그리고 이를 빌미로 한 민주주의에 대한 공격들과 일맥상통한다.

그 모순의 극치인 대의제는 기실 민주주의의 원리에는 이질적인 운영체제다. 비록 주기적인 선거를 통해 주권자들의 동의를 받는다는 형식이 취해지지만, 결국 집권한 엘리트들이 통치권을 행사

---

* 플라톤, 박종현 옮김, 『플라톤의 국가·정체』, 서광사, 404~405쪽.

하고 대중들은 그들의 통치를 수인하는 체제가 대의제다. 대부분의 경우, 권력관계가 한 번 설정되면 집권 엘리트의 인적구성은 변화하지만 권력구조 자체는 거의 변하지 않는다. 민주화의 상징이었던 87년 헌법이 제 모습을 드러낸 이래 그 헌정질서 안에서 이루어진 정권교체는 거대 양당이 주기적으로 자리를 교대하는 형태로 고착되었다. 민주주의의 원리를 충족한다는 추정에 기대어 운영되는 대의제이지만, 결국 지배계층의 자기 복제와 기득권 지속으로 이어지는 현재의 구도는 민주주의에 대한 회의(懷疑)의 근원이 되기도 한다.

그러나, 바로 이 회의에서부터 민주주의는 힘을 발휘한다. 저 기득권이 서 있는 시간과 장소가 결코 그들만의 것이 아니라고 주장하는 그 과정이 민주주의의 원리가 작동하는 과정이다. 지금의 지배가 나에 대한 나의 지배가 아님을 각성하고, 이 각성을 근거로 나를 지배하는 존재에 대한 부정과 그에 대한 투쟁이 시작되면서 민주주의의 원리는 본연의 기능을 가동한다. 랑시에르가 꿰뚫어 본 것처럼, 민주주의는 통치 불가능 그 자체이며, 여기에서 모든 통치행위의 기초를 찾아야 한다. 바꿔 말하면, 민주주의는 고정불변의 어떤 형식을 요구하는 것이 아니라 천변만화하면서 제자리를 찾아가는 과정이다.

따라서 우리에겐 수많은 민주주의가 있으며, 어떤 하나의 틀에 갇힌 민주주의를 강요하는 것은 도리어 민주주의가 아니다. 각각의 민주주의는 경합한다. 경합의 장에 발을 딛고자 하는 모든 체제는 스스로를 민주정이라고 강변한다. 조선민주주의인민공화국이 그렇고 중화인민공화국이 그렇다. 소비에트(평의회)야말로 형식적으로 가장 민주적인 모델이 아니었는가? 그러나 경합의 과정에서 자기지배의 원리를 배반하는 어떤 민주주의는 배척되거나 폐기된다.

우리를 더욱 혼란스럽게 하는 말은 '실질적 민주주의'라는 말이다. 형식적 절차의 체계화와는 별개로 체감할 수 있는 민주적 내용을 갖춰야 한다는 의미로 사용된다. 예컨대 민주주의는 그 본래의 의미에 따라 평등이 핵심적 가치가 되어야 한다. 모두가 지배하면서도 동시에 모두가 지배받아야 하는 상황에서, 누군가에게 자원과 권력이 편중된다면 이 모두의 동시성은 그 즉시 훼손되기 때문이다. 그러므로 실질적 민주주의를 이야기할 때면 당연스레 평등이라는 가치관이 전제된다고 생각하기 쉽다. 하지만 실질적 민주주의라는 말은 종종 특정한 이해관계인의 주관적 지향을 정당화하는 말로 오용된다. 쉽게 이야기하면, 나의 이해가 관철되면 실질적 민주주의라고 상찬하지만, 그렇지 않을 때는 민주주의가 위기에 빠졌다고 주장하는 것이다.

수많은 민주주의가 필요한 건 이 때문이다. 민주주의라는 외피 안에 어떤 주체가 어떤 목적으로 민주주의를 이야기하는지를 주의해야 한다. 나름의 실질적 민주주의들은 각자의 입장을 제시하며 다투게 되는데, 이 과정이 공공연하고 공평하게 이루어진다면 민주주의는 자신의 동학을 충분히 유지할 수 있다. 지배하는 동시에 지배받는 대중은 각자 가지고 있는 민주주의에 대한 기준을 적용한 후 자신의 민주주의를 선택한다. 이 메커니즘의 보장 자체가 민주주의다.

따라서 민주주의는 완성된 어떤 것을 추구하는 것이 아니라 완성될지 모를 어떤 것을 만들어가는 과정이다. 그 최종 형태가 어떤 것인지는 아무도 장담할 수 없다. 지배하는 자와 지배받는 자가 같다는 민주주의의 원리만이 그 도정을 밝히는 빛이 될 뿐이다.

오늘날 한국사회에서 지역정당 운동이 가지고 있는 의미가 여기 있다. 지역정당 운동은 다양한 민주주의가 경합하도록 만드는 운동이다. 1962년 체제에 결박되어 있는 정치가 아니라 끊임없이 생동하면서 완성을 지향하는 운동 그 자체인 민주주의를 경험하자는 운동이다. 지역정당은 예상외로 다양한 모습으로 나타날 수 있다. 구성원의 수가 많고 적을 수도 있고, 당의 형태가 각양각색일 수도 있다. 당연히 여러 지역에서 각자의 특색 있는 이야기를 할 것이며, 자기 지역에 설치될 지방정부의 형식을 특수하게 하자고 주장할 수도 있다. 청년들이 중심이 될 수도 있고, 여성들이 주도할 수도 있으며, 노동조합의 노동자 혹은 협동조합의 조합원이 정당을 구성할 수도 있다.

더 나아가 지역정당의 설립과 활동이 가능한 정치환경에서라면 굳이 지역에 기반을 두지 않은 정당활동도 가능할 것이다. 부문정당도 가능하고 의제정당도 가능하다. 오프라인에 주소지조차 없는 온라인 정당도 얼마든지 가능하다. 중요한 정치적 일정이 도래할 때, 지역정당 간의 선거연합, 지역정당과 의제정당의 연합정당, 지역정당과 전국정당의 공동선거운동본부 설치 등 정치활동의 방식 또한 지금보다 훨씬 다양하게 전개될 것이다. 이 민주주의의 향연이 왜 계속해서 부정되어야 하는가?

지금까지 지역정당의 긍정적인 측면을 중점적으로 강조하였지만, 우려 역시 충분히 합리적인 추론에서 제기될 수 있음을 인정한다. 거듭 말하지만, 우리는 공식적으로 인정되고 합법적으로 활동이 보장된 지역정당을 경험해본 적이 없다. 따라서 긍정적인 희망도 부정적인 우려도 모두 지역정당을 논의할 때 제기될 수 있다. 게다가 지역정당이 현존하는 정치적 문제를 한꺼번에 해결할 수 있는 만병통치약은 아니다.

그러나 지역정당에 내재한 가능성, 즉 현재의 거대 양당 중심의 정치체제에 변화를 불어 넣을 수 있는 가장 효과적인 정치적 장치로서 지역정당의 역할에 대한 기대는 포기할 수 없다. 그러한 희망과 낙관으로 직접행동영등포당, 과천시민의당, 은평민들레당이 창당했다. 어려운 조건 속에서도 잘못된 제도에 정면도전하면서 지역정치의 한 축으로 자리매김하고 있다.

모든 일의 시작은 막연하고 불안하다. 시작을 한다는 건 꽤나 큰 용기를 필요로 한다. 그런데 지역정당은 이미 할 수 있느냐 또는 할 수 없느냐를 따질 단계를 넘어섰다. 남은 선택지는 할 것이냐 말 것이냐 뿐이다. 정치의 변화를 원하는가? 내 삶의 지금보다는 나아지길 원하는가? 내가 살아가고 있는 바로 이 공간에서부터 인간의 존엄성을 보장받으며 인간다운 삶을 영위하길 바라는가?

바뀌길 바란다면 내가 할 수밖에 없다. 그동안 한 점에 갇혀 터

무니없는 압력에 눌려왔던 온갖 민주주의가 대폭발을 일으킬 때
가 되었다. 거대 양당이 독식하고 있는 민주주의는 민주주의가 아
니었음을 폭로하고, 거대 양당의 이익에 복무하고 있는 1962년 체
제를 종식시키는 것이 민주주의의 시작임을 선언하자. 그 실천으
로서 지역정당을 만들고 내 생활 공간을 내가 직접 바꾸는 일에
뛰어들어 보자.

은평민들레당 강령

지역에서 세상을 바꿉시다
2022년 1월 16일 창당대회 제정

전 문

우리는 풀들의 연결망에서 피어난 민들레입니다. 바람을 따라 퍼져나가 우리의 생활권, 은평을 뒤덮을 작은 홀씨들입니다. 우리는 풀들의 뿌리망처럼 얽힌 삶의 연대 속에서 함께 살아갑니다. 자본도 대표도 관료도 테크놀로지도 우리의 삶이 지닌 힘을 넘어설 수는 없습니다. 우리에게 필요한 것은 공생의 연대입니다. 우리가 함께하는 노동이 자본을 대체하고, 상생이 경쟁을 대신하며, 우리를 재현하지 않는 대표 대신 우리가 직접 우리를 대표합니다.

은평에는 많은 이웃들의 풀뿌리가 있습니다. 작은 모임을 만들어 서로의 우애를 쌓고 단체와 협동조합을 만들어 생활의 문제를 해결하고 있습니다. 생태, 에너지 전환, 문화, 인권, 주민자치, 노

은평민들레당(출처: 민들레당홈페이지)

동, 민주주의, 성평등, 주민안전, 복지, 돌봄과 교육, 건강, 먹거리 등 다양한 분야에서 활동하며 지역 순환 경제와 지역사회 연대를 만들어가고 있습니다. 우리는 풀뿌리 자치를 활성화하기 위해 모였습니다.

우리는 지역의 특권을 요구하지 않습니다. 다른 누군가의 희생이 수반되는 풍요가 아닌, 그들과의 상생에서 오는 삶의 기쁨을 추구합니다. 도시와 농촌, 주민과 이주민, 자연과 인간의 상생을 우리 생활 속에 녹여낼 것입니다. 시민 혹은 주민은 신분이 아니며, 오직 권리의 보편성과 존재의 다양성을 옹호하는 이입니다. 우리는 우리 안에서 특권의 발생을 저지할 것입니다.

정치인들과 토호들은 은평을 낙후한 지역으로 호명하며 개발을 부추겨 왔습니다. 개발을 통해 가난한 주민들이 쫓겨나고 이웃들과의 관계는 단절되었습니다. 그래도 여전히 가난한 사람들이 살아가고 이주해오고 있습니다. 그들과 우리가 쫓겨나지 않는 동네가 되어야 합니다. 필요한 자원을 개인이 감당하지 않게끔 자원의 사회화·공공화를 통해 함께 해결해 나가야 합니다. 우리는 공생, 다양성, 노동, 성평등, 생태, 인권, 자치 등의 가치로 지역을 재구성하려고 합니다.

우리는 국가권력을 목표로 하지는 않지만, 그렇다고 지역에만 몰두하는 것은 아닙니다. 지역에서 우리를 잇는 연결망은 지역 밖으로, 세상으로 뻗어 나가야 합니다. 중앙 집중적 권력을 통한 사회 개혁이 아닌 지역의 자율성과 다양성에 기초해, 지역과 지역 간의 연대와 협력을 이어가고 분산적 주권을 통해 세상을 바꿔 갑니다.

은평민들레당의 7대 비전

(1) 지역정치를 활성화합니다

중앙정치는 물론 지역정치에서도 우리는 수동적 관객에 머물러 있습니다. 중앙 권력의 하청 구조 속에 지방정부와 지방의회가 자리 잡고 있습니다. 보수 거대양당이 행정과 의회를 독점하면서 당리당략에 따라 권한과 자원이 분배되고 있습니다. 우리의 생산적 활동은 일방적인 통로에 가로막혀 있습니다.

우리는 지역정치의 장을 열어야 합니다. 은평에 대한 성찰과 비전, 이웃이 겪는 문제를 논의하는 열린 공론장을 만들고, 공론이 흐르게 해야 합니다. 풀뿌리에서 분출되는 활동과 대안이 청원에 머무르지 않고, 직접 결정하는 권한을 가져야 합니다.

지방의회를 주민자치의 장으로 개혁해야 합니다. 현재 지방의회는 행정 편의적이며, 주민의 삶과 유리된 채 제 기능을 하지 못하고 있습니다. 주민이 직접 조례를 발의하고, 의원과 협업하여 지역사회 구성원이 쓰기 쉬운 지방의회를 만듭시다.

풀뿌리 연대와 생활정치를 통해 자치 역량을 강화해야 합니다. 국가의 공공(公共)과는 다른 풀뿌리-공공(公共), 시민 자율 영역을 확장할 것입니다. 자치분권을 더욱 확대해야 합니다. 우리는 중앙정부와 지방정부에 대해 더 많은 권한을 풀뿌리에 이양하라고 요구할 것입니다.

(2) 지역 순환 경제를 활성화합니다

부의 축적이 아닌 공생을 위한 지역 순환 경제를 활성화해야 합니다. 주택, 먹거리, 돌봄, 안전, 보육 등 삶에 필요한 자원들을 서로의 협동으로 해결합니다. 지방정부의 재원, 시민협력기금으로 함께 노동하는 토대를 만들며 주민사업과 시민활동을 펼칩니다.

지역 순환 경제는 불평등 문제를 해결하고 삶에 필요한 자원의 공공화와 사회화를 추구합니다. 부의 축적이 아닌 우리의 연대가 삶의 안전판이 되도록 합시다.

(3) 도시의 생태적 전환을 실현합니다

물신주의와 성장주의 체제는 자연을 파괴하고, 기후위기를 초래하며 모든 생명을 절멸위기로 몰아넣고 있습니다. 도시는 자연을 파괴하는 소비 문명 위에 세워집니다. 은평도 무분별한 개발로 녹지가 사라지고, 공해를 조금이나마 상쇄할 수 있는 자연의 회복력을 잃었습니다. 도시의 외연은 더욱 팽창하고 도시민의 생활도 더 많은 에너지 소비에 의존하고 있습니다.

생태계 파괴와 기후위기에 대응하기 위해 많은 사람이 자신의 삶을 바꾸고 있습니다. 도시에서 농사를 짓고, 자전거로 이동하고, 공장식 축산과 육식이 초래하는 온실가스 배출을 줄이기 위해 채식을 실천하고 있습니다. 쓰레기를 덜 만들기 위해 기꺼이 불편함을 선택합니다.

일상적인 대량소비 생활을 스스로 점검하며, 자원과 에너지 소비를 줄이려는 시민들의 삶의 전환은 도시 전체로 확장돼야 합니다. 지역사회의 모든 구성원이 도시계획의 주인이 되어 자동차 사용을 억제하는 교통정책, 자연을 활용한 지역 에너지 생산 등 도시의 생태적 전환을 이루어 나갑니다.

(4) 일하는 사람의 권리를 보호합니다

자본주의와 가부장 사회 질서는 생산과 재생산을 구별하여, 산업 생산을 특권화하고, 가족과 지역 안에서 이뤄지는 재생산을 착취하고 그 가치를 평가절하합니다. 하지만 양육, 돌봄, 가사 노동 등 재생산 노동이야말로 훨씬 더 포괄적인 생산이며, 모든 생산의 원천입니다. 우리는 재생산 노동의 권리를 산업과 국가에 요구합니다.

우리는 자신의 노동만이 아니라 타인의 노동에 의지해 살아갑니다. 노동은 공장 문턱을 넘어 사회 전반의 문제입니다. 우리는 노동권의 보호를 위해 지역 노동자와 연대합니다. 고용과 노동 형태에 따른 임금, 대우, 권리의 차별을 없애고 지역 노동자들의 권리를 지켜나갑니다.

은평은 많은 주민들, 특히 여성의 노동으로 유지되고 있습니다. 지역사회 유지에 필요한 노동에 대해 지역공동체 전체의 의무, 특히 기업과 공공의 의무를 요구하고 강화할 것입니다.

(5) 성평등을 실현합니다

사람은 타고난 성별에 상관없이 자신이 느끼는 성과 원하는 사랑을 향유할 권리가 있습니다. 생식에 종속된 성에 기초로 하는 사회질서와 가부장제를 유지하기 위해서 성의 다양성과 다양한 성의 결합을 부정하고 혐오합니다. 우리는 이런 혐오와 배제, 사회·문화·정치·경제적 차별에 맞서 함께 싸우겠습니다.

우리는 여성을 비롯한 사회적 소수자들이 스스로 자신의 권리를 지킬 수 있도록 정책 결정과 정치적 활동의 참여를 보장하겠습니다. 생활 속에서 가부장적 성 역할 분업을 없애고, 자신의 삶과 신체에 대한 여성의 자기결정권을 존중하는 사회를 만들겠습니다. 우리는 젠더 기반 폭력으로부터 시민들을 보호하기 위해 싸우겠습니다.

입양가족, 무자녀가족, 1인 가구, 동거가족 등 다양한 형태의 가족이 등장하고 보편화하고 있습니다. 혼인제도에 기초해 부모와 자녀로 구성된 가족을 표준으로 삼아 정상과 비정상을 나누는 것은 시대착오적입니다. 우리는 다양한 형태의 가족이 차별받지 않고 동등한 대우를 받을 수 있도록 제도와 정책을 바꿔 나가겠습니다.

(6) 인권도시를 실현합니다

인권은 생활 속에서 실현돼야 합니다. 우리는 시민들의 참여와 민주적인 과정을 통해 주민인권헌장 제정을 추동하고 인권에 대한 지역사회의 합의를 만들겠습니다. 이 합의에 기초해 도시의 정치적 경제적 문화적 물리적 환경과 제도를 바꾸어 생활 속에서 느낄 수 있는 변화를 만들어가겠습니다. 그래서 성별·성적 지향과 정체성, 장애, 병력, 소득, 연령, 언어, 국적, 인종, 피부색, 출신 지역, 용모, 신체 조건, 혼인 여부, 임신과 출산 여부, 가족 형태와 가족 상황, 종교와 사상, 학력과 학벌, 고용 형태 등에 대한 차별을 없앨 것입니다.

(7) 지역에서 세상을 바꿉시다

풀은 씨앗과 뿌리를 퍼뜨려 땅을 뒤덮고 생명을 키워내는 힘이며, 이 힘은 행사되기를 멈추지 않습니다. 척박한 땅이라도 뿌리내리기를 포기하지 않으며, 한 줌의 흙에서도 그 가능성을 발견합니다. 화려한 꽃으로 풀을 평가하지 않습니다. 풀에겐 지위도

명성도 무의미하며, 오직 연대를 창출하는 역량, 공생의 힘만이 의미가 있습니다. 함께 풀이 됩시다.

정치는 미디어가 보여주는 정치인들의 경쟁이 아니며, 이미지의 소비가 아닙니다. 정치는 삶의 생산인 생활에 놓여야 합니다. 우리는 정치라는 무기를 생활 속으로 가져오겠습니다. 민초들 곁에 두겠습니다. 지역정치는 행정이 이야기하는 지방자치 혹은 협치와 다릅니다. 문제해결의 권한보다 문제제기의 권한이 더 중요하기 때문입니다. 문제제기라는 무기를 되찾아옵시다. 함께 지역을 바꿉시다.

우리는 지역과 지역을 연결하는 연대를 만들어야 합니다. 연대의 힘으로 중앙 집중적 사회를 분권적 사회로 바꿉시다. 중앙과 지역의 위계적 질서를 지역과 지역의 수평적이고 협력적 질서로 바꿔야 합니다. 함께 민들레가 되어 퍼져나갑시다.

지역에서 세상을 바꿉시다.

지역정당

초판 1쇄 발행 2023년 11월 27일

지은이 윤현식
펴낸이 강수걸
편집 이선화 신지은 강나래 오해은 이소영 김소원 이혜정
디자인 권문경 조은비
펴낸곳 산지니
등록 2005년 2월 7일 제333-3370000251002005000001호
주소 부산시 해운대구 수영강변대로 140 BCC 626호
전화 051-504-7070 | 팩스 051-507-7543
홈페이지 www.sanzinibook.com
전자우편 sanzini@sanzinibook.com
블로그 sanzinibook.tistory.com

ISBN 979-11-6861-216-7 03340